住宅問題と市場・政策

足立基浩
大泉英次
橋本卓爾
山田良治
編

日本経済評論社

はしがき

　新しい世紀を迎えようとしている現時点においても，この国の住宅問題はあいかわらず深刻である．廃墟の中から築き上げた「経済大国」は，同時に「生活小国」であることをやめていない．住宅・住環境の貧困は，まさにこの国の本質的な側面を構成している．しかし，他方で住宅問題のあり方は，この半世紀の間に大きな変化を遂げてきた．古いタイプの住宅問題は一面では緩和されたが，他面では新しいタイプのそれが拡がっている．したがって，「生活小国」という本質の継続性とともに，その形態の変化を分析し，認識することが重要となっている．

　ところで，このような住宅・住環境をめぐる諸変化をもたらしてきた推進力は，いうまでもなく市場である．市場の発展は住宅・住環境の発展をもたらすと同時に，種々の住宅問題を生み出してきた．ゆえにこそまた時々の住宅政策が要請されることにもなる．われわれの関心は，このような市場・政策展開との関連において住宅問題の変化を把握することにある．問題をこのような角度から捉えた場合，先進諸国の中では政策のリーダーシップが弱く，住宅市場がもっともパワフルに自己展開したという点で，日本とアメリカは双壁をなす．本書はこのような2つの経済大国を分析対象としている．

　以上が課題設定の面での本書の特色であるとするならば，本書の他面での特色は，すべての章が，経済（経営）学部に所属するメンバーによって執筆されていることである．実は，これを特色として指摘しなければならないほど，この国では伝統的に経済学分野からの住宅問題へのアプローチが弱い．建築・都市計画学，住居学，法学等の諸学問分野を中心に形成されてきた研究蓄積に経済学からも一石を投じ，もって学際的研究・教育のいっそうの発展に貢献することが，われわれのささやかな願いである．

さらに付け加えれば，本書は和歌山大学経済学部を本拠とする土地政策研究会の活動の中から生まれたものである．この研究会は，もともと同学部の政策科学講座に所属する大泉と山田によって，大学院生たちとの学内共同研究・教育の機会として1995年に開始された．これにほどなく京都大学大学院から豊福・名武の両名が，立命館大学大学院から大井が参加することになった．翌96年には同講座のスタッフに赴任した橋本・足立が加わり，さらに研究会を重ねる中で本書の出版構想が打ち出され，今回の上梓にこぎつけたものである．

　なお各章は，この間研究会で行ってきた議論を反映し問題の基本的な認識を共有するよう努めたが，最終的には個々の独自の見解や視角の相違を尊重し，それぞれの責任において執筆されたものであることをお断りしておきたい．

　最後に，本書の出版に際してご苦労をおかけした日本経済評論社・清達二氏に感謝申し上げたい．

　2000年9月

編　　者

目　　次

はしがき

序章　住宅問題と市場・政策　　　　　　　　　山田良治　1

はじめに　1
1. 住宅市場の特質　2
    1-1　住宅の使用価値・財的特質　2
    1-2　土地所有の二重独占　3
    1-3　住宅の公共性と住宅市場　5
2. 先進諸国における住宅市場と住宅問題の発展過程　9
    2-1　民間賃貸住宅市場における二重独占の発展と住宅問題（第Ⅰ期）　9
    2-2　二重独占に対する規制と公共性の発展（第Ⅱ期）　11
    2-3　カジノ資本主義下の住宅市場と住宅問題（第Ⅲ期）　17
本書の射程　20

第Ⅰ部　日　本　編

第1章　日本の住宅市場・政策と住宅問題　　　　山田良治　25

はじめに　25
1. 日本的土地・住宅市場の形成と住宅問題　26
    1-1　戸数主義的住宅政策と住宅・居住問題　26
    1-2　戦後土地・住宅制度インフラの形成とその日本的特徴　30
    1-3　土地・住宅市場の日本的展開と高地価・スプロール　33
    1-4　社会的後進性と建築自由の原則　36
2. 住宅市場と住宅問題の新たな展開　39
    2-1　第Ⅲ期の日本的特徴　39

2-2 日本経済の住宅新築依存症　39
2-3 規制緩和の下で進む街並み破壊と居住の不安定化　43
2-4 アフォーダビリティ問題の新展開　44
3. 土地・住宅政策の争点：借家法改正問題を中心に　46
3-1 問題の所在　46
3-2 土地・住宅商品化に伴う利用権強化の歴史　47
3-3 「良質なファミリー向け賃貸住宅」論の虚構性　50
3-4 いまなぜ借家法改正か　52
おわりに　55

第2章　借家法改正論と土地・住宅問題　　足立基浩　57

はじめに　57
1. 定期借家制度の成立とそのねらい　58
1-1 定期借家制度誕生　58
1-2 定期借家制度のねらい　60
2. 民間家賃に対する規制家賃の経済効果についての理論的検討　62
2-1 民間賃貸住宅市場の仕組み　63
2-2 定期借家権導入の経済的効果　64
3. イギリスの定期借家制度の経済効果　71
3-1 定期借家制度の導入効果に関する論点（仮説）について　71
3-2 論点の実証分析　72
3-3 日本の住宅セーフティネットについて　81
おわりに　83

第3章　都市化と土地所有・利用の史的展開　　名武なつ紀　89

はじめに　89
1. 明治維新と大阪市街地：商業地　91
1-1 戦前期における市街地の拡大　91
1-2 近世都市の市街地制度と実態　92

1-3　明治新政府による「都市の地租改正」　95
　　1-4　商業地における土地所有の連続性　96
　2. 産業革命の進展と工業地域の形成：工業地　　　　　　　　　　　98
　　2-1　産業革命による都市構造の変化　98
　　2-2　スプロール化による工業地開発　100
　　2-3　工業地における土地所有・利用構造　102
　3. 戦間期における都市膨張と土地所有：住宅地　　　　　　　　　102
　　3-1　都市化の進展と条件変化　102
　　3-2　都心商業地の再編と土地所有・利用　104
　　3-3　郊外住宅地の形成と土地所有・利用　105
　おわりに　　　　　　　　　　　　　　　　　　　　　　　　　　108

第4章　都市・土地・住宅政策と農業・農地　　橋本卓爾　111

　はじめに　　　　　　　　　　　　　　　　　　　　　　　　　　111
　1. 日本における都市形成・拡大の基本性格　　　　　　　　　　　113
　　1-1　「広域型・分業型都市」の形成と拡大　113
　　1-2　「土建国家」型都市建設　118
　2. 農地の宅地化促進政策の推進　　　　　　　　　　　　　　　　123
　　2-1　「宅地供給至上主義」的土地政策の展開　123
　　2-2　農地の宅地化促進のための主要施策　126
　3. 都市的土地利用と農業的土地利用の共存をめざして　　　　　　131
　　3-1　都市と農業・農地の共存の思想の再構築　131
　　3-2　都市・住宅政策の転換と"農業のあるまちづくり"の推進　134
　　3-3　当面する政策課題　137

第Ⅱ部　アメリカ編

第5章　アメリカ住宅市場と住宅問題　　大泉英次　145

　はじめに　　　　　　　　　　　　　　　　　　　　　　　　　　145

1. 都市化と土地・住宅市場　　　　　　　　　　　　　　　　　　　148
   1-1　アメリカ社会と土地所有　148
   1-2　移民と都市問題　150
   1-3　都市問題と都市計画　152
   1-4　宅地市場とゾーニング制　153
   1-5　土地所有と土地利用規制　155
   1-6　住宅市場の細分化と社会的差別　156
2. 住宅市場の発展と住宅政策　　　　　　　　　　　　　　　　　　159
   2-1　ニューディールと住宅政策　160
   2-2　戦後の公営住宅政策　162
   2-3　持家市場の発展と住宅政策　164
   2-4　アメリカ住宅政策の歴史的性格　166
3. 民活＝規制緩和政策と住宅市場　　　　　　　　　　　　　　　　169
   3-1　アメリカ経済とレーガニズム　169
   3-2　民活＝規制緩和と都市・住宅政策　171
   3-3　住宅市場の不安定性と不動産ブーム　173
   3-4　成長管理政策と住宅NPO　175
4. 現代アメリカの住宅問題：所得格差とアフォーダビリティ危機　　177
   4-1　現代住宅問題の諸相　177
   4-2　繁栄のなかのアメリカ：住宅問題は解決されているか　179
   4-3　拡大するアフォーダビリティ危機　181

第6章　アメリカの住宅市場と住宅政策の展開　　　豊福裕二　185

はじめに　　　　　　　　　　　　　　　　　　　　　　　　　　　185
1. 連邦住宅政策の形成と確立：ニューディール期〜1950年代　　　187
   1-1　連邦住宅政策の形成　187
   1-2　郊外化の進展とスラムクリアランス　190
2. 都市問題の深刻化と連邦住宅政策の拡大：1960年代〜1973年　194
   2-1　都市問題の深刻化と住宅市場の不安定化　194

     2-2　大統領委員会と1968年住宅・都市開発法　197
     2-3　連邦補助事業の拡大と住宅ブーム　202
   3.　連邦住宅政策の再編とアフォーダビリティ危機：1973-81年　205
     3-1　モラトリアムと住宅政策の再編　205
     3-2　住宅価格の高騰とアフォーダビリティ危機　208
   4.　連邦住宅政策の縮小と今日の都市・住宅問題：1981-90年代　210
     4-1　レーガン政権期の住宅政策　210
     4-2　住宅政策の縮小と今日の住宅問題　212
   おわりに　216

第7章　アメリカの賃貸住宅市場　　大井達雄　221

   はじめに　221
   1.　賃貸住宅政策の変遷と1990年代の賃貸住宅市場　222
     1-1　賃貸住宅政策の変遷　222
     1-2　1990年代の賃貸住宅市場　228
   2.　借家層の住宅アフォーダビリティ問題　232
     2-1　住宅アフォーダビリティ問題をめぐる経緯　232
     2-2　借家層の住居費負担　233
   3.　賃貸住宅経営の実態と不安定化要因　235
     3-1　賃貸住宅経営の実態　235
     3-2　賃貸住宅経営の不安定化要因　237
   4.　賃貸住宅市場の構造的問題　240

終章　現代住宅政策の基本課題　　大泉英次　245

   はじめに　245
   1.　日米住宅市場の歴史的位相　246
     1-1　市場の階層性＝差別性　246
     1-2　市場の成熟化と不安定性　248
     1-3　住宅ニーズの変化と市場供給　249

2. 新しい政策動向の検討　　　　　　　　　　　　　　　　　251
　2-1　セーフティネットとナショナル・ミニマム　252
　2-2　住宅NPOの成長と問題点　254
3. 土地所有＝二重独占の規制と市民的土地所有の確立　　　　257
　3-1　土地所有＝二重独占の規制　258
　3-2　賃貸住宅政策と持家政策への視点　260
　3-3　市民的土地所有の確立　261
お わ り に　　　　　　　　　　　　　　　　　　　　　　　262

参 考 文 献　　　　　　　　　　　　　　　　　　　　　　265
索　　　引　　　　　　　　　　　　　　　　　　　　　　275
Abstract　　　　　　　　　　　　　　　　　　　　　　283

序章　住宅問題と市場・政策

はじめに

　ポスト「福祉国家」，規制緩和と小さな政府が金科玉条のごとく叫ばれる今日の市場信仰・市場万能論の時代にあって，住宅の分野もその例外ではない．むしろ，一般的に公的介入が強く行われてきた分野だけに，そこでの「逆流」はいっそう鮮明である．

　あらかじめ本書のスタンスを述べておくならば，われわれは住宅市場の規制改革論に立脚している．この脈絡の中では，いわゆる規制緩和論は，市場の作用を過大評価し，規制緩和をほとんど無条件に善と礼賛する限りで観念的かつ恣意的な議論である．住宅市場の新たな発展は，旧い規制を不要とすると同時に，むしろ新しい社会的規制の枠組みをこそ要請している．

　他方，われわれは，市場の役割を過小評価する市場アレルギー的な発想に対しても批判的である．歴史を振り返るならば，他の様々な財と同様に，資本主義社会においては住宅の大部分は商品として，市場メカニズムを通じて供給されてきた．こうした事実を前提とするならば，公営住宅や NPO による住宅供給等は，それ自体を取り出してあれこれと論ずるだけでなく，市場供給をベースとするこの部門の総体的な構造変化の中で，その時々の意義や限界が位置づけられるべきである．

　市場と政策との関係について言えば，20世紀に入って，とくに第1次大戦以降ひとつの政策領域として確立される住宅政策は，戦災と都市成長に伴

う急激な住宅需要の増大が増幅した住宅問題の激化を前にして，市場供給の修復・促進・補完をその歴史的な使命として登場した．その意味では，住宅政策のあり方は基本的に住宅市場のあり方に規定されたものであるが，他方では前者が後者に本質的な反作用を及ぼすような相互規定的関係の展開として問題を認識することが必要となる．

およそ社会科学一般に妥当する方法として，分析は理論・歴史両面からのアプローチを必要とする．本章では，本論各章での具体的な分析に先立ち，住宅市場の特質とそれがゆえに顕在化する住宅問題のあり方，そしてこれに対応する住宅政策の形態を，この2つの視角から概観する．

1. 住宅市場の特質

1-1 住宅の使用価値・財的特質

一般的に，ある財の使用価値的特質は，その生産と消費の構造，そして両者を取り結ぶ市場のあり方に規定的な影響を及ぼす．その意味では，住宅市場の特質は，まずは住宅の使用価値・財的特質という側面から把握されねばならない．

住宅は，工場などの生産手段とは違って，生活をするための消費手段である．食料や衣料なども消費手段であるが，こうした直接的消費手段に対して，住宅は間接的消費手段ということができる．ここで間接的消費手段という意味は，それ自体としては消費過程に入らないが，それなくしては消費生活が成り立たないようものをさす．住宅用の土地（敷地）もまたこうした間接的消費手段であるが，労働生産物でないという点で建物としての住宅とは区別される．

住宅のもっとも基本的な財的特質は，通常それが土地に固定されて存在するという点にある．ゆえに，建物としての住宅はある固定的な土地空間と一体のものとしてのみ存在することになり，したがってまた商品としての住宅の調達は，それを設置するための土地の調達を必要条件とする（可動式住宅

の場合にはこうした固定性は相対的であるが，設置場所としての土地が必要な点は同様である）．

このような土地空間との一体性という住宅の財的特質は，それが私的商品的所有一般に包摂されるものであるにもかかわらず，いくつかの独自な社会経済的性格を住宅商品・住宅所有に与える．

1-2 土地所有の二重独占
●利用独占と所有独占

その第1は，住宅商品がはらむ二重の独占的性格である[1]．一般的に，あるものが商品として流通する必要条件は，それが独占できるものであるという点にある．逆に言えば，誰もが自由に手に入れることが可能なもの——例えば空気——は商品とはならない．この意味での独占は，私的所有そのものと同義である．問題は，土地所有がこうした私的所有一般とは異なる独占性を持っていることであり，土地空間を必要条件とする住宅財の場合にも，それが反映されるということである．土地所有の持つこの種の独占性は，次の2種類の独占から構成される．

第1は，土地が生産不可能な財であることからくる利用独占である．ある特定の条件を備えた土地，例えば都心から半径5km圏内の30坪の土地を調達したいとしても，この圏域の土地をすでに誰かが利用している場合には，新規の利用者は既存の利用者を排除しなければならない．この場合の競合的・排除的性格は，供給の増加によって対応できる通常の生産物のそれとは質的に異なり，任意に増加させえない希少財としての独占性を持っている．このような稀少性は，——便宜上位置条件だけを考えるとすると——中心部ほど強まり，周辺部ほど弱まる．これを反映して，土地・住宅市場は，優等地から劣等地に至る多重階層的な性格を持つことになる．

第2は，所有独占である．多くの土地所有はその販売を目的とした所有ではなく，またたとえ販売を目的としている場合でも，土地が摩耗したり腐朽したりしないことからくる，土地供給の恣意性，あるいは土地の供給硬直性

をはらんでいる．これらの要素は，その限りでは土地市場の売り手市場的性格を強化し，土地所有の独占性を強める．

●二重独占と住宅問題

商品としての住宅は，それが土地と合体されているがゆえに，このような独特の独占的性格を生まれつきに持っているのである．このことは，市場一般に比べた住宅市場の特別な問題性として現れてくる．

第1に，利用独占と関わっては，資本主義と都市の発展に伴って優等地と劣等地との格差が拡大し，優等地の相対的・絶対的な地価上昇とともに，社会のますます多数が優等地の利用から排除される傾向が生まれる．これは言い換えれば，高地価に対する高い負担能力を有する「高度利用」による負担能力の低い「低度利用」の駆逐ということである．この傾向は，後者におけるアフォーダビリティ（負担能力）問題の不断の深化を意味するとともに，前者による後者の経済外的・暴力的な排除（「地上げ」等）をも伴う．土地収益性を基準とした市場メカニズムによる「効率性」の適用は，土地・住宅市場ではこうした独自な市場の差別化と不安定化をもたらす．

第2に，所有独占と関わっては，需給関係の構造的な売り手（貸し手）市場化の下で，地価圧力の継続が劣等地も含めたアフォーダビリティ問題を増幅する．

つまり，買い手（借り手）の支払能力の変動という問題を別にしても，住宅市場は上述のような土地所有の二重の意味での供給独占的性格によって，アフォーダビリティ問題や土地利用の不安定化問題が常に顕在化しやすい構造を持っているということである．社会的生産力の発展によって，一定の位置条件や質を備えた住宅が入手しやすくなるのではなく，逆に入手が難しくなるという転倒的な事情は，こうした土地市場の二重独占に起因している．

さらにまた，土地所有のこうした供給独占的性格は，優等地を中心に，土地・住宅を投機の絶好のターゲットとして性格づけている．土地・住宅価格が投機的価格としての性格を強めるに従い，土地・住宅利用の不安定化はさらに増幅されることになる．

こうした市場構造がもたらす高地価や土地利用の不安定化傾向は，とくに相対的な低所得階層に問題を強くしわ寄せする形で住宅問題を発展させ，しばしば深刻化させる．このような状況は，高地価対策・アフォーダビリティ問題への対策，また合理的で安定的な土地利用に向けて，通常の商品供給では見られないような独自な各種の政策的対応を要請する．こうした諸政策がもっぱら問題群への対症療法であるのか，あるいはさらに進んで二重独占に対する根本的な社会的コントロールという性格を持つものなのか，各種土地・住宅政策の意義と限界は，理論的にはこのような視角から考察される必要がある．

1-3　住宅の公共性と住宅市場

　このように，土地を含む住宅は，それが私的所有として存在する場合には，通常の使用価値・財にはない特殊な独占性を内包した私的・排他的な財として存在している．それにもかかわらず，というよりは逆にそれがゆえに，住宅市場への独自な公共介入が必然化され，理念的には住宅の公共性の有無が常に基本的な論点をなしてきた．一見二律背反に見えるこうした排他性と公共性の共存は，実は以下に述べるように，こうした住宅の素材的・社会経済的特質から派生せざるをえない住宅市場の独自な社会的性格である．

● **社会資本としての住宅**

　まず，住宅は，その生産に多大なコストがかかる上に，上述のような土地調達コスト（地代・地価負担）が加重されることになると，絶対的な貧困層にとどまらず広範囲な社会的階層を巻き込んだ供給不足問題が発生することにもなる．当該社会の安定的な再生産のためにはあるレベルの住宅が量的・質的に必要となるにもかかわらず，それが市場機構を介しては実現しえないという問題が生じるのである．

　住宅の場合にはこの種の問題が，高価であることと必需品であることの両面から，より普遍的で深刻な性格を帯びるが，もちろん，住宅以外の商品でもこういう問題は生じうる．例えば鉄道や学校など，社会の再生産にとって

是非とも必要とされるにもかかわらず，市場に任せているだけではその供給が困難であるような財は，その時点々々で常に登場する．こうした場合にはしばしば，国家や自治体は財政資金を投入することによって，私的資本に成り代わってそれらを建設しなければならない．このような公的投資の対象となる財は，一般的に社会資本と呼ばれる．

住宅もまた，それがおおいに必要とされる状況にもかかわらず，市場機構によって供給が困難な場合には，何らかの形で財政投資の対象となってきた．公営住宅の建設はそのもっとも典型的な形態であるが，それにとどまらず家賃補助や建設費補助など，多くの国々で様々な形態での公的資金の投入が行われてきた．このような場合には，客観的には，その介入の程度が大きければ大きいほど，住宅は社会資本として位置づけられてきたことになる．こうした社会資本的性格を多かれ少なかれ持ってきたこともまた，住宅の財的特質に起因する住宅供給の基本的な特徴をなしている．

こうした事情から生ずる住宅問題は，基本的には次の2つの局面で顕在化する．第1は，公的投資が新たに必要とされるにもかかわらず，必要な投資がなされない場合である．日本の例で言えば，例えば第2次大戦後の混乱期がこれに相当する．そこでは，戦災による極端な住宅不足にもかかわらず財政資金がもっぱら産業復興に優先的に配分された結果，深刻な住宅問題が発生した．第2は，財政問題が住宅投資にしわ寄せされる結果として，既存の公的資金が引き揚げられるにもかかわらず，民間セクターによる供給がこれに代替できない場合である．例えば，先進諸国における公的住宅供給からの撤退が，ホームレスの増大に象徴される住宅困窮者の増加にとって，その直接的な要因のひとつとして作用している．

ともあれ，ここで住宅が公的管理・資金投下の対象となる根拠は，住宅供給が円滑に行われない以上，当該社会経済それ自体の発展が制約されることにある．この場合には，住宅供給は公的機関が責任を持って行わねばならないものとして現れる．そして，この点を反映して住宅は多かれ少なかれ公共的な性格を内包するものとなり，公共性を持った財として観念されるように

なる．

●公共財としての住宅

　高価格性→社会資本化という脈絡から派生する問題とは別に，住宅の公共性は，その使用価値の多機能性という側面からも派生する．端的に言って，住宅は私的に消費されると同時に，公的に消費される使用価値・財（＝公共財）である．

　一般に，公共財とは，ある人の利用が他の人の利用と両立し誰もが利用可能な性質（非競合性）を持つ財であること，あるいはある人の利用それ自体を排除できない性質（非排除性）を持つ財とされる．例えば空いている一般道路はこのような意味での公共財的性格を持つものであるのに対し，パンはある人が食べれば他の人が食べられず，他の人に食べさせないこともできるという点で公共財ではなく私的財である．個人的消費手段に対する共同消費手段という概念も，おおむねこのような意味での公共財に近い[2]．

　興味深いことは，このような概念が両立する財が存在することである．例えば，森林の場合を考えてみよう．森林はその構成要素である林木という側面では，伐採や加工という過程を経て建築材やパルプ材等々として私的・直接的に消費されうる（これを森林の経済的機能という）．他方，森林は，レクリエーション空間や澄んだ大気の供給源等々として公的・間接的に利用＝消費される（これを森林の公益的機能という）．この面では森林は直接的な消費対象ではないが，人々の生活にとって不可欠な消費手段（間接的消費手段）として機能している．そして，過度の伐採が公益的機能を阻害する限りでは両者は対立的であるが，適度な伐採や保全管理（経済的機能の発揮）が健全な森林を育成する条件となる限りで両者は補完的である．

　住宅が既述のような意味で強化された私的財だとすれば，このような意味での公共財からは，本来もっとも遠く離れた存在となるはずである．ところが，居住という生活行為は，住宅すなわち個別の住空間だけでなく，様々なレベルにおける地域空間の中で行われる．ゆえに個々の住宅は，それ自体一個の独立した財であると同時に，この地域空間という財の構成要素をなす．

住宅は，この側面においては「街並み」の一部として，地域住民の誰かの利用が他者の利用とも両立し，他者の利用を排除できない限りにおいて公共財として機能している．こうして住宅は，敷地としての当該空間に固定されるだけでなく，特定の地域空間の固定されたパーツをなすことの必然的な結果として，個別の私的財であると同時に社会的な公共財の位置に置かれるのである．ゆえにこそ，多くの先進諸国では，程度と内容の差こそあれ住宅の建設や取り壊しは「建築不自由の原則」（後述）に則った都市計画法制や開発許可制度による規制を受けるようになる．

　住宅を単なる私的財として捉える見方は，文字通り木を見て森を見ない類の一面的な認識である．しかし，客観的にはこのようにいえるとしても，森林の場合もまたそうであったように，人々が主観的に住宅を公共財としてどの程度意識するかどうかは別の問題である．住宅を公共財と感じるような公共性意識の発展は，地域生活がハードとソフトの両面で豊富化し，社会的アイデンティティの発展と文化水準のレベルアップの程度に比例するといってよい．その意味で，住宅の公共財的側面を体現した建築不自由の原則は，社会の発展とともに変化するものであり，一般的には社会進歩とともにその内容が豊富化される．

　森林の過伐が環境問題として現れるように，住宅のこうした財的特質とかかわって生ずる住宅問題は，私的財としての性格と公共財としての性格の衝突から引き起こされる．たとえば，私的財としての性格がそのままの形で現象する場合には，個々の住宅は所有者の勝手気ままにスクラップ＆ビルドされるため（こういう状態を「建築自由の原則」という），コーディネートされた地域空間としては成立しない．低層住宅地域に高層住宅が建築された場合のように，私的財としての展開が，地域居住空間としての劣悪化を結果する場合も起こりうる．あるいはまた，公共財の「公共」が，地域住民と遊離する場合には，国家や自治体と地域住民との対立，また地域住民相互の対立という，「公共」どうしの対立も起こりうる．この意味では，公共財的性格は多層的・多義的であって，その内容が問われなければならない．

2. 先進諸国における住宅市場と住宅問題の発展過程

　各国の住宅問題の発生と住宅政策のあり方は，その背景にある住宅市場の発展のあり方によって規定され，それはまたそれぞれの資本主義発展がおかれた歴史的な条件にその大枠を規定されている．前節で述べた住宅市場の特質というフィルターを通しつつ，ここではその基本的な歴史的構図を概観しておこう．

2-1　民間賃貸住宅市場における二重独占の発展と住宅問題（第Ⅰ期）

　資本主義社会における住宅供給は，多かれ少なかれ封建的性格をはらんだ土地所有と，その上の建造物の商品化として展開される．歴史的に見ると，土地・住宅商品化の最初の形態は，私的所有の下におかれた不動産の賃貸という形態で始まった．この場合，商品化が賃貸という形態をとったのは，土地売買に対する前近代的制限の残存，需要者の支払能力の低位性，信用の未発達等の歴史的諸条件によって規定されたものであり，その意味で歴史的な必然であった．産業資本主義段階の住宅供給は，都市の急成長に伴う土地・住宅需要の急膨張の下で，まずはこうした民間賃貸市場の急激な発展として現れたのである．

　したがって，この段階の住宅市場は，自由競争，レッセ・フェールによって特徴づけられるがゆえに，土地・住宅市場が後の時代に登場するような近代的な社会的規制をほとんど受けることなく，土地・住宅所有がその二重独占的性格を全面的に発展させ実現していった時代であった．それは，新興都市住民（労働者階級）の無権利状態とも相まって，しばしば人間・労働力の健全な再生産を不可能とするような住宅・住環境の劣悪さを伴いながら，高家賃や追い出し問題など，貸し手と借り手，家主と賃借人との対立を激化させていった．

　こうしたプロセスをもっとも先行的に，また典型的な形で展開したのが，

資本主義の最先進国であるイギリスであった．よく知られているように，F. エンゲルスの『イギリスにおける労働者階級の状態』および『住宅問題』は，こうした時代を分析・告発した不朽の名著である．これらの著作で描かれた古典的な住宅問題は，支払可能な価格で確保できる良質な住宅が十分に供給されなかったという意味では，ひとつの不足問題である．しかし，「大都市には，合理的に利用しさえすればほんとうの"住宅難"をすぐにすっかり解決するのに十分なだけの住宅が，いまでもすでに存在している」（エンゲルス）という意味では，必ずしも絶対的な不足問題ではない．スラム住民をはじめとする多くの都市住民にとっては，問題は，まずはそうした劣悪な住宅すら安定的に確保できないような高家賃＝価格問題（アフォーダビリティ問題）であり，ゆえにまた所得問題でもあった．

他の先進諸国は，こうした農村社会から都市社会への転換に伴うプロセスを，出発点において，またそのテンポにおいてそれぞれの独自性を持ってい

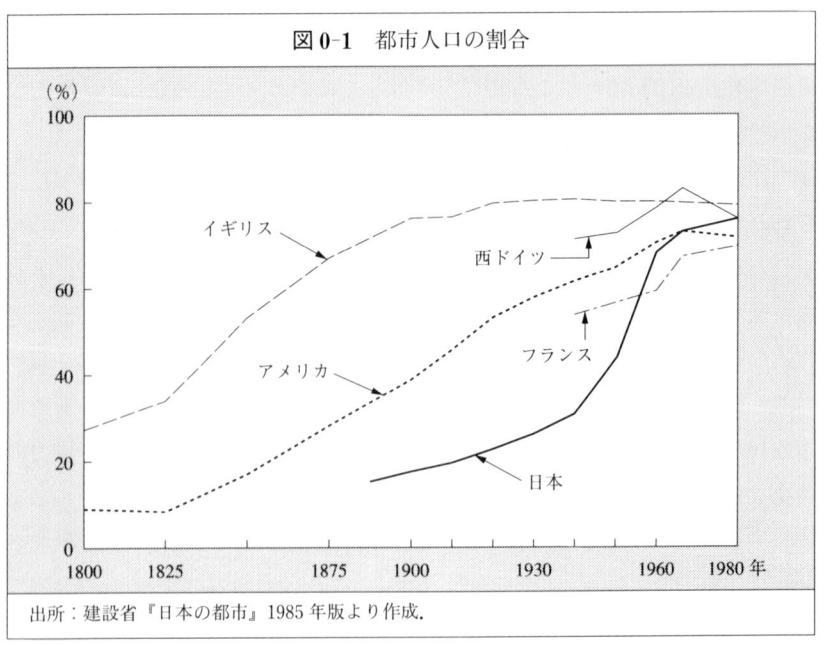

図 0-1　都市人口の割合

出所：建設省『日本の都市』1985 年版より作成．

る．図0-1は，先進5カ国の都市人口比率の推移を示したものである．いずれの国においても，資本主義発展の中で都市人口比率が高まり，おおむね70～80％の段階で都市化プロセスが完了し，その限りで成熟段階に入ったことがわかる．イギリスの場合には，19世紀初頭に30％程度であったものが，1世紀かけて20世紀初頭にこの段階に到達した．アメリカは，イギリスとほとんど同様の変化を約4分の3世紀遅れて経験している．西ドイツとフランスは，この図では第2次大戦以後しかわからないが，前者がイギリスとアメリカの中間，後者がアメリカの少し後を追ったものと推定される．このような相違を前提に，次期以降の新たな展開を見て行かねばならない．

2-2　二重独占に対する規制と公共性の発展（第II期）
●世界大戦のインパクト

エンゲルスの著書で描かれたようなイギリスの住宅市場は，20世紀に入って2つの世界大戦を契機とする深刻な住宅不足問題の局面を迎える．この場合の住宅問題は，それ以前の問題とは趣を異にしている．というのは，ここで問題が不足問題として顕在化したのは，激化しつつあった高家賃問題への対策としての家賃統制が民間賃貸住宅の新規供給を冷却したことに加えて，戦争によって大量の住宅が破壊された結果（これに結婚ブームや核家族化による世帯の増加も加わって），顕著な需給ギャップが生じたことに起因しているからである．

一方，ドイツ・フランス・アメリカもまた，イギリスの後を追って——したがってイギリスほどのレベルではないが——都市化が進み民間賃貸住宅市場が発展しつつあった．さらに遅れて，第1次大戦後本格的な都市化（第1次都市化）が始まる日本でも，やはり民間賃貸市場の発展が進んでいた．そのような段階で，戦災を免れたアメリカを除いて，ヨーロッパの先進諸国は，程度の差こそあれイギリスと同種の住宅問題に直面したし，日本でも第2次大戦後に深刻な住宅不足を体験することになる．

戦災を被った諸国では，問題は概して市場メカニズムに依拠するだけでは

解決不可能な深刻な性格を帯びた．いわゆる福祉国家政策は，このような住宅政策を重要な構成要素としつつ展開されていく．

●民間投資をベースとした公営住宅供給（イギリス）

まず，イギリスの場合には，すでに19世紀を通じて市場メカニズムの下での自生的な民間賃貸市場の発展があったが，家賃上昇などそこでの矛盾は頂点に達しつつあった．この段階で早くも都市型社会に到達していたイギリスでは，戦災を被る以前にすでに民間賃貸市場の発展の結果としての住宅問題が激化していた点が特徴的である．政治的パワーを蓄積してきた労働者階級・市民の要求を前に，第1次大戦以後イギリス政府は継続的な地代・家賃統制（土地所有独占の経済的実現に対する直接的な社会的規制）を行わざるを得なくなるが，これによって民間賃貸市場はそれ以上の発展の道を閉ざされ，全体として衰退過程をたどるようになる．

この過程で住宅不足部分を補ったのは，一方では増大するミドルクラスを基盤にした持家市場の発展であり，他方では，——これもまた二重独占に対する本質的な介入・規制の1形態でもあるが——公営賃貸住宅の供給であった（公営住宅は，持家取得層と既存の民間賃貸住宅居住層の中間部分を対象とした相当な水準のものとして設定された）．この公営賃貸住宅供給は，当初は第1次大戦後の極端な住宅不足に対する緊急避難的な対策として実施に移されたものであったが，結果として公的所有・経営が継続されてゆき，さらに第2次大戦後の住宅不足期を中心に1960年代まで発展過程をたどっていくことになった．

持家の相当レベルの自生的な発展を実現できるだけの市場条件が備わっていたにもかかわらず，前世紀以来の住宅市場をめぐる矛盾の発展に需給ギャップ急拡大の下での市民・労働者の政治的プレッシャーが加わることによって，一定の質・量を伴った補完的な公的住宅供給を余儀なくさせた．このような公的住宅投資の発展は，高水準の民間住宅ストックを前提にそのような集中的な公的投資を可能とするような同国の経済力，高水準の住宅需要を要求する都市市民の社会的・政治的・文化的パワーの両方を条件として成立し

たものである．その意味では，ヴィクトリア期のイギリス資本主義の蓄積こそが作り出しえた独自の福祉国家型住宅政策であった．ゆえにこそ，戦後の早い段階で需給ギャップを克服し家賃統制の解除をなしえて以降の住宅市場は，再び民間市場の発展を主要なものとする構造に復帰し，今度は持家の発展を軸に公営住宅「残余化」のプロセスとして現れることにもなった．このような経過を振り返るならば，イギリスの住宅供給は民間投資の市場的発展をベースに公的投資がこれを補完した民間投資主導型として規定できる．

● 社会資本投資主導型の住宅供給（ドイツ・フランス）

これに対して，ドイツ（旧西ドイツ）やフランスの場合には，イギリスに比べた市場展開の相対的な後進性（とくにフランス）に戦災等による激しい需給ギャップ（とくにドイツ）が加わった結果，市場の自生的発展のみによっては一定水準の住宅を確保できない社会的階層がより広範囲（都市市民のマジョリティ）に及んだ．このことは，イギリスのような公営住宅供給を中心とする形で住宅問題を緩和する政策選択を困難かつ非合理的なものとした．そしてこれに代わって，家賃などに対する社会的規制を受けることを条件に供給側への建設費援助と需要側への住宅費援助をとりまぜた住宅政策（「社会住宅」政策）を合理的なものとした．さらにまた，供給力の不足を補うために，公的性格を持った建設資本を育成しなければならなかった．端的に言って，こうした住宅供給のあり方は，社会資本投資主導型として特徴づけることができるであろう[3]．

一般的に，社会資本は，所有形態の面では公的所有と深く結びついた概念である．しかし，こうした社会住宅政策の場合には，私的所有を基盤とするものであるにもかかわらず住宅市場に広く公的資金が投下されているし，土地・住宅所有に対して強力な公的規制が行われた．とりわけ，価格形成という市場発展の根幹部分で実効的な規制を含んでいたことは，この場合の不動産所有が単なる私的財にとどまらない公共財としての実体を持ったことを意味する．この意味で，所有形態は私的所有であったも，内容的には社会資本としての性格をはらんだ形態として把握することが適当であろう．

もちろん，以上のように公営住宅供給など公的介入が進んだからといって，このことは住宅供給が資本蓄積と無関係な存在になったことを意味するわけではない．住宅建設投資の小さくない部分が公的投資として行われ始め，そのことによって住宅分野に関わる公的資本投下が各国の資本蓄積の重要な一環を構成することになったのである．そして他方では，持家の発展という部面を中心に，住宅市場の自生的な発展もまた明確な姿を取り始めたことに注意しなければならない．それぞれの国家がおかれた歴史的条件によってその住宅分野での現れ方は独自的であるが，こうした独自性を規定した基本的な力は，各国の住宅ストックと供給力を前提に，どのような形態での公的資金がもっとも資本蓄積の進展とこれを保証する社会的安定に適合的であるかという事情であった．

●徹底的な民間投資主導型住宅供給（アメリカ）

　これらの状況を念頭に置くと，アメリカの住宅供給は，ドイツやフランス（とくに前者）のように価格規制や公的建設資本の育成を通じた住宅供給方式はとらず，もっぱら市場原理に依拠して発展してきたという点で，基本的にはイギリスと同様の民間投資主導型に分類される．さらに言えば，民間賃貸時代から民間賃貸＋持家の時代への移行が，ほとんど民間セクターの市場発展に依拠しつつ実現され，公営住宅の比重が極めて小さかったという点では，イギリスとも異なり徹底的な民間投資主導型であった．

　このような供給スタイルを可能とした主要な要因の第1は，アメリカの諸都市が，2度の世界大戦において直接的な戦災を蒙ることなく，むしろそれらをもっぱら国力増大の手段として都市化，すなわち資本蓄積の空間的集積を進めることができたという事情である．戦災による需給ギャップの拡大が相対的に軽微であった上に，供給力が破壊されず経済発展をとげていったことが，それだけ公的介入の必要性を低下させた．

　第2に，発展する中産階級の本隊を構成した白人が郊外の持家需要をなしたのに対し，本来ならば公的補助を必要とする低所得層の需要は，主要には黒人やハイテンポで流入を続けるヒスパニック等の人種的マイノリティに集

中した．これを前提に住宅の市場による供給がなされる場合には，居住水準格差の露骨な表面化が必至となるが，人種差別を伴った居住欲望水準の格差の存在が，当面その社会問題化を緩和し，やはり政治的・社会政策的な公的介入の必要性を弱めた．さらに，高度成長に伴うサクセス・ストーリーとアメリカン・ドリームの実現可能性の拡大は，こうしたマイノリティを含めて人々の自助努力を鼓舞・激励するものであった．

第3に，封建的土地所有が存在しない広大な土地を対象として土地の商品化がスムーズに展開しえたこと，言い換えれば土地所有の独占性がそれだけ弱かったことである．このことは，第1の要因とも相まって，ヨーロッパ諸国で見られたような，急激な都市化に伴う住宅用地の調達・買収を契機あるいは梃子とする公的介入の可能性・必要性を現実的な課題としては生じさせなかった．

● **後発民間投資主導型の住宅供給（日本）**

欧米諸国のこうした住宅市場の展開過程を念頭に置いた場合，日本の住宅市場と住宅問題の特質を考える上でのもっとも基本的な構造的要因は，前掲図0-1に明らかなような，都市形成の後発性と急進性である．

それによれば，都市人口比率において日本が30％の段階に達したのは，第2次大戦直前の1940年頃であり，これはイギリスから1世紀半，アメリカから半世紀遅れている（後発性）．ところが，50年代にフランスを追い越し，70年頃にはアメリカ，80年頃には西ドイツ・イギリスと同水準に達した．高度経済成長期を中心とするわずか20～30年の間に，欧米諸国が1世紀以上かけた都市への人口集積を実現してしまったのである（急進性）．このような世界史的に見て特殊な都市化プロセスが，住宅市場の発展形態を含む日本の都市化のあり方に本質的な特殊性を刻印したことは想像に難くない．その特殊性とは，端的に言って，日本では第2次大戦後，第Ⅰ期型と第Ⅱ期型の都市化が同時に現れることになったことである．

この場合，第Ⅰ期型性格とは，なによりも住宅供給が，基本的に近代的な都市としての制度インフラが確立されない段階で，自由な市場展開・市場メ

カニズム主導によって行われてきたという点にある．それは，土地所有の二重独占を放置したままでの市場展開であり，したがって必然的に貧困な住宅供給と劣悪な住環境の膨張を伴うものであった．

他方，第II期型性格の同時進行とは次のような事実をさしている．第1に，イギリスと比べればはるかにその水準は低いが，公営住宅の供給が一定の比重を占めた．第2に，社会住宅政策に見られるような住宅所有・利用に対する社会的規制は弱いが，とくに住宅金融公庫を通じて多量の財政投融資資金が住宅ローンとして持家市場に投下されてきた．第3に，きわめて不徹底なものではあるが，欧米諸国の経験を参考にしたゾーニングや開発許可の手法による土地利用・建築規制システムが制度化されてきた．

しかし，これらの第II期的諸特徴は，全体として市場の自由を阻害するものではなく，その意味では第I期型が住宅供給の基調をなした．日本の住宅供給は，このような意味での折衷的性格を有する民間投資主導型であるといえる．

● 建築不自由の原則の確立

なおあわせて考慮すべきは，ヨーロッパ先進諸国におけるこうした住宅供給を含む20世紀，とりわけ第2次大戦後の都市形成が，程度や内容の差はあれ建築不自由の原則の下で行われてきたことである．建築不自由の原則とは，住宅建設を含む市街地の建設・開発行為（取り壊し行為を含む）が，社会的コントロールを受けて行われる状態をいう．規制の及ぶ範囲や内容は様々であるが，多くの先進国においては市街地空間の持っている環境・景観・歴史性などが開発行為によって破壊されないように，強力な規制が行われてきた．居住空間に対する都市住民の文化的・社会的欲望水準の発展が，単なるシェルターとして住宅をみる段階から，地域空間のあり方を含めたより豊かなアメニティを重視する段階へと発展することは必然的である．ミドルクラスを中心とする高い社会的欲望水準の広がり，またスラム問題などの住環境問題との長期にわたる格闘の中での都市文化の形成と蓄積は，公的介入を積極的に要請するこの時代の社会的意識と相俟って，都市計画と建築不

自由の原則に基づく都市・住宅開発の全面的な発展，換言すれば住宅の公共財的性格の顕著な発展をもたらしたのである．

●土地所有独占と公的介入

一般的に言えば，土地所有者は二重独占の強化を歓迎し，これと対峙する土地利用者はその権能を制限しようとする．種々の形態による公的介入は，論理の次元ではこのどちらの方向にも作用することができる．

事実の展開としてみると，第II期に出現した地代・家賃統制，社会住宅および公営住宅供給といった公的介入は，明らかに第I期において猛威をふるった土地所有の独占性に対する強い制限を意味した．これに対して，同時並行的に発展してくる土地利用規制や建築不自由の原則は，上流階級を中心に歴史的に形成されてきた住環境に対する高度な欲求が，ミドルクラスの発展を基盤として市民的要求にまで拡がってきたこと，したがってまた持家化という形態をとった新しい水準の住宅需要の一般的な拡がりと不可分に結びついた現象である．そうであるがゆえに，それは，まずは住み手である土地所有者（＝ミドルクラス）の独占性の強化という志向性（典型的には囲い込み的ゾーニング）から出発しつつ，その拡散とともに大衆社会の一般的原則に転化する傾向を強めてきた．それは，土地所有がオールマイティであることを停止し，一般的に建築不自由の原則という社会的規制を内包した所有として存立することを意味する．

第II期の住宅市場は，以上のように一面で市場の弱点・失敗を公的介入（福祉国家政策）によって補完されつつ，他面で土地・住宅需要の新しい形態に対応した新たな制度インフラの枠組みに沿って，全体として高度成長の過程を歩んだのである．

2-3 カジノ資本主義下の住宅市場と住宅問題（第III期）

しかし，高度経済成長の終焉と財政危機の発展の下で，事態は新しい様相を見せ始めた．住宅建設ならびにその維持管理のための公的資金の投入が困難となり，公的住宅供給からの撤退，公営住宅の売却等，公的介入の縮小傾

向が明確となった．そしてこれとは裏腹に，住宅政策は，とりわけ持家建設の奨励に収斂し始めた．20世紀の最後の四半期になって現れてきたイギリスにおける公営住宅売却（プライバタイゼーション）政策やドイツ・フランスにおける社会住宅の比重低下と他方での持家化の進展は，社会資本投資主導型から民間投資主導型への世界的なシフトを示すものであり，住宅が社会資本的性格を喪失し，基本的には市場メカニズムを通じて調達可能な私的財として認識され，位置づけられつつあることを物語っている．福祉国家の時代における住宅供給方式の多様化傾向がひとまず終焉し，現象上は再び19世紀のような民間投資主導時代へと回帰しつつあるのである．このプロセスは，別な角度からいえば，社会住宅の役割の縮小や継続保障の規制緩和（定期借家権の創設）など，第II期の遺産として残された所有独占に対する規制撤廃の一般的傾向によって特徴づけられる．（ここで，改めてこれまでの認識をチャート化すると図0-2のようになる．）

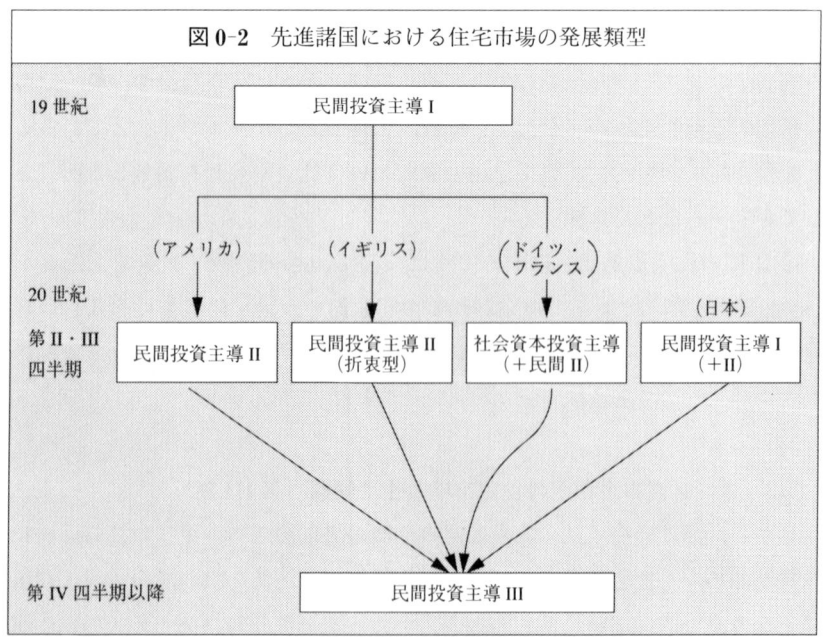

図0-2　先進諸国における住宅市場の発展類型

しかし，第Ⅲ期において，同じく民間投資とはいってもその内容は同じではない．第1に，もっとも基本的な違いは，カジノ資本主義の下で，住宅市場が金融市場の影響を強く受けるということである．これは，第Ⅱ期の住宅市場が，需要のサイドから見ればなによりもミドルクラスを中心部隊とする持家需要の発展（民間賃貸住宅から持家へのシフト）として性格づけられることと対比される．都市化が成熟化した「都市型社会」の時代は，持家者国家の時代（Saunders〔1990〕）を迎えたことと踵を接して，投機と不動産の金融商品化の時代へとその性格をさらに変化させつつあるのである．

　第2に，その場合でも，住宅が不可欠な生活手段である以上，金融市場一般以上に住宅市場は実体経済・実需と密接な関係を保たざるを得ない．この側面から見るならば，第Ⅲ期の住宅市場は，第Ⅱ期に蓄積された居住水準，とりわけ建築不自由の原則等を内包し，前提とした市場化であるという点で，第Ⅰ期とは段階を異にする．不可逆的なヨリ高度な社会的欲望水準の市場的実現と投機化・金融商品化という新たな市場環境との相克がこの時代を特徴づける．

　かくして，公的介入の縮小，公営住宅の家賃値上げといった動きや持家価格の高騰の中で，1980年代後半ごろからアフォーダビリティ問題としての住宅問題が，先進諸国に共通の住宅問題として現れてきた．19世紀・第Ⅰ期には民間賃貸住宅市場の発展が生み出したアフォーダビリティ問題が，今度は持家の時代という異なった発展段階の中で再現されてきたのである．一方では住宅価格と住宅ローン金利の両面において自律化し肥大化した金融市場の影響を被ることによって，他方では構造的な高失業率や低福祉の時代と遭遇することによって，居住の不安定化傾向が強まっている．それはまた，ミドルクラスの危機が顕在化する中で社会が少数の勝利者と多数の敗者に分裂する時代であり，繁栄を謳歌する一部優等地の土地所有独占の対極において，多数の小土地所有が不安定性を強める時代でもある．

本書の射程

　先進諸国住宅市場の発展に関する既述のような類型化に従えば，本書は民間投資主導型に分類される日本とアメリカを主要な分析対象としている．イギリスもまた同類型に属するが，これらの2つの国は後発型である点でイギリスとは区別される．

　日本とアメリカの共通の特徴は，都市化の初期段階から今日に至るまで，市場メカニズムが，主役の座を独占し続けてきた点にある．しかし，他方では，その歴史的，あるいは社会経済的な諸条件の相違が，市場の展開にそれぞれ独自な形態をとらせるとともに，そこから派生するそれぞれに特有な形態の住宅問題を生みだしてきた．市場メカニズムがこのように自由に展開する国々において，二重の独占を含む土地・住宅所有がどのように商品化され，どのような敵対性を生み出すか，そして，それぞれの政治的環境が，これに対する対症療法としていかなる住宅政策をとらせるに至り，その政策がまた，市場にいかなる反作用を加え，住宅問題の現れ方にいかに作用したのか．本章ではその全体的な理論的・歴史的枠組みを提示したが，以下の本論各章では，いくつかの角度からこれらを具体的に検討していくことになろう．

注
1) 詳しくは，山田〔1996a〕; Yamada〔1999〕を参照．
2) 個人消費を個人的消費と共同消費に分類し，社会資本に関する体系的な理論的・実証的研究として宮本憲一『社会資本論』〔1967〕がある．同書は，必ずしも明示していないが，共同消費手段を公的所有と不可分のものとして，もっぱら「社会的共同消費手段」として把握する論理構成をとっている．私は『開発利益の経済学』(増補版，1996b)の中で，同書の包括的な批判的検討を行ったが，その中の論点のひとつは私的所有の形態にある共同消費手段を理論的・実証的に把握することの重要性であった．本章において，社会資本としての住宅と公共財（共同消費手段）としての住宅を区別する視点もまた，そうした理論的立場を反映したものである．
3) ここではドイツとフランスを社会資本主導型として一括したが，当然のことな

がらその内容は同じではない．概して言えば，フランスの住宅供給は，ドイツに比べれば市場主導型に近い性格を持っている．原田〔1995〕は次のように述べている．

「第2次大戦後から1970年代までのイギリスでは，……住宅保有形態が持ち家か，公的借家かに二極分解したのである．それに対して，ドイツ（旧西ドイツ）では，住宅そのものを公的所有として供給・管理する公的住宅方式は採られず，むしろ市場原理を活用しながら民間による賃貸住宅の建設・経営に公的な補助を与え，その代わりに一定の家賃規制等を加える，という方式が重視されてきた．……この両国と対比して達観的に言えば，フランスの場合は，おおよそ両者の中間的なところに位置するといえよう」．

第Ⅰ部　日　本　編

第1章　日本の住宅市場・政策と住宅問題

　は じ め に

　日本の都市化と住宅市場の本格的な発展は，第1次大戦後に開始された．いわゆる第1次都市化がそれである．しかし，第2次大戦後，高度経済成長期における急激な都市化の進捗と対比するならば，それはいまだ助走段階にとどまるものであった．

　欧米先進諸国における都市化と住宅市場の発展過程を振り返れば，劣悪な民間賃貸住宅の供給の中で古典的な住宅問題が発生した第Ⅰ期に，住宅不足が深刻化する中で限界を露呈した民間賃貸住宅にかわって公的住宅供給や持家が台頭した第Ⅱ期が続いた．

　この両者のプロセスを対比するならば，日本のそれが第Ⅰ期と第Ⅱ期をほとんど同時並行的にたどることになった特殊性を持っていたことがわかる．日本の都市・住宅問題の展開は，このような錯綜した過程として把握される

必要がある．

　この基盤の上に，第III期，すなわ20世紀の最後の四半世紀における住宅市場・住宅政策の一般的傾向が現れることになるが，上記のような特殊な歴史的条件の存在は，こうした一般的傾向を日本的な特殊性を帯びた形態で現象させざるを得ない（以上序章参照）．

　本章の課題は，このような視角から，第2次大戦後における日本の住宅市場・住宅政策ならびに住宅問題展開の構図を，さらに具体的に明らかにすることに置かれている[1]．

1. 日本的土地・住宅市場の形成と住宅問題

1-1 戸数主義的住宅政策と住宅・居住問題
●特殊な住宅需給ギャップの発生と戸数主義的住宅政策

　戦後日本の住宅問題の出発点は，周知のように第2次大戦とそれによる戦災によってもたらされた絶対的な住宅不足問題であった．不足した住宅の数は，ざっと420万戸と言われている．これは，550万戸が全壊したといわれるドイツの状況に近く，全壊50万戸，重大損壊75万戸といわれるイギリスや，全壊40万戸，損壊150万戸とされるフランスを相当に上回る深刻な不足状態であった[2]．

　しかも特徴的な点は，このような戦災を契機とする深刻な住宅不足に続いて，特殊に急進的な高度経済成長・都市膨張に伴う住宅需要の急膨張が現れたことである．初期の段階における戦災者や復員者などの住宅需要に，その後農山村に滞留していた過剰人口の都市流出によって急膨張する高度成長期型の需要が加重されていった．この点は，すでに都市人口比率が相当に高くなった時点で戦後の高度成長を迎える他の諸国の市場環境との重大な違いをなす．統計上住宅ストック数が世帯数を上回るのは高度成長期後半の1968年であることからみても，戦後の住宅不足局面は，戦後復興期だけで収束せず，ほぼ高度成長期を通して継続したといえる．このような事情は，戦後日

本の住宅問題が，他の先進諸国にもまして住宅供給の不足問題としての側面を強く持ったことを意味している．

このような需給ギャップの発現に対し，住宅供給はどのような形で対応したのか．第1に，敗戦直後の5年間は，市場では，持家を中心とする年平均38万戸程度の民間自力建設が行われただけで，住宅市場は低迷と混乱を極めた．また，これをカバーすべき公的住宅供給も仮設住宅的な水準のものが年平均4.8万戸程度供給されたにとどまった（伊豆〔1999〕）．

第2に，家賃統制が解除された50年代以降になると，単身者・若年層を中心とする需要に対しては木賃住宅に象徴される民間賃貸住宅供給が主力となり，壮年ファミリー向けを中心に公的融資（住宅金融公庫融資）に支えられた持家の発展が市場を先導しつつ，公営住宅がこれにはまらない低所得階層の需要を一部担保するという住宅供給の枠組みが定着した．

特徴的なことは，木賃住宅は言うに及ばず持家も含めて低質な住宅が供給され続けたこと，そして政府の住宅政策もまた，質を二の次にしてひたすら量＝戸数の拡大を図る，粗製濫造型のスタンスを基本としたことである．需要者である新興都市住民もまた，よりましな持家1戸建てに至る将来に夢を託しながら，こうした住宅供給を受け入れた．経済政策は日本経済の欧米水準への早急なキャッチアップを追求したが，住宅政策は蚊帳の外に置かれ，欧米先進諸国の居住水準に遠く及ばない状況にもかかわらず，当座の対症療法の世界＝戸数主義的住宅政策に安住し（得）たのである．

それでは，こうした戸数主義的住宅政策の下で，住宅問題はどのような形態で現れたであろうか．

● **住宅の狭小性**

まず，住宅単体としてみたもっとも根本的な居住問題は，周知のように日本の住宅の狭小性であった．

これは，ひとつには当時の新興都市住民の支払能力の一般的な低さによって規定されたものである．典型的な例としていえば，農村から集団就職する新規学卒（その相当部分は中卒）労働力は，まず「住み込み」状態で居住し，

都市に定着し若干の経済力を持つとともに木賃住宅（早い段階ほど設備共用の低質共同住宅）の住人にグレードアップした．もう少しましな木賃住宅や長屋住宅に居住できたサラリーマン家族は，うまくいけば郊外の新興住宅団地の持家1戸建てに手が届くようになり，そうでないまでもミニ開発で供給された小さな持家の所有者になっていった．しかし，総体として言えば，当時の多くの都市住民にとって，負担可能な住宅は，限られた質のものでしかなかった．

それでも，戦後の高度経済成長の下での個人所得の増大は，その限りではより大きな建物（床面積）の取得を可能とする条件を拡大した．ところが他方では，その同じ日本経済の高度成長に伴う都市の急膨張が，他国に例を見ないような高地価・高地代を伴うことによって，住宅用地の確保を困難にした．一般的にいって，建物価格と敷地価格とは二律背反の関係にあるが，日本の特徴は後者の制約が決定的に大きいことである．高地価が，建物に対する支払能力を横取りすることによって，「ウサギ小屋」からの脱出を強く妨げたのである．

どのような質のものであれ，住宅は生活必需品である．都市人口・世帯数の急激な増加は戸数としての住宅需要に直結するが，支払能力の低さと高地価を前提として自由市場において現れる供給が，狭小で粗悪なものとなることは避けられない．唯一このような展開を避ける方法は，地価上昇を強力に抑制しうるような仕組みを築きつつ，ドイツの社会住宅政策で行われたように，建設資金もしくは住居費の相当部分をカバーする公的資金を住宅分野に投入することである．しかし実際には，地価上昇を高度資本蓄積の前提および結果として積極的に活用しつつ（「土地本位制」），建設に関わる公的資金は，なによりも産業基盤に集中的に投下された（「土建国家」）．その意味では，戸数への執着は，土地本位制や土建国家と揶揄されるような政策スタンスと表裏一体の現象であった．

● **地域居住空間の貧困**

こうした状況の中で，地価のプレッシャーを緩和しつつ需要を喚起する自

然発生的な市場的対応は，居住地の遠隔化，職住分離である．持家居住者を中心とした長時間の通勤・通学地獄が，この国のありふれた日常の光景となった．残業による長時間労働と相俟って，居住地は通勤者にとっての文字どおり単なるベッドタウンと化し，それだけ家族生活の形骸化が進んだ．

 さらに，遠隔化の日本的特徴は，市街地のスプロール的発展という点でより顕著である．ヨーロッパの国々におけるような，都市・市街地の外側に見渡す限りの農地や森林が広がる美しい風景とは対照的に，市街地と農林地空間の錯綜が通勤列車の車窓から見る日本の郊外風景となった．都市空間内部や周辺の農林地空間の存在が，公園緑地や貯水池の機能を代替したり，レクリエーション農園や学童教育の場を提供している側面があるとはいえ，これらは決して意図された結果ではなく，いわば不幸中の小さな幸いである．

 スプロールは市街地内部においても展開している．一部の地域を除けば，商業施設・工場・オフィス・住宅等の異なる土地利用が混在し，相互の利用転換が絶え間なく進む．何年かを経て再びその街を訪れると，街の姿がすっかり変わっているということもまれではない．工場地帯や高速道路の横に住宅が建ったり，低層住宅街に隣り合わせで高層ビルやマンションが建てられたりすることは日常茶飯事である．同一の土地利用，たとえば住宅地の内部においても，個々の住宅はバラバラな外観を持ち，街並みとしての一体性，明確な個性が存在しない地域が大部分を占めるようになった．

 さらに，徹底した自動車優先，住民・歩行者軽視の市街地として居住空間が形成されていったことである．排気ガスや振動・騒音公害はいうまでもなく，幹線道路と生活道路との区別もほとんどないような形で道路建設が進められたために，子供や高齢者が安心して歩ける道路は少ない．

 そして最後に，周知の事実であるが，公園その他の生活関連社会資本の貧困である．

 細かくあげればキリがないが，この時期の日本において，おおよそ以上のような特徴的な住宅・居住問題の展開を確認できよう．

1-2 戦後土地・住宅制度インフラの形成とその日本的特徴

それでは次に，こうした対症療法的・戸数主義的住宅供給に邁進した住宅政策やその土俵となった制度インフラはどのようなものであったか，という点をいま少し具体的に見ていくことにしよう．

端的に言って，戦後における土地・住宅市場の日本型制度インフラは，次の3つの骨格によって形成された．

　　i　戦後土地制度改革
　　ii　1950年代前半における住宅3法（住宅金融公庫法，公営住宅法，日本住宅公団法）と住宅建設計画法（1966年）の制定
　　iii　1968年の新都市計画法の制定（その後の建築基準法改正等を含む）

まずiは，一方で，農地では寄生地主制を廃止し自作農的土地所有を創設するというラディカルな改革（農地改革）が行われたのに対し，他方で，都市においてはそうした土地改革がなされなかったこと（その意味では戦後改革がなかったこと）である．農地改革は，それ自体としては都市の土地所有に無関係であるが，その後の都市の膨張に伴う市街地形成の大きな部分は農地転用として実現された．ゆえに，はからずも土地供給における社会的規制として，都市土地市場と市街地形成のあり方に大きな影響を及ぼすことになった．

他方，都市部では，戦前来の土地所有構造が基本的に継承された上に，戦前1919年に策定された都市計画法と市街地建築物法という土地制度がそのまま引き継がれた．これらの法制は，市街地開発に対する一定の社会的規制を含むが，その内容は極めて貧弱なものであり，土地利用を厳格に統制した農地法とは好対照をなした．ゆえに，市街地開発という視点から言えば，もっぱら市場に任せた自由な開発（主要には外延的開発）が，農地法の転用統制と衝突するという対抗的フレームワークが成立したのである．

土地制度のこのような基本的なフレームワークの上に，iiに掲げた一連の住宅政策が展開される．それは，まずは住宅金融公庫の設置によって持家による民間自力建設を促進しつつ，低所得層に対する必要最小限の住宅供給を

担うものとして公営住宅を位置づけることを起点として開始された．55年からは，この両者によってカバーされない部分・領域への住宅供給策として住宅生産の工業化促進の役割をも担いつつ，とくに中高層住宅の供給を企図した公団住宅供給がこれに加わっていく．

　傾斜生産方式によって産業インフラや基幹産業へと財政投資が集中される反面で，限られた予算の中で最大限の社会的効果をねらうこれらの住宅政策は，第1に，持家を中心とした民間自力建設をバックアップする公庫融資政策を軸としている限りでは持家主義であった．そして既述のように，第2に，必要最小限の資金枠の下で最大限の目に見える建設戸数としての実績達成を目指した公的住宅供給も含めて，まずはなによりも供給戸数の増加を目指すところの戸数主義をその基本的な特徴とした．66年度からスタートする住宅建設5カ年計画は，当初の緊急避難的・社会政策的な性格から，持家主義と戸数主義という内容をさらに長期的な視野と拡大された規模で押し進めていくことになる．

　このような住宅政策の枠組みは，公的住宅供給が一定のシェアを占めたという点で，民間供給が圧倒的なアメリカの住宅政策とは区別される．しかし，他方で，公的住宅ストックが約3割を占めたイギリスと比べると，はるかに民間投資促進型の政策体系であった．さらに，民間住宅建設に対して，公庫融資を中心に相当規模の公的資金供給の枠組みが作られたとはいえ，ドイツやフランスとの基本的な違いは，民間住宅建設に対する公的資金供給が持家中心であることと，価格規制などの強力な市場規制を公的資金受給の資格要件としなかったこと，住宅建設を担う公的な建設資本の育成策を採らなかったこと，である．

　当然のことながら，ⅰのような制度基盤の上に展開するこのような形での市場住宅供給の促進は，膨大な都市的土地需要の増大となって現れ，農地法の転用統制との矛盾を深めざるを得ない．ⅲの新都市計画法は，この種の矛盾に対する政策対応をその基本的な課題とした．石田〔1987，305-6頁〕の整理に従えば，旧都市計画法に比べた新都市計画法の改良点は次の5点で

ある．
　1. 都市計画決定権限の都道府県知事及び市町村への移譲
　2. 都市計画の案の作成及び決定の過程における住民参加手続きの導入
　3. 市街化区域，市街化調整区域という区域区分手法の創設
　4. 区域区分と関連した，開発許可制度の創設
　5. 用途地域性の細分化と容積率制限の全面的採用

　具体的な検討は省略するが，それぞれの問題領域において旧都市計画法に対する改良は見られる．しかし，良好な市街地形成を担保できる制度からは，なおほど遠い内容のものであった．それは，本書第4章で敷衍されるごとくゾーニングそれ自体が極めて問題を持っていたことに加えて，本来その上に描かれるべき都市ビジョンが欠落している点，また中央集権的で上意下達の計画決定システムをあいかわらず基本としている（地方自治，住民参加は形式的である）点等に，とくに象徴されている．詰まるところ，新都市計画法がもたらした新しい作用は，なによりも市街化区域における農地法による転用統制の解除と転用促進，市街化調整区域における一定の転用制限の結果としての，開発，大規模開発の遠隔化（白地区域や非都市計画区域への拡散）であった．

　そして，改正建築基準法も含めて言えることは，建築行為に対する規制が極めて大雑把かつ緩やかなものであることである．そこでは一定の基準さえクリアすれば，どのような形状の建物を建てようが，あるいは逆に取り壊したりしようが，それは当事者の判断に——ゆえにまた市場メカニズムに——委ねられる．換言すれば，建築自由の原則がそこでの基本原理であった．つまり，欧米先進諸国において第II期の市場発展における基本原則であった建築不自由の原則が制度的に確立されない状況下で急激な都市化が進展することになった．

　自動車交通の発達という交通革命を基盤に，これまでにないテンポの急激な都市膨張を体現した高度経済成長後半期以降の住宅市場は，おおむね以上のような制度的枠組みの下で展開されていく．こうした日本的な政策的・制

度的な土俵上で，市場はどのような形態で発展し，それがまたいかにして既述のような住宅問題を生みだすことになったのであろうか．

1-3　土地・住宅市場の日本的展開と高地価・スプロール
●土地・住宅市場の日本的形態

建築自由の原則に集約される制度インフラが市場の展開形態に与える諸作用の中で，もっとも根本的で規定的な問題は，土地市場と住宅市場の結びつき方の日本的特殊性である．

論理的に見れば，住宅市場は上物としての住宅市場とそれが設置される住宅地市場から構成され，土地市場は，住宅地市場や商業地市場，農地市場など土地利用の性格が異なる多様な諸市場から構成される．しかし，現実には，二重の意味において，それらの諸市場が相互に独立した存在となるとは限らない．

第1に，これらの商品が，しばしば住宅やビルディングなどの上物と一体の財（＝不動産）として取引されることからくる，住宅地市場と住宅市場との融合である．

例えば，イギリスでは住宅市場で取引される商品はあくまで不動産（property）であって，一般の人々が住宅地価格をそれ自体として意識することはほとんどない．つまり，住宅地市場は不動産としての住宅市場と一体である．ところが，日本では，土地を住宅を建てる前に先行売買することも広く行われてきたし，建物と一体で売買される場合でも土地価格が明示されることも少なくなく，それだけ住宅地価格は分離して意識された．さらに，中古住宅市場においては，上物の減価が非常に激しく，土地価格が前面に登場した．これは，イギリスの場合とは逆に，むしろ住宅市場が住宅地市場に埋没しており，自立した市場たりえないことを意味する．

第2に，土地市場への住宅地市場の包摂である．

欧米諸国では，一般に異なる土地利用への転換は，ゾーニングや開発許可制度によって厳しく規制されている．この場合には，住宅地市場や商業地市

場，農地市場等々は用途の異なる土地市場として分離・独立され，地代や地価の形成はそれぞれの土地利用や市場のあり方に依存する．言い換えれば，これらの特殊的土地市場こそが現実であって，土地市場一般は事実上概念としてのみ存在する．

これに対して，もし異なる土地利用相互の転用が自由か，それに近い状態であればどうであろうか．ある地所は現在確かに住宅地や農地として利用されているとしても，近い将来は商業地となるかもしれない．あるいは，逆に商業地にマンションが建てられて住宅地になるかもしれない．このような場合には，特殊的土地市場は，現況としては確かに存在するが，それはたえず他の特殊的土地市場との競合の下に存在するに過ぎない，利用形態としては不確かで変幻自在の財として現れる．すなわち，住宅地市場などの特殊的土地市場は，事実上，土地市場一般に埋没することになる．言い換えれば，土地市場こそが現実であって，特殊的土地市場はこれに従属したかりそめの存在に限りなく近づくのである．ここでは，商業地から住宅地へ，市街地から農地へといった異なる土地利用相互間の地価波及が不可避となるが，こうした事態がしばしば指摘されるところに，日本の土地・住宅市場の基本的な特徴が表れている．

要するに，住宅市場は住宅地市場に埋没し，住宅地市場はさらに土地市場に埋没するという点（規定性の強さの関係としては，土地市場＞住宅地市場＞住宅市場という関係）に，日本の土地・住宅市場の構造的特質があることがわかる．

●住宅・居住問題の発生メカニズム

ある特殊的土地利用あるいは特定空間における地価の高騰が，都市の全空間に玉突き的に波及すること，その結果，地代・地価負担力の高い土地利用（高度利用）が常に低度利用を駆逐する傾向を持つこと，一般的にいえば，建築の自由・破壊の自由，すなわちスクラップ＆ビルドの市街地形成が常態となる現象は，これにより必然化される．

土地利用規制があろうがなかろうが，土地が有限な財である以上，利用独

占に起因する利用競合が生じることはさけられない．しかし，異種土地利用相互の転用が不可能である場合には，この競合はそれぞれの土地利用の内部における問題である．ところが，上述のような日本の都市形成においては，この競合は同時に異なる土地利用相互の関係としても展開する．その結果，地代・地価負担力の強い土地利用が，弱い土地利用をたえず駆逐するという弱肉強食の原理が貫徹する．それぞれの土地利用に基づいて地代・地価が決まるというよりは，むしろ一般的土地市場によって決定された地代・地価水準にあわせて土地利用が変転し，利用独占の再編成が進展するという，倒錯的で弱者にとって敵対的な都市形成が進展することになる．

都市膨張の時代における利用独占は，こうした死闘をくぐりぬけた土地生産性の高い利用主体を頂点とする壮大なヒエラルキーとして構成される．頂点が高くなると同時にすそ野が広がる中で，優等地と劣等地の格差が拡大する．中心部の容積率や建蔽率の規制が緩やかな場合には，このような格差はいっそう強められ，それだけ優等地の利用独占が強化される．このような市場原理が作り出す都市の高地価化と格差構造は，都市の成長管理や都市機能の分散政策を含む都市計画を土台に据えてこそ是正される可能性を持つが，政策はむしろこれを許容・促進し，資本蓄積に活用する道を歩んできたのであった．

他方では，そもそも土地を利用させるかどうかの許諾権は，土地所有者が握っている．そうである以上，こうした利用独占の経済的実現は，最終的には土地所有者が自らの土地を供給するかどうかの意志に依存する（土地の所有独占）．こうした土地の供給硬直性は，一方では需給関係を売り手市場化することを通じて一層の高地価をもたらし，他方では無秩序で無政府的な土地供給を不可避とすることによってスプロール化を帰結してきたのである．

そして，ウサギ小屋と揶揄される住宅の狭さ（同じ立地点で見れば狭小化）と遠距離通勤（同じ住宅面積で見れば遠隔化）は，なによりも地価の持続的高騰の産物である．都市の膨張期においては，地価の決定を市場メカニズムに委ねる限り，中心部の相対的な高地価という姿を保ったままでの，全

体的な地価上昇とその圏域の拡張という傾向を避けることはできない．住宅価格は，地代・地価を含むことから，地価の持続的上昇は住宅の狭小化（およびこれへの対抗としての高層化）と遠隔化を不可避的に伴うのである．

　建築不自由の原則や都市計画に基づく計画的な住空間の配置は，利用形態の転換を異なる土地利用間および同種の土地利用内部の両面で制約し，あるいは需給の計画的な調整等を通じて利用独占と所有独占を抑制し，高地価の狭小化・遠隔化作用や街並みの貧困化を緩和・抑制することができる．逆に，建築自由の原則は，地価の上昇にあわせた「高度利用」への転換をたえず強制し，このことがまた地価上昇を促進するという循環を生み出してきた．重ねて言えば，ここでは，個々の土地利用のあり方が地価・土地市場を決定するのではなく，地価・土地市場が土地利用を決定するのである．

1-4　社会的後進性と建築自由の原則

　こうして日本の場合には，都市計画の内容が極めて貧弱であり，建築自由の原則が都市空間形成の支配的原理となってきた．さらに，その貧弱な都市計画が決定され実行されるプロセスもまた住民参加という手続きを欠いており，開発サイドにとって融通無碍なシステムとなっていること，これらのことは，一般的にいえば，中央官僚主導，上意下達の意志伝達に象徴される日本の政治システムの後進性，またこれと表裏一体をなす成長至上主義・経済主義イデオロギーの蔓延の産物である．しかし同時に，こうした構造を結果として許容する都市市民の低い文化水準，民主主義的・市民的感性の未成熟さの結果でもあった．

　端的にいえば，戦後日本社会の目標は「追いつけ追い越せ近代化」というスローガンの下で，経済的後進性・貧困からの脱却に集中させられていた．そして，この点では財界も労働者も基本的に変わるところはない．安保体制か反帝平和かという，戦前の醜悪な軍国主義や第2次大戦の悲惨な経験に直接結びついた平和問題に関する政治路線については明確に袂を分かつとしても，経済主義の別表現でもある「所得倍増」というスローガンは，労働者の

心の琴線にもまた触れえたのである.

この時, 高度経済成長期における最大の労働力供給源は, 農村に堆積した過剰人口であった. したがって, 内包的・外延的に膨張する市街地に住み着いた都市市民の大きな部分は, 農村から「金の卵」などともてはやされて移り住んだ人々であった. このことは, 当時の都市住民が, その思考・行動様式において, なお伝統的な農村共同体的性格(いわゆるムラ社会的性格)を強く保持していたことを示唆する. 伝統的性格それ自体は, 多様な要素から成るものであろうが, ここで注目しておきたい点としては, 個の集団への埋没, 社会的閉鎖性, ボス支配, 恩恵と忠誠等々の諸要素である.

これらの市民がかつて生活した伝統的共同体の内部では, 個人は全体に埋没しており, 全体の個人に対する優越が社会と個人の規範であった. 高度経済成長は, このような個人を一挙大量に都市へ放出した. そこでは, 社会的性格を失った個人は, 再び社会性を回復しアイデンティティを確認するための2つの場所を見いだした——男にとっての会社, 女にとっての家族がそれである. 会社とこれを背後で支える家族は, それぞれ, 典型的には「終身雇用」と「永久就職」を保証されることを通じて閉鎖的で共同体的な全宇宙として現れ, 経済主義の前線基地とその補給基地という新たなレーゾンデートルを獲得した. ゆえにまた, 生産・生活共同体としてのコミュニティを失ったにもかかわらず, 隣の人が誰かもわからないという地域社会的真空状態の下でも, それなりに居住できたのである.

このことは, 日本の居住問題のいまひとつの問題性を浮かび上がらせる. 住宅と街並みの貧困なハードの中で営まれるべきソフト, すなわち家族関係や地域の社会的関係が, どのようなものであったかということである.

ここで, 木賃住宅→持家という住宅の上向ルートは, 新興都市住民である単身若年層が, 会社人間と主婦に発展・転化するプロセスに対応する. 終着点としての持家においては, 既述のように, 男=夫にとって住宅の主要な機能はねぐらであり, 女=妻は, 閉鎖社会である会社の後衛部隊として, 子育てを中心的な役割とするやはり閉鎖的な家族を形成し管理する. したがって,

持家は，ここではこのような家族関係の物質的基盤として機能する．いわゆるニュータウンに象徴される郊外住宅においては，このような居住スタイルがとりわけ典型的な形で成立した（三浦〔1999〕）．

住宅が，このような社会的関係を担うハードとなった場合，もっとも重大な居住問題は，地域の生活空間が個々バラバラな閉鎖的で利己的な家族の集合体となることであり，かつ男はそうした家族生活からも脱落することによって，ますます地域社会から疎遠な存在になるということである．豊かな私的・社会的生活要求の発展が住宅と街並みの発展を切実に要求する性格のものだとすれば，孤立化し形骸化された家族生活はそれだけ，住宅と街並みの貧困を許容する条件ともなった．

こうして，このような歴史的性格と課題意識を持った新興都市市民は，当然のこととして自らが居住する住宅や地域居住空間の質には，その最初の段階ほど無関心であった．いわば住環境について最低限の機能的要求にとどまっている段階においては，住宅や街並みの質的高度化は，まだ現実性を持った課題たりえず，ゆえに街づくりを担えるような地域コミュニティも成長しえない．他方では，地域社会が欠如しているが故に，官僚主導の都市計画に異議を唱えるような市民自治と民主主義システムの発展もまた根本的な限界を持つものであった．

こうした社会状況の下では，企業・法人や家族・世帯（および企業社会を統轄する中央官僚・国家）が，現実的な意思決定主体であって，地域・市民社会は希薄である．ゆえに，それらの私的閉鎖性が前面に浮かび上がる反面で「公共の福祉」は後景に退き，財産権の側面だけが突出した「絶対的土地所有権」が浮上することにもなる．個人やその他の私的主体が古い「公」に抑圧されていた状況からの解放という点では，こうしたプロセスは進歩であり必要な通過点ともいえるが，企業・家族内部での全体主義は，それらの外部に対する排他的な利己主義・非公共性と表裏一体をなす点で，強い歴史的な限界を有していたのである．

第I期と第II期の同時的展開とは，とりもなおさず自由な市場と公的・

政策的介入の融合を意味するが，それが戸数主義的住宅政策という形態で現れえた基本的な社会的条件は，およそ以上のようなものであった．

2. 住宅市場と住宅問題の新たな展開

2-1 第 III 期の日本的特徴

以上のような歴史的枠組みを前提にして，日本の住宅問題もまた世界的にみた第 III 期に移行していく．それは，過渡期的性格を強く持った70年代後半を経て，80年代以降明確な姿を取り始めた都市化と住宅市場・居住問題の新たな展開である．

第1に，この第 III 期は，住宅市場を取り巻く社会経済環境としてみれば，すでに述べたようにカジノ資本主義，財政危機と「小さな政府」・「規制緩和」等によって特徴づけられる時代である．第 II 期における建築不自由原則の確立の上に，こうした新しい枠組みが作用する多くの先進諸国とは異なり，第 II 期的発展が不十分なまま，むしろ第 I 期的水準から一足飛びに第 III 期的状況にさらされる日本の土地・住宅市場とそこでの居住問題の日本的形態が問題となる．

第2に，この時期はまた，先進諸国においては人口増加が鈍化するとともに，前掲図 0-1 で見たような右肩上がりの都市膨張が終わりを告げる時代である（いわゆる「都市化社会」から「都市型社会」への転換）．このような前提条件が，住宅市場の展開にどう作用するか，とくに日本の場合，急進性，人口急膨張の後の急ブレーキによって，高齢化・少子化・単身世帯化の急進展等，新たな事態が生ずる下での居住問題の展開形態が問題となってくる．

ここでは，こうした検討課題を念頭に置きながら，前節で述べた論点に即していくつかの特徴点を指摘しておきたい．

2-2 日本経済の住宅新築依存症

既述のように，戸数主義的住宅政策は，戦災復興や高度経済成長によって

引き起こされた住宅不足への対応策として生まれた．しかし，局面が第1次石油ショックを契機とする低成長期への移行によって第II期から第III期へと変化していくにもかかわらず，新規住宅供給にこだわった住宅供給というパターンはその後も継続された（別言すると，日本の住宅市場は中古市場中心の市場構造へとシフトしてこなかった）．すなわち，戸数の上で需要が充足されたにもかかわらず，引き続き平均して140万戸を越える高いレベルの新規住宅供給が持続していく（図1-1）．人口当たり建設戸数を示した図1-2は，このような歴史段階において，こうした市場のあり方がいかに世界的に見て特殊なことであるかを物語っている．この背後には次のような事情がある．

第1に，低成長と都市人口の安定化の中にあっても，団塊世代の住宅需要の顕在化や，これに続く世帯の急テンポな分化・分解（少子化や単身世帯の増大など）に伴って，引き続き高水準の追加的住宅需要が顕在化し続けた．その限りで住宅不足的状況がなお継続した．

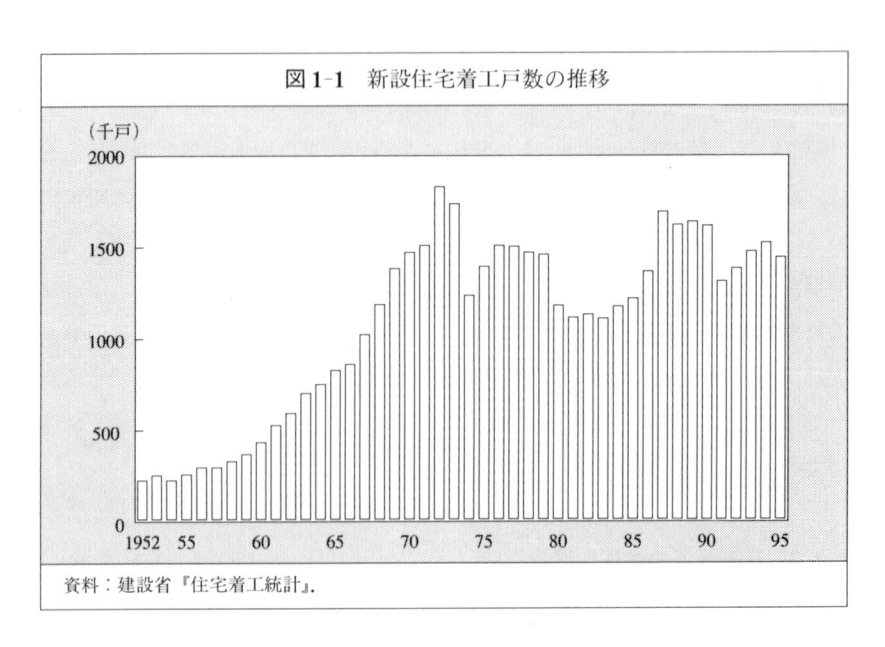

図1-1 新設住宅着工戸数の推移

資料：建設省『住宅着工統計』．

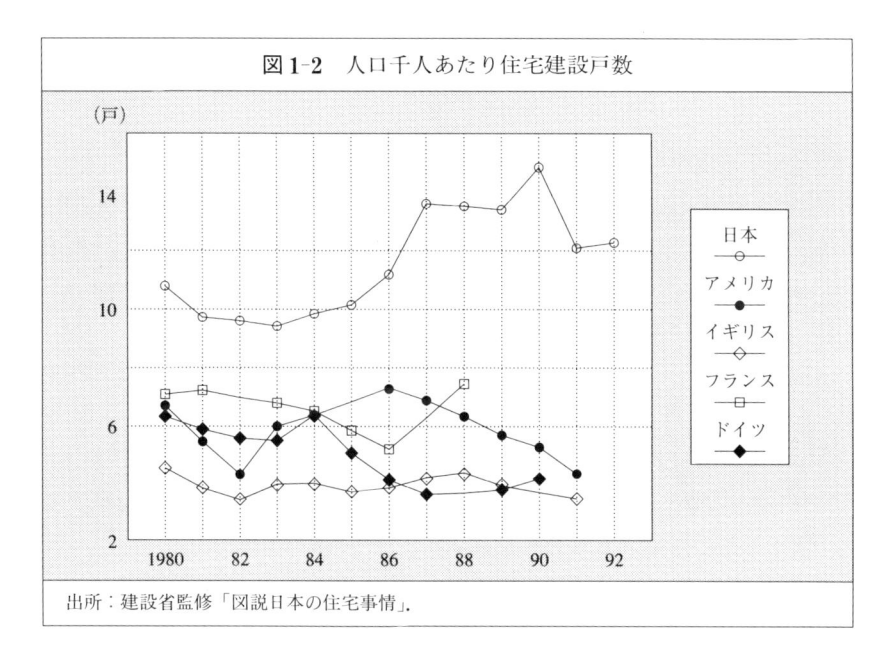

図1-2 人口千人あたり住宅建設戸数

出所：建設省監修「図説日本の住宅事情」．

　第2に，高度経済成長の終焉に伴う慢性的な生産過剰への対策は，集中豪雨的な輸出の拡大と赤字国債の発行に依拠した膨大な財政出動という形をとったが，後者の点にかかわって，経済波及効果が高いとされる住宅供給の促進が目指された．逆に言えば，市場規模が大きいがゆえに，住宅政策が景気対策・経済政策の有力な手段となりえたし，またそのように位置づけられたのである（公的資金の助成を受けた住宅建設目標戸数は，70年代後半と90年代の不況期に超過達成されており，不況対策としての住宅政策という性格が明瞭に読みとれる）．

　第3に，取り壊し自由の下での良質住宅ストックの貧困は，ハイテンポな住宅ストックのスクラップ化を伴うことによって，高度経済成長が終わって以降もそれだけ多くの新規需要を生み出し続けてきた．

　非常に大雑把な統計を確認するだけでもこの点は明白である．表1-1は，1968年から93年にかけての5年間ごとに，住宅ストックの増加数〔A〕と新築着工戸数〔B〕を比較し，〔B〕マイナス〔A〕をスクラップ戸数〔C〕と考

表1-1 住宅建設におけるスクラップ比率（日本）

	ストック増加数 〔A〕	新築着工戸数 〔B〕	スクラップ戸数 〔C=B-A〕	スクラップ比率 〔C/B〕
1968-73	5,468	7,501	2,033	0.27
1973-78	4,392	7,514	3,122	0.42
1978-83	3,156	6,499	3,343	0.51
1983-88	3,400	6,722	3,322	0.49
1988-93	3,872	7,764	3,892	0.50

注：建設省『建築着工統計』より作成．

え，スクラップ比率〔C/B〕を算出したものである．表によれば，とくに78年以降，スクラップ比率が0.5程度で推移していることがわかる．つまり，50戸破壊しながら100戸建設しているということである．徹底的なスクラップ&ビルドこそが，日本の市街地発展の方式であった．

これを，イギリスと比較してみよう．"Housing and Construction Statistics"（HMSO）によれば，イギリスでは，1978年から92年にかけて，通算で299万戸の新築着工があったが，同期間のストック増加戸数も284万7千戸あった．前者から後者を差し引いた14万3千戸がスクラップされたわけで，スクラップ比率は0.05である．つまり，100戸建設する間に5戸破壊してきたことになる．実に，日本はイギリスの10倍もの比率で住宅をスクラップしてきたのである．このようなやり方をしていると，いくらGNPが高くてもストック小国となることは避けられない．

さらに，住宅ストックのスクラップ化は，物理的なそれにとどまらず社会的なスクラップ化としても進展してきた．すなわち，老朽化した木賃住宅や利便性などの面で住環境の相対的な劣等地に立地する住宅などが，市場から脱落する傾向がしだいに顕著となってきた．高度経済成長末期に4〜5%程度だった空家率が，その後一貫して上昇し，98年には11.5%にまで高まった事実（図1-3）は，こうした傾向を反映したものである．したがって，この段階での住宅不足は，単なる不足ではなくていわば過剰の中の不足である．

以上のような住宅ストックの物理的・社会的スクラップ化は，とりわけ，

図 1-3 空家率の推移

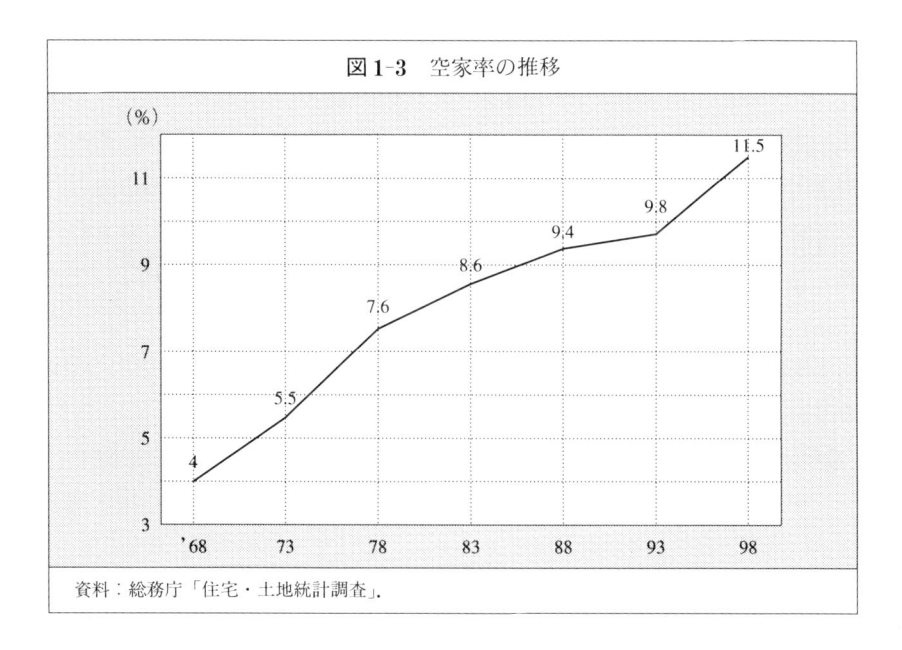

年	'68	73	78	83	88	93	98
%	4	5.5	7.6	8.6	9.4	9.8	11.5

資料：総務庁「住宅・土地統計調査」．

90年代の長期不況の下で顕著となっている．

2-3 規制緩和の下で進む街並み破壊と居住の不安定化

こうしたスクラップ＆ビルド・大量供給促進型の市場展開は，この時期に支配的なイデオロギーとして登場した規制緩和論の浸透とも相まって，都市空間編成のあり方を質的に変容させつつある．

既述のように，日本の第II期・都市拡張期の住宅開発は，貧困な街並みの無秩序な拡大という形をとった．それは，イメージとして言えば，農林地を浸食して進むまだら模様型の市街地の拡大であった．上述のような市場飽和（過剰の中の不足）状態の下で，このベースの上に規制緩和によって促進される「高度利用」型スクラップ＆ビルド型開発が進められた場合，どのような事態が起こるだろうか．

そこでは，優等地や新たな開発適地でこれまでに比べて集約的・スポット的な開発が続けられる一方で，相対的な劣等地に立地する住宅および低質な

ストックが競争から脱落し，初めは虫食い的に後には次第に面的な広がりをもって，空家化あるいはビルドなきスクラップ化の傾向を強めることになろう．実際とくに90年代に入って，そうした住空間の荒廃と街並みの破壊が顕在化しつつある．郊外部における大規模店舗の乱立が中心市街地の商店街を荒廃させている事態とも相まって，貧困な街並みは，空間相互の競争激化の下で，都心部あるいは郊外での新しい再開発・開発スポットと荒廃した街並みへと2方向へ分裂しつつある．総じて，こうした過程で，矛盾はとくに低層住宅・老朽住宅などの「低度利用」に集中的にしわ寄せされつつ，居住の不安定化が進行しているのである．

われわれはここに，満足な都市計画や成長管理のない状態の上に展開するところの，経済至上主義に従属した戸数主義が作り出す，特異な「都市型社会」の展開を見いだすことができる．一連の容積率規制の緩和，大型店出店の規制緩和，テナントの追い出しを可能とする借家法改正（後述），そしてつい最近の都市計画法改正など，住宅と都市空間にかかわるこの間の制度的諸変更は，基本的にはこうした事態を追認・促進する性格のものである．

2-4 アフォーダビリティ問題の新展開

第III期，カジノ資本主義と呼ばれるこの時代の基本的な特徴のひとつは，金融肥大化と表現されているごとく貨幣資本蓄積（金融資産市場）が現実資本蓄積に対して，相対的な自律性をもって存立していることである．このような経済構造の変化に伴って，土地・住宅市場もまたその一環に包摂されるようになった．住宅価格について言えば，このような事態は，住宅価格が必ずしも実需を反映せず，むしろ金融市場の動きに強く規定され始めたことを意味する．それは，バブル経済とその崩壊の時期に典型的に示されたように，価格の乱高下など，住宅市場の不安定化をもたらしてきた．

バブル期における不動産価格の高騰現象は，社会住宅制度によって投機からガードされたドイツの場合などを除くと，多くの先進諸国において程度の差はあれ共通していた．日本のケースの特徴は，土地・住宅価格の特別に激

しい高騰が見られ，その反動としての価格下落もまた激しくかつ長期的に持続してきたことである．

これは，基本的には，日本のバブル経済それ自体のスケールと性格を反映したものであるとしても，もともと土地利用形態とはほとんど無関係に土地市場一般が成立し，土地取引の自由度が高いという日本の市場的特徴が問題をさらに深刻にしてきた．なぜならば，住宅以外の土地利用形態，例えば商業地の高騰が起きた場合，これが土地市場一般を介して簡単に住宅市場に波及してしまう．その結果，バブル期には持家取得が不可能になったり家賃の上昇に見舞われて住宅の調達が困難となったが，これに続くバブルの崩壊は「ゆとり返済」などを利用して無理をして住宅を購入した人々のネガティブ・エクイティ（ローン残高が住宅価格を上回る状態）を生み出し，膨大な

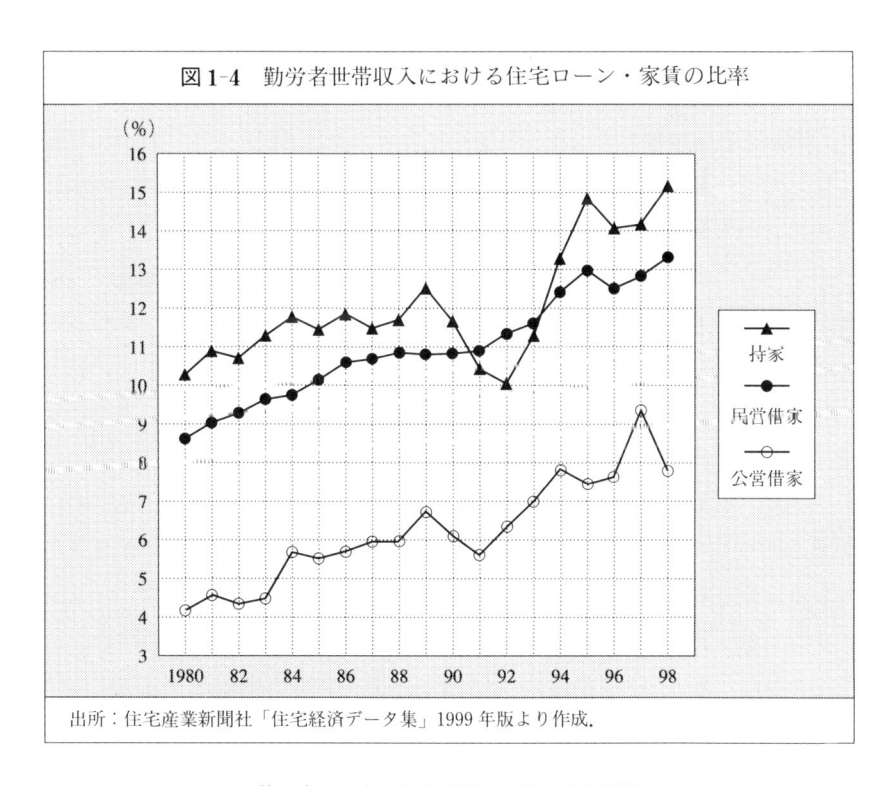

図1-4　勤労者世帯収入における住宅ローン・家賃の比率

出所：住宅産業新聞社「住宅経済データ集」1999年版より作成．

ローン破綻を出現させてきた．

　こうした住宅ローンの重圧と，とくに日本的な雇用システムの構造変化を伴った 1990 年代長期不況の中でのリストラや賃金低下に挟撃される中で，住宅ローン破綻などアフォーダビリティ問題が深刻化している．この問題は，老朽ストックから新築への転換が進む民間賃貸住宅部門，公的資金の撤退が追求されてきた公営賃貸住宅部門においても進んでおり（図 1-4），ホームレス問題の深刻化は，このような居住疎外の象徴的な現象となっている．

3． 土地・住宅政策の争点：借家法改正問題を中心に

3-1　問題の所在

　日本の都市土地市場では，既述のように，土地利用の競合・転換は，基本的に市場の自由競争に委ねられてきた．しかし，土地利用の自由放任的な転換に対する社会的規制がなかったわけではない．なかでも，主として都市的土地利用の拡大に際しては農地転用を規制する農地法が，とくに都市再開発に際しては土地・不動産の「低度利用」を擁護する借地借家法が，それぞれ土地の自由な流動化を阻む強力な規制者として機能してきた．都市計画に基づいて都市のビジョンを作成し，そのビジョンに適合するように導くような規制はほとんど存在しなかったが（都市計画法はいわゆる線引きを行って「市街化区域」と「市街化調整区域」の区分を行ったが，前者の中でどのような都市を造るかというビジョンや手法は欠落している），既存の土地利用を守るという形の市場規制が機能してきたわけである．

　ゆえに，都市，とくに大都市の土地・住宅政策をめぐる対抗は，基本的に開発を進めようとする勢力の攻勢に対して，農地法（これによって保護されている農家）および借地借家法（賃借人とくに借家人）が防衛的にこれに対抗するという形態をとることになった．すなわち，基本的に自由市場によって進められた第 I 期的な都市拡張と，2 回の世界大戦と前後して立法化された第 II 期型の制度である農地法や借地借家法との対抗という構図である．

本書第 2 章と第 4 章は，この 2 つの問題を具体的に取り扱った論考となっており，それぞれの詳しい考察はそれらに譲るが，ここでは近年政治問題化した借家法改正問題に焦点を当て，その意義と問題点を論じる中で今後の土地・住宅政策の課題を指摘しておくことにしよう．

さて，バブル期以降，とりわけ近年声高に叫ばれるようになり，1999 年の暮れに可決された新借家法（「良質な賃貸住宅等の供給の促進に関する特別措置法」）の最大のポイントは定期借家権の導入である．定期借家権の導入とは，端的に言えば借家契約更新時において，いわゆる正当事由要件をはずすことによって，契約継続の拒否権を貸し手に認めるものであり，その限りでの借家権保護の後退を意味する．

資本主義社会の下での住宅供給は，歴史的にみて賃貸借という形態での住宅商品化として成長してきた．ところが，序章で述べたように，住宅という商品は，二重独占という通常の商品とは区別される特殊性を持っている．土地所有がこの種の独占性を持っているために，土地市場は契約や（賃貸借の場合にはさらに）その再契約・更改に際して，一般的・本質的に売り手・貸し手市場としての性格を持つ．だからこそ，民法一般とは別に借家法が必要とされるようにもなる．いわゆる正当事由条項による更新拒絶の制限は，このような所有独占に起因する貸し手市場性格を押さえる機能を持ってきた．したがって，正当事由条項撤廃の本質的な意義は，貸家供給の促進というよりは，供給と市場からの引き上げの両面に関する地主の裁量権の強化にある[3]．

3-2 土地・住宅商品化に伴う利用権強化の歴史

そこでまず，そもそも借家法が持っていたような契約の継続保障が，なぜ一般的に成立したかを考えてみよう．資本主義市場経済の最先進国であるイギリスの場合は，次のような事情であった（詳しくは山田〔1996〕；Yamada〔1999〕参照）．

封建的土地所有・貴族的大土地所有を継承したイギリス資本主義における

土地所有の商品化は，農村部においては資本家的借地農業に対峙するところの大土地所有の賃貸（近代的土地所有への移行）として始まった．大土地所有を前提とする，その賃貸借形態による商品化という点では都市部も同様である．本格的な都市化の時代となった19世紀においては，投資家（借家経営）が借地（leasehold）の上に自分で住宅を建設し，これをテナントである新興労働者階級を中心とする都市住民に賃貸するという形態が広く成立した．

　ここで土地市場は，まずは土地所有者と直接対峙する借地農や借家経営との関係として発展する．二重独占を梃子とする土地所有の賃借人への圧迫は，高地代の強制などの形で現れるが，とりわけ大きな争点となったのは借地期限が切れた後の建物の帰属，すなわち契約更新をめぐるものだった．簡単に言えば，更新が拒絶されれば建物等に投下した資本が土地所有者にタダ取りされるという問題である．建物等が土地に固定されているという特質がこの種の問題を派生することはいうまでもない．

　この場合，土地所有の敵対性を回避するもっとも徹底的な方法は，土地を購入し自らが土地所有者となることである．しかし，土地の売買は伝統的に禁止されていたし，信用が未発達であったために借地人の側も十分な資力を持たなかった．結局，賃貸借という枠の中で，土地所有の敵対性に対抗して利用権の強化を図るほかはない．その点でとくに注目されることは，投資の安定性を確保する上で，借地期間の長期化が目指されたことである．すなわち，借地期限は次第に長期化され，19世紀末までには99年という借地契約が広がっていく．この意味で，19世紀は，土地市場をめぐるこのような貸し手と借り手の対抗の中で，借地期間の長期化を中心に次第に利用権が強化されていった時代といえる．

　他方，19世紀中頃以降になると，ビルディング・ソサエティの成長など住宅金融の発展を背景として，自己所有化の傾向も強まった．J.S. ミルが主導した1870年代のleasehold解放運動などは，その象徴である．都市部では，家主が土地を買い取って地主となり（leaseholdからfreeholdへ），農村部では資本家的借地農業はしだいに自作型の家族経営に分解する傾向を見

せるようになる．

　借家市場という点で言えば，家主が地主化し地主対家主という対抗関係が比重を低下させるに伴って，土地住宅市場をめぐる緊張関係はしだいに家主対テナント住民という部面に移っていった．19世紀末以降の家賃の高騰とこれをめぐる家主とテナントの対立の発展はその表現であり，やがて1910年代の家賃ストライキへ向けて緊張は高まっていく．この民間賃貸住宅市場をめぐる矛盾の爆発は，今日のアフォーダビリティ危機の歴史的前提をなす第1次アフォーダビリティ危機と呼ぶことができよう．この危機を回避するために第1次大戦以降とられた政策が，公営住宅の供給であり，また民間賃貸住宅における家賃統制であった．深刻な「市場の失敗」が，劇的な市場外介入によって修復されていくプロセスである．

　同時に注目されるのは，時期的には持家の増大である．これは，さきの自己所有化傾向の延長上に位置するもので，ミドルクラスの成長を基盤とする，新たな土地・住宅市場の成長を通じた問題の自然発生的な解決を指向するものであった．言い換えれば，利用の安定を，所有権を獲得することによって確立しようとするプロセスである．公営住宅・家賃統制と持家化とは，市場化という観点からは正反対の現象であるが，この意味では，ともに民間賃貸をめぐって最大限に発展した土地所有の敵対性を克服するという役割を背負った，同一の歴史的意義を持つ二様の表現であったのである．

　第2次大戦後，しばらくの間は同様の傾向が持続するが，自治体の財政危機の中で公営住宅政策はしだいに「残余化」を余儀なくされ，持家化との主役の交代が進み始める．そして，80年代のプライバタイゼーション（Right to Buy）政策は一挙に持家の時代を作り出した．問題は，こうした徹底的な自己所有化にもかかわらず，80年代末以降住宅取得をめぐるアフォーダビリティ危機が再び顕在化してきたことである．民間賃貸の時代における第1次アフォーダビリティ危機と対比して，いわば第2次アフォーダビリティ危機の到来である．

　ともあれ，以上のプロセスの詳細はここでの関心事ではない．確認してお

くべきことは，イギリスにおける土地・住宅商品化の歴史は，基本的には土地を利用する経営や住民が，土地所有の持つ特殊な独占性・敵対性を緩和し，克服してきた歴史——その意味で利用権が強化される歴史——であったということである．そして，賃借権の各種保護立法こそは，この分野における相対的に安定的な市場発展を保障する条件となり，持家に象徴される自己所有化は，この利用権の発展を少なくとも形式的には完全に確立し実現したものであるという点で，賃借権強化の流れの徹底を意味するものであった（ただし，この場合には，利用権の確立と同時に資産所有の発展という新たな側面を含んでいることに特別の注意を払わねばならないが）．

日本の土地・住宅市場の歴史もまた，以上のようなイギリスの歴史との本質的な共通性を持っている．それは，端的に言えば，市場の発展が賃借権の強化や自己所有化傾向の強化を随伴してきたことである．たとえば，初期の都市化が開始され，土地・住宅市場をめぐる敵対的関係が発展した結果は，1909年の建物保護法からその後の借地借家法の制定に至る一連の賃借権強化立法を生み出した．あるいは，農地における戦前の自作農創設運動から農地改革による自作農体制の確立，また，住宅部面では戦前の民間賃貸住宅時代から戦後の持家時代への転換などである．

このように見てくると，借家法における正当事由制度など，なんらかの賃借権保護制度の発展は，資本主義と都市の発展に伴う必然性であったことがわかる．それは，基本的な役割としてみれば，こうした諸制度がなければ決定的な機能不全に陥ったであろう土地・住宅市場における敵対性の発展を抑制・緩和することによって，土地・住宅供給の市場的発展を支えてきたのである．とすれば問題は，近年なぜその逆の方向への借家法改正が，政策的・政治的な争点となってきたのかということである．

3-3 「良質なファミリー向け賃貸住宅」論の虚構性

この問題提起に関する改正論者の主要な主張は，定期借家権の導入によって良質なファミリー向け賃貸住宅の供給が促進されるというものであった．

ここでは，問題は大きく分けてふたつある．第1は，こうしたファミリー向け賃貸住宅の不足が必ずしも現下の住宅問題の焦眉の課題となっていないということである．現代日本の住宅ニーズと住宅供給の課題は持家と賃貸の全体にかかわるものであって，ことさら民間賃貸住宅の拡充に向けられているものではない．したがって，こうした論点に焦点を絞り込んで，これを声高に叫ぶべき国民的・市民的根拠が稀薄である．

　第2は，第1点の客観的背景に関しての事柄である．それは，賃貸住宅が持家に比べて狭小である事実が，日本の住宅供給の基本的な問題点として再三強調されるが，持家と賃貸とのこうした関係のあり方それ自体は，以下に述べるように日本の場合には一定の歴史的・経済的根拠を持っているということである．

　まず，第Ⅰ期に広範な住宅市場が成立したイギリスの場合を考えてみよう．概して自由市場下にあった19世紀のイギリスにおいては，労働者ファミリーが居住した住宅はしばしば1戸の住宅ではなくその中の1室であり，この場合にはテラスハウスなどの住宅は複数ファミリーを収容している．より上層の1戸建てや2戸1住宅も含めて，当時の住宅の大多数をなした民間賃貸住宅はほとんどファミリー向け市場として成立した．より正確に言えば，イギリスの住宅市場は，基本的にファミリー需要を中心とする民間賃貸市場としてしか成立しえなかった．このような歴史的条件の上に，公営賃貸住宅とともに持家が広範化してくるのは第1次大戦後のことであった．そして，このプロセスは，家賃統制の下での民間賃貸住宅の衰退過程（これは同時に貸家の持家への売却・転換過程）でもあった．つまり，ファミリー向け民間賃貸市場がいったん分厚く成立した後に，その持家への転換を含めた持家の発展があった．

　これに対して，日本では住宅市場形成の第Ⅰ期・Ⅱ期が戦後同時に進行する．やや具体的に見ると，戦後しばらくは家賃規制が継続されており，このことは民間賃貸住宅の新規供給を決定的に阻害するだけでなく，既存貸家の売却（持家化）を促進した．統制が解除されて以降，経済復興につれて民間

賃貸住宅供給はしだいに増加し始め，後には急速に増加に転じていく．重要なことは，この時期すなわち世界に類を見ないような高度経済成長の下で，賃貸住宅の本格的な成長期に持家の同時的発展が現れたことである．ゆえに，日本の住宅市場は，民間賃貸と持家が並列的・競合的に発展する中で，持家市場は主として中高所得者向け市場，民間賃貸住宅市場は若年層や単身者を中心とする仮住まいや持家に手が届かない低所得者層向け住宅という階層的性格を，その当初から持ちながら展開する．ドイツのような賃貸住宅に対する手厚い公的介入があれば事態は相当に違った展開を示したであろうが，住宅政策がもっぱら持家支援というスタンスを取り続けたことも加わって，市場がこうした形態の明確な階層性をもって発展することが避けられなかったのである．

この点を住宅の規模という点でいえば，次のようになる．日本において借家の床面積が持家のそれに比べて特に小さいのは，借家の発展が持家のそれとほとんど同時並行的に現れたという歴史的特質に根ざしている．これは，民間借家の全面的な発展の時代の後にはじめて持家が発展を開始したイギリスや，政策的措置によって民間賃貸供給が発展しえたドイツなどと異なる，日本の住宅市場形成の基本的な特徴をなしている．したがって，第1に，借家が小さいのではなく，小さい住宅が借家として供給されているのであり，第2に，敷地面積も考慮するならば持家もまた狭小であり，ゆえに保有形態の相違を越えた住宅一般の狭小性にこそ，もっと重大な問題性があるのである．

3-4 いまなぜ借家法改正か

しかし，良質なファミリー向け賃貸住宅の供給が，もっぱら借家法改正を正当化するための政治的プロパガンダだとしても，あえてそのようなキャンペーンが大々的に展開される背景には，この問題にかかわるもっと本質的な動機と状況変化が存在する．上記のように資本主義の発展下における土地・住宅商品化の歴史は，大きなトレンドとしてみれば賃借権強化の歴史そのも

のであったが，この間の動きは歴史上初めて現れた明確な逆行トレンドである．それほどに，問題は構造的かつ本質的である．結論を先取りすれば，このような動きの背後には，資本主義のカジノ資本主義化と土地所有の一般化・大衆化という構造変化がある．

第1に，バブル期に典型的に見られたように，カジノ資本主義そのものの本質から派生してくる変化であり，端的に言えば土地の投機的な金融商品化である．高度経済成長の終焉後，70年代後半の初動期を経て，80年代は規制緩和と金融肥大化によって特徴づけられる資本主義発展の新たなステージとなった．自律的でグローバルな金融資産市場の確立となれば，土地市場を投機市場から遮断するためのバリアが必要であるが，実際には逆に規制緩和が進められてきた．このような事態は次のような経路で借家法と衝突する．

すなわち，金融資産市場が投機的に膨張する時期には，土地を購入・所有する者はインカム・ゲインよりはキャピタル・ゲインへの選好を強める．この場合，いつどのような時点で売買し，キャピタル・ゲインを極大化すべきかという論理に基づいて展開する不動産市場にとって，随意に切り離せない賃借権の存在はそれだけ大きな障害になる．

第2に，他面でカジノ資本主義化は，実体経済に対しては，大都市再開発への強い衝動として現れてきた．80年代に入ると金融の肥大化に牽引される形で，東京都心部を中心とするオフィス・商業ビルの活発な再開発が進められてきたが，このような都市の外延的拡大から再開発へのシフトを土地利用の転換問題としてみれば，スクラップ化の主たる対象が農地から工場，さらに住宅や在来の商業ビルへと広がるプロセスにほかならない．ゆえにこそ，こうした自由な利用転換を阻害する社会的規制として，まずは農地法の存在が，後にはこれに加えて借家法の存在が，開発サイドにとって大きな障害として意識されるようになる．

華々しい土地・不動産投機が収束する90年代に入ると，都市再開発によるインカム・ゲインの極大化嗜好が前面に現れてきた（「所有から利用へ」がそのスローガンとなる）．ここで重要なことは，安定的な収益を期待でき

るような優良な再開発の実現である．バブル期から90年代初頭にかけて続けられた膨大な建設投資の過剰をかかえる状況の下では，優等地と劣等地との格差の拡大は必至であり，優等地化をかけた再開発の激烈なサバイバル競争が強制されるようになる．土地・不動産の金融商品化という流れは，ここでは不良債権の処理とも絡みつつ，土地・不動産の証券化への動きを促進し，この種のサバイバル競争を促進する．不動産オーナーとしての大手貸しビル業者は言うまでもなく，膨大な不良債権にあえぐゼネコンと，これに対する貸し手としてリンクされた金融機関にとって，公共事業の拡大と優等地の再開発，また既存建築物における優良テナントの確保（それによる優等化と投資誘因の拡大）こそは生命線である．不良テナントは排除され，優良テナントは安定的に確保されなければならない．

　この場合，対抗の本質は「高度利用」対「低度利用」（高収益を生み出さない土地利用）なのであって，低度利用に供されている土地所有権とこれに付随する賃借権の双方が都市再開発の阻害要因として現れる．この意味ではことは単純に所有権と賃借権との対抗ではないが，現行の借地借家法は概して低度利用の擁護者として機能している側面が強いからこそ，その改正の必要性が意識されるのである．欧米先進国であれば，都市計画に関わる対抗的論点として現象するものが，農地法や借地借家法の問題として現れるところにこの国の土地・住宅政策と街づくりの貧困が象徴的に現れている．

　ともあれ，以上のような背景を見るならば，借家法改正への衝動は，住宅問題への対処という建前とは裏腹に，むしろ不動産投資と不動産開発の新たな展開を起動力とするものであるといえる．

　そして第3に，かつてのように民間借家が大勢をなした時代と異なり，持家が多数を占めるに至った戦後，今日の時代には，賃借権を弱める方向への借家法改正への抵抗力はそれだけ弱められている．個人だけではなく法人の場合もそうである．土地所有者の中における法人の比重が高まるにつれて，それだけ土地所有者の要求は土地持ち企業の要求として現れる．現代では，経営や住宅としての土地利用が貸し手としての土地所有者階級に対抗すると

いう構図が，かつてのような単純明快な形で存在しない．自己所有化した個人や経営にとっては，借家法の改正問題は直接的な関心の外である．このような事情こそが，一部利害関係者のヒステリックなまでの借家法改正キャンペーンと，他方における社会的無関心・対抗エネルギーの拡散という奇妙なコントラストを説明する．

おわりに

　以上の検討から，日本の住宅・居住問題の現れ方が，市場の横暴に対する第II期的対抗力の形成・発展を相当にスキップして急膨張してきた，日本資本主義の歴史的特質に深く関わっていることは明らかであろう．とはいえ，そのような中でも住宅・街並みに関する文化的・政治的欲求の発展もまた不可避である．具体的な確認を行う紙数は残されていないが，住宅・居住環境における市場拝跪，スクラップ＆ビルド型の経済至上・開発至上主義からの脱却という課題が，生活環境の保全と変革をめぐる現実的な社会的・政治的争点として成長し始めていることもまた確かである．

　最後に，日本の居住問題のいまひとつの問題群に言及しておこう．それは，上述のような都市空間編成を生み出してきた同じ市場経済の発展が，企業社会の下での家族がはらんでいた共同体的性格をまた掘り崩してきたことである．このことは，（会社→）家族＝持家という形の中でそれなりに完結してきた居住構造の変質・解体を意味している．家族内部での「個」への分解，あるいは単身世帯の増大に象徴される世帯構造の変化は，新しい生活秩序を確立できない状況の下で，否応なくアイデンティティの危機とこれにかかわる各種の社会的病理を招来している．そして，このような居住主体の変化が，上述ような都市空間のスクラップ＆ビルドおよびこれに付随する居住の不安定化と絡みながら展開しているところに，現代日本の居住問題の固有な深刻さがある．その意味では，スクラップ＆ビルド型都市・住宅開発の抑制とアフォーダビリティ問題の緩和・解決による居住の安定化という課題は，変容

しつつある家族とその周辺に展開する多様な世帯の居住の安定化，また世帯相互の社会的連携を担保できる居住空間の再編成という課題とリンクされなければならない．

ともあれ，微弱な第II期的社会的規制力の蓄積すら市場至上主義的・土建国家的な流れで解体していく方向か，それとも，先例がすでに存在するという後発資本主義国の利を活かしつつ，この問題の持つ公共性にふさわしい社会資本投資と市場の適正な規制・活用の下に市民・住民主体の街づくりを進めていくかによって，後継世代が生活する日本の住まいと街並みはその姿を大きく変えていくことになろう．

注
1) 本章は，山田〔1998a，1998b，2000〕，Yamada〔1999〕の再構成をベースに，大幅に加筆・修正してまとめたものである．
2) 戦災住宅に関する数字は文献によって必ずしも同じでないが，ここではイギリスについては三宅〔1985〕，ドイツについては大場〔1999〕，フランスについては檜谷〔1999〕によった．
3) 理論的に言えば，供給を促進するもっとも直接的で効果的な方法は，利用しなくてもいいというような恣意的な所有——所有独占——を押さえる政策，たとえば未利用地に対して税負担を相当に強化することである．実際，かつて農地転用を促進する手法として喧伝された宅地並み課税の導入は，このような見方に立っていた．しかし，今回はこのような主張はなされず，借り手の権利制限が主張されていることが特徴的である．問題は，社会的・政治的弱者の犠牲によってその解決が図られるのが常である．

第 2 章　借家法改正論と土地・住宅問題

はじめに

　本章の課題は，定期借家制度が民間賃貸住宅市場に与える経済効果を，理論的・実証的に解明することにある．借地借家法の経済効果を理解するためには，賃貸住宅の財の特質を経済学を用いて厳密に議論する必要がある．序章で土地・住宅市場特有の「二重の独占的性格」を指摘しているように，土地・住宅市場は一般の財市場と本質的に異なる性格を有するからである．財の非同質性と稀少性，家賃・住宅価格の下方硬直性，土地開発の不可逆性などという把握も，こうした住宅市場の財的特質を表現している．これらの諸点は近年発達の目覚しい土地投資意思決定の動学最適化モデル等によってもある程度明らかにされている[1]．この結果，土地・住宅市場では，市場の自由にゆだねるならば，一般財以上に公平性や資源配分上の効率性が阻害される可能性がある．

借家法改正論は，スペースが広いという意味で「良質」な賃貸住宅の供給促進をうたい，これを「市場重視」に結びつけているが，市場そのものに「良質」な賃貸住宅を増加させるという機能は存在しない．良質な住宅が供給されるか否かは，投資収益率との関係で事後的に市場が決定するからである．そして，借家人にとって良質な住宅を確保する条件となる家賃低下もまた，市場が自動的に保障するわけではない．問題は，借家市場の自由化（定期借家制度の導入）が上記のような住宅市場・民間賃貸住宅市場の諸特質を，効率性と公平性が確保される方向に改善するものであるかどうかである．

1. 定期借家制度の成立とそのねらい

1-1 定期借家制度誕生

1999年12月9日，自民党，自由党および公明党の三党議員提出の「良質な賃貸住宅等の供給の促進に関する特別措置法案」が成立し，同月15日に公布された．同法案は良質な賃貸住宅供給をうたっていたが，基本的にはその第5条に規定されている「定期借家制度創設」を目的としていた．従来の借地借家法のもとでは，借家人が継続居住を望んだ際，家主自身が利用する等の「正当事由」が存在しない限り家主からの更新拒絶はできなかった．こうした規定の理由は家主と借家人の交渉力に差があるためである（都市部など借家需要の多い地域では，家主の方の交渉力は借家人のそれと比べて強いものと考えられる）．つまり，従来の借地借家法はその差を埋め，同じ土俵で借家人と家主が交渉できるよう1941年に成立した借家人保護規定であった．改正以前の借地借家法下では自動的に契約が更新されるのに対して，定期借家制度の下では契約で定めた期間が満了すると更新されることなく借家契約が終了する．こうした借地借家法の改正部分のみ周知期間を置いて2000年3月1日より施行されることとなった．

ところで，上記の法案は1998年6月に「借地借家法改正案」というタイトルで議員立法として国会に上程されてはいたが，法務委員会での審議が法

務省や法曹界からの反対により，約1年の間「つるし」状態になっていた．そこで，定期借家制度の早期成立をねらう推進派の議員らが中心になって，同法案を1999年8月にいったん取り下げ，名前を代えて「良質な賃貸住宅等の供給の促進に関する特別措置法案」という形で建設委員会に再提出したものである．最終法案は公営住宅の建設など，「努力目標規定」として低所得層などの弱者保護が盛り込まれており，セーフティネットの必要性をうたう民主党などの野党も賛成に加わり圧倒的多数で同年12月4日，参議院を通過したのである．

定期借家制度という住宅契約簡素化政策の登場により，民間賃貸住宅市場でもいよいよ規制緩和政策が進展することとなった．定期借家制度の誕生は1980年代サッチャー・レーガノミクスにはじまるサプライサイド政策路線の延長上にある．借家契約を一定期間に区切ることによって，収益性の低い契約を打ち切り借家投資効率を向上させ，借家供給を増加させる．そして，マーケットメカニズムによる効率的な資源配分を達成させることがねらいである．一般に市場を通じた資源配分は，ある種の価値基準（良く使われる基準に「パレート最適」とよばれるものがある）に照らした場合「無駄がない（効率的）」状態であると言われている．少なくない経済学者が，借地借家法は住宅市場の正常な機能を歪めており（つまり，無駄な資源配分が多くなっている），これを取り除くことで効率的資源配分が達成できると主張した．

かりに土地・住宅市場が一般の財市場と同じ特質を持つという前提でこの「効率性」という側面を重視するのならば，確かに借地借家法を取り除いた方がよいという命題は成立しうるかもしれない．しかし，その場合にももう1つの価値基準である「公平性」（ここでは借家人と家主の交渉力を公平にするという基準）の側面からは，借家人の交渉力を家主のそれと同程度に引き上げる効力が存在する点で借地借家法の必要性が確認できる（フランス・ドイツの借地借家法などがその例）．この保護規定がないと低所得の借家人が市場から排除されてしまうからである．

時に1990年代は空前の不動産不況（資産デフレ）期であり，不動産不況

に苦しむ不動産業界等からは政府に対し土地の流動化政策とそれに伴う規制緩和を求める声が高かった．規制緩和政策は長期的には景気を刺激すると考えられており，「短期的には弱者保護政策を多少犠牲にしてでも土地市場が再び活性化されればよい．その結果，弱者も救われる」という思想が流行していた．つまり，とりあえず「効率性」を「公平性」に優先させる政策がもてはやされていた．

　元来，規制緩和は数ある経済政策の中でも最もコストのかからない手法として政策サイドには人気があった．2000年現在で政府の財政赤字は，中央と地方あわせて645兆円という天文学的な水準にまで達している．公共投資によって景気を活性化させるというケインズ的景気刺激政策はさらなる財政悪化をもたらすと考えられ，緊縮財政と規制緩和主義はこのような背景のもとに「安価な景気刺激政策」としてその必要性が強調されてきた．

　そもそも経済規制の多くが，弱者保護規定を盛り込んだものである．借家世帯は持家層に比べて低所得層が多く，政治的な力関係でも不動産業界など定期借家推進派に比べ借家人組合などの立場は弱い．規制緩和思想が社会を席巻しているなかでは，政治的な力学からもこのような弱者保護規定（借地借家法）をはずすことはそれほど困難ではないと考えられた．このような環境は定期借家制度の実現にとって絶好の機会であったといえる．

　しかし，成立には予想以上に時間がかかり，結局，明文化はされないものの「公営住宅を5年間に100万戸供給する」という大きな修正案（財政出動タイプの景気対策）が付いた[2]．当然ながらこの財政難の状況下において公営住宅の直接供給は負担が大きい．結局，日本もイギリス同様（後述），高いコストを払って景気刺激政策を行うことになったわけである．

1-2　定期借家制度のねらい

　借家人の家計に占める家賃の割合は大きい．また，借家人がなんらかの理由で転居しなければならない場合，転居費用や機会費用など多額のコストがかかる．家計にとってこれらコストの増加・あるいは変動の不確実性は消費

や労働意欲を減退させる可能性があり,「家賃」と「契約の存続」に関しては先進国で何らかの規制がかけられているのが通例である[3]．しかし，家主にとってみれば，家賃増額を規制されたり，自己所有の土地を他の利用目的に転用することが容易にできなくなるので，家主の投資意欲が阻害される可能性がある．定期借家権とは，後者の可能性を重視して借家契約期間を一定期間に定め「家賃」と「存続」に関する規制を緩和（もしくは撤廃）する制度である．

この定期借家権制度の導入の是非を巡っては，ここ数年一部の経済学者と法学者・都市計画学者の間で激しい論争が展開されてきた[4]．一部の経済学者は「現行の借家制度はその正当事由制度と継続賃料抑制主義による借家人保護が手厚く，特に回転率の良い良質なファミリー向け賃貸住宅の供給を著しく抑制しているため，現に借家に入居している既得権者を保護するかわりに新規に借家に入居したいが入居できない潜在的借家権者の利益をそこなっている」としている（岩田〔1996〕69-72頁，八田〔1996〕78-80頁，福井〔1996〕81-6頁）．つまり，「定期借家制度を導入すると，広い借家が増える」という論理である．これは定期借家権が民間賃貸住宅に及ぼす効果を「質」の面から考察した仮説である．

この仮説は，①定期借家権導入→②面積規模の大きいファミリー向け賃貸住宅の入居回転率の上昇→③ファミリー向け賃貸住宅の収益率向上→④ファミリー向け賃貸住宅の供給拡大→⑤借家の平均面積の上昇，という論理の筋道を持つサブ仮説（仮説の仮説）によって構成されているのが特徴である．

また，定期借家権が民間借家の供給「量」に対して与える効果としては，①定期借家権導入→②借家投資全体の収益率上昇→③借家の家賃が低下→④望ましい需要供給の関係が成立，という論理を仮説として提示している．これもいくつかのサブ仮説によって構成されている．

現在までに，この制度の導入の経済効果を巡っていくつかの主張（仮説）が提示されているが，これらの主張の正当性を吟味するためにはデータにもとづく客観的な検証が不可欠である．しかし定期借家制度がまだ導入されて

いない日本では，賛成論・反対論を問わずデータによる仮説の検証は困難であり，実際にも不可能である．いくつかの興味深い実証報告（森本〔1994a〕60-6頁，八田〔1996〕78-80頁）はあるが，どれも政策効果検証型の研究ではない．海外での経験がこの場合大変参考になるが，それは日本と借家制度がある程度類似していて，改正後一定の年月を経ている国の経験でなければならない．イギリスは借家法が改正されて（定期借家制度が本格的に導入されて）10年経つ．また，存続保護規定などの借家法システムも日本と酷似しており，またデータも豊富である．これらの点を考慮して本章では，定期借家権導入の経済効果に関する理論的検討を行い，さらにイギリスについてのデータの分析を行う．

2. 民間家賃に対する規制家賃の経済効果についての理論的検討

　借家法の機能を理解するためには，住宅市場の構造について十分な知識をもたなければならない．例えば，民間賃貸住宅の家賃決定メカニズムを理解することによってのみ，家賃の自由化もしくは公的コントロールの功罪について正確に議論できるのである．実際この点の十分な理解がないままに定期借家制度の必要性もしくは不必要性について語る研究者が多かった．例えば，「定期借家制度の導入によって借家市場が活性化され，供給が増え家賃が下がる」という主張がある．これは一見正しいように思えるが，よく考えてみると，家賃が下がるのに供給を増やそうとする家主はいるだろうか？　少なくとも，家賃が今後下がっていくであろうという期待が市場に存在するならば，それは投資意欲を削ぐ方向に働くはずである．実際イギリスの住宅政策に関する文献で，定期借家権と家賃下落の因果関係について書かれた業績は，著者の知りうる限りはない．定期借家権は従来の継続賃料主義撤廃に伴う借家市場の自由化なのだから，家賃はむしろ上昇し，それによって家主にとって借家供給を増やそうというインセンティブが働くのである．
　本節ではこの点について理論的な解説を行う．定期借家権導入の，①家賃

に対する効果,②供給量に対する効果,③家賃補助などに対する効果,などの論点を議論する.

2-1 民間賃貸住宅市場の仕組み

図2-1は市場家賃と家賃規制,そしてその経済効果の基本的枠組みを見たものである.ここでは議論の単純化のため家賃と供給量に関する簡単な需要供給モデルを使用している[5](McGrone〔1995〕).図2-1の縦軸は家賃水準,横軸は民間賃貸住宅の供給量を示している.家賃は需要曲線・供給曲線の交点で決定されている.

この家賃水準を「市場家賃」と呼び,グラフの縦軸上では記号RMで表現されている.一方,規制家賃(継続家賃,例えばイギリスで1965年に導入された公正家賃)はRFで表現されており,グラフの縦軸上の市場家賃より低い位置にある[6].なお,低所得者の支払能力を考慮した「支払い可能家賃」は縦軸のさらに下方(RA)に位置している.

家賃に対する規制が何もない場合には,家賃は「市場家賃水準(=

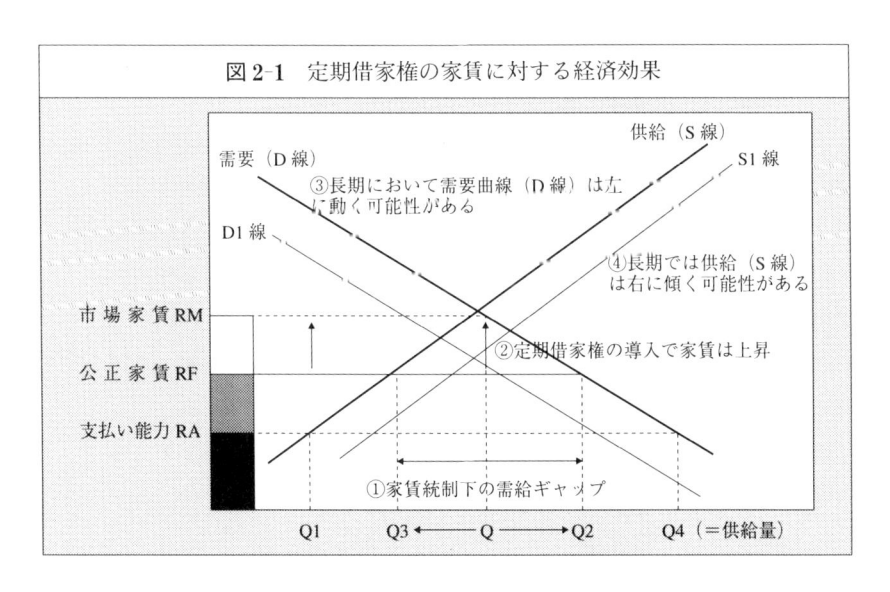

図2-1 定期借家権の家賃に対する経済効果

需要(D線)　　　　　供給(S線)
　　　　　　　　　　　　　　　　S1線
　　③長期において需要曲線(D線)は左
　　に動く可能性がある
D1線
　　　　　　　　　　　　④長期では供給(S線)
　　　　　　　　　　　　は右に傾く可能性がある
市場家賃RM
　　　　　　　　　　　②定期借家権の導入で家賃は上昇
公正家賃RF
支払い能力RA
　　　　　　　①家賃統制下の需給ギャップ
　　　　　Q1　　Q3←　Q　→Q2　　Q4(=供給量)

RM)」で決定される．しかし，継続家賃制度などの家賃規制が存在する場合には，「公正家賃水準（＝RF）」まで家賃が下げられる．この時，市場家賃で実現した供給水準と比較した場合，グラフの供給曲線について横軸に注目すると供給量が減少している点に気がつく（Qから→Q3へ）．また同様に横軸に注目すると需要は増大している（Qから→Q2へ）．つまり，家賃規制の結果，需要と供給との間でギャップが生じ借家は供給不足になる[7]．

2-2 定期借家権導入の経済的効果
●定期借家権導入の供給量に対する効果

以上の議論を踏まえた場合，定期借家制度の導入，つまり規制家賃を撤廃した場合，家賃水準はどうなるのだろうか？ 結論を述べると，上記モデルで「家賃規制」が撤廃された場合には，理論的には家賃が「公正家賃＝RF」から「市場家賃＝RM」に上昇する．これは「ある時間内」に発生する定期借家制度導入の重要な効果である．「ある時間内に」という表現を使ったのは，一般に経済学では「長期」と「短期」に時間を分けて経済効果を検証することが通例だからである．

つまり，「定期借家権」導入は，ある市場均衡が達成されるまでの一定の時間内に家賃上昇をもたらす可能性がある．長期では，高くなった家賃に対し借家人はリスクを感じるために需要量が減少し，需要曲線は，D線がD1線へとシフトし，また逆に供給曲線は逆に投資リスクの減少からS線（供給曲線）からS1線へと右にシフトする可能性がある．これら需要と供給の動きは長期の効果として家賃を下げる圧力となる．このように家賃が上がるか下がるかは，D線（需要曲線）とS線（供給曲線）のシフトの具合による．したがって短期の家賃上昇圧力と長期の家賃下落圧力でどちらの力が大きいのかは一義的に定まらないのである．

ここで重要なのは「短期」と「長期」の定義が不明な点である．極端に言えば，ここでの短期は1カ月かもしれないし10年かもしれない．不況の折には仮にここでいう短期が10年であった場合には，不況に拍車をかけるこ

とになる．なぜなら，家賃の上昇は借家人の限界消費性向を下落させる可能性があるからである．例えば，物価上昇率が年2%とし，家賃規制撤廃の後家賃が今後5年間で10万円から約12万2000円に上昇した場合（年平均4%の上昇率），平均物価上昇との差額は約1万1000円となる．この上昇分は借家人が消費をきりつめることで補塡される可能性がある．

● **定期借家権導入の供給量に対する効果**

定期借家権を導入した場合，少なくとも短期においては家賃は上昇するが，これに伴って，供給量も増加する（グラフ図2-1・横軸のQ3からQへ）．これは上昇した家賃を見て借家投資が増えるためである．長期に関しては，前述の議論と同様に供給曲線（＝S）が右方向S1へシフトするため供給が増える可能性があるが，これは需要曲線の動きしだいである．

● **定期借家権導入の住宅手当に対する効果**

ここでは定期借家権導入の住宅手当に対する効果を検討しよう．図2-2では市場家賃と規制家賃・支払可能家賃との差額をうめる住宅手当（Housing

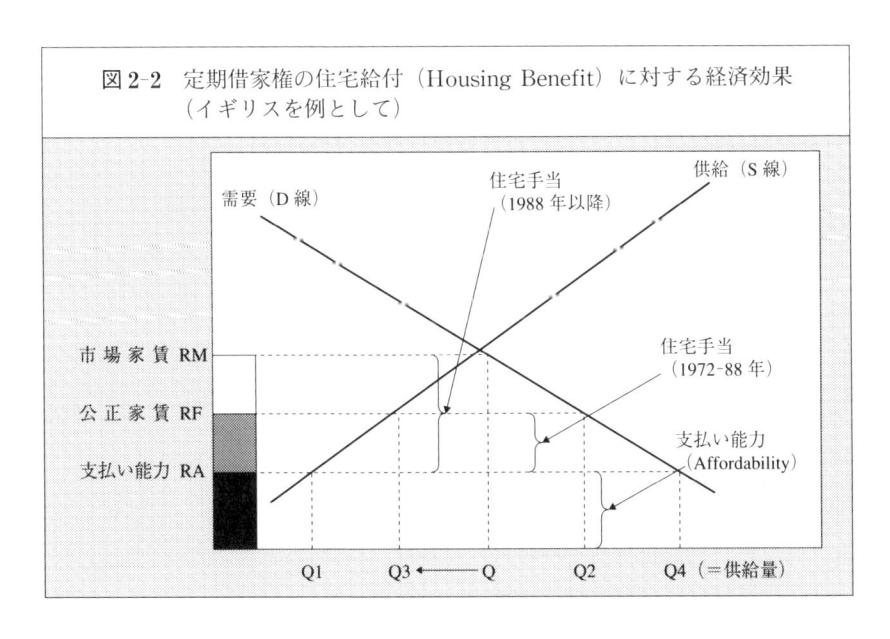

図2-2 定期借家権の住宅給付（Housing Benefit）に対する経済効果（イギリスを例として）

第2章 借家法改正論と土地・住宅問題

Benefit・イギリスの場合）に関する説明がなされている．

イギリスでは 1965 年以降 1988 年まで，市場家賃ではなく，市場の外部で決定される「公正家賃（＝公正家賃鑑定者が判断した家賃水準で，図 2-2 では RF）」が導入された．なお，このレベルでも支払いが困難な借家人の場合，その支払能力を RA（上図参照）として，これと RF（公正家賃）との差額は「住宅給付（Housing Benefit）」によって埋められるという制度を後に導入した．

つまりこの制度の特徴は，住宅当局が，①需要者の支払能力の制約を考慮しながら，②供給者になるべく不利とならないような家賃レベルを維持している点である．仮にこの住宅給付を行わず，家賃規制が水準 RA によって規定された場合，住宅供給量は図で示される「Q1－Q4」の分だけ不足することになる．したがって住宅手当の存在は，供給水準を上昇させる効果をもつ．

次に，家計の消費に対する効果について考察しよう．イギリスでは低所得層を中心に住宅給付によって家賃が補われていたため，仮に定期借家権の導入で家賃が上がったとしても借家人の支払いに大きな変化がなく消費行動に影響はない．つまり，借り主の満足度を下げることなく家主の効用を上昇させる手法といえる．ただし，こうした政策では財政負担が増えることになる[8]．つまり，定期借家権の導入は財政負担を増加させる効果を持つ可能性（仮説）がある．

上記政策の採用にあたって判断すべき要素は，①プラスとマイナスの効果がどの程度大きいかであり，②現在とられている他の主要な政策との整合性である．日本の場合，民間の借家率は 30％ を超えている．もし，民間借家層が家賃上昇によって一定の割合で消費を控えた場合には，負の乗数効果を通じて景気に大きなマイナス効果をもたらす可能性がある．さらに，現在のように景気対策が最優先とされる場合には，定期借家権がもたらす家賃上昇による消費減退効果は，他の政策との整合性という観点からは支持されないであろう．

● **借家法の家賃安定効果**

　借家法の最も重要な効果の1つに，家賃安定効果が挙げられる．一般の不動産投資の理論によると，収益性とリスクの関係で投資の意思決定がなされることが示されている（前川〔1996〕）．そのことを念頭において議論を進めよう．

　さて，従来の借家法は継続家賃の上昇率を抑えるので一種の家賃規制である．そのために市場家賃のレベルは実現できないとしよう．すると借家投資はマーケットで実現される水準よりも減少することになる．逆に定期借家制度を導入すると，いわゆる「抑制された継続賃料」に代わって市場家賃が実現できる．よって，前述のように供給量は増加する．

　どれだけ借家の量が増加するかは供給曲線の傾きによるので，実証研究に判断をゆだねなければならない．なお，供給曲線が垂直の場合，供給量は全く増えずに家賃だけが上がることになる．

　ここで重要なのは「市場家賃」の理解の仕方である．市場家賃は他の競争的な市場（例えば持家売却市場）との関連で決定される．家賃がそう高くならないと予測される場合には家主は借家を売却し，代金を銀行に預けて利子を稼ぐことになる．これをしやすくなるのが，つまり定期借家制度である．定期借家制度が導入されるということは，代替市場である持家売却市場との競争が発生するわけで，単純化すれば，以下に示した(1)式が成立することになる[9]．(1)式は「土地を売却して得た資金を銀行に預けて得られる利子，つまり土地を売却した場合の収益が，土地を売却せず賃貸住宅などを経営することによって得られる収益より上回っている場合」に借家売却の意思決定がなされる，という借家保有・売却の条件式を示している．

$$\frac{p(t)}{W(t)} + g - C(t) < r + b \cdots\cdots(1)式$$

　r ＝ 市場利子率
　b ＝ 固定資産税
　$W(t)$ ＝ 開発価値（地価＋建設コスト）

$p(t) = $ 賃貸住宅

$t = $ 時間

$g = $ 開発価値の増加率

$C(t) = $ 諸コスト

なお，簡単化のために上記の議論では土地売却に伴う諸経費，不確実性，リスクおよびキャピタルゲイン課税は考慮していない．

このような場合，実際の家賃はどのようになるのであろうか．この点を示したのが図2-3である．同図では「定期借家制度を前提とした場合の借家投資の期待収益」と「従来の借地借家法（借家法）下で得られる実際の期待収益」を比較している．

仮に1980年代に定期借家制度が導入されていたなら，市場家賃は常に(1)

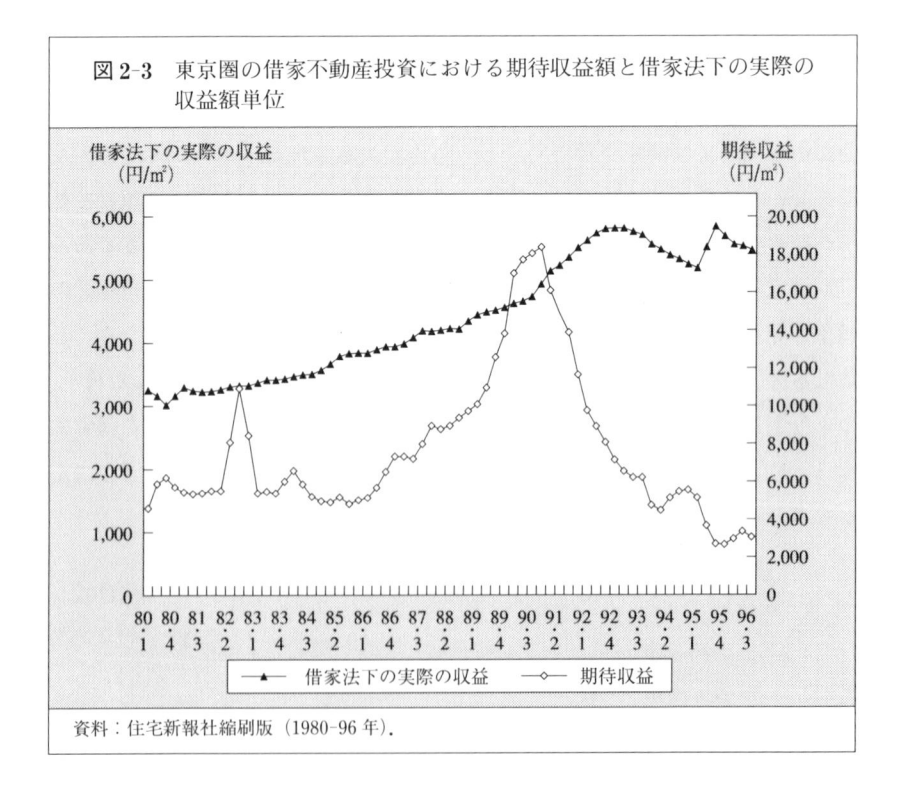

図2-3 東京圏の借家不動産投資における期待収益額と借家法下の実際の収益額単位

資料：住宅新報社縮刷版（1980-96年）．

の条件式を満たさねばならず,図2-3の「期待収益」のように乱高下を繰り返すことになる.なぜなら,市場家賃は競争的市場の「売却による収益」額を常に上回っていなければならず,売却による収益は変動率の高い地価に影響されるからである.地価の変動率が低い場合には,(1)の裁定条件式により家賃の変動率も低くなる.しかし,地価が投機等によってつり上げられた価格(バブル)を含む場合には,それにつられて市場家賃も投機の分のプレミアム(バブル)を含んで上昇することになる.

しかし,従来は借地借家法の存在,つまり正当事由制度の存在や継続家賃抑制主義の存在によって最適な条件下で借家売却はできず,借家投資の収益は図2-3にある「借家法下の実際の収益」で示されているように乱高下することはなかった.このことは家主の資産最大化を阻害する半面,家賃の急激な変動を防ぐことができたのである.つまり,借家人に対しては居住生活の安定性をもたらし,結果としてバブルに影響されない安定的な借家市場を形成してきたのではないだろうか.

● **借家法が投資の意思決定タイミングに与える効果**

次に,借家法の存在の必要性を裏づける重要な効果——意思決定タイミングに対する効果——を述べることとする.

先ほどの議論では定期借家権制度導入以降,市場地価が乱高下する場合,家賃市場も乱高下する可能性があることを示した.このように地価の乱高下の度合い(分散)が高い場合,将来の不確実性も高いと判断され,借家投資のタイミングが遅くなるというリアルオプション理論が近年アメリカなどを中心に発展している(Dixit and Pyndick〔1994〕を参照).図2-4ではこれを扱っている.

図2-4は東京・大阪・名古屋における過去の地価の変化の移動平均をもとに収益率の分散を計算し,これをボラティリティ(変動率)として計算している.Dixit and Pyndick〔1994〕のリアルオプション理論に従えば,不確実性の上昇は投資のタイミングを遅らせる.つまり,借家投資を増加させたいとしても現状ではそれが実現されないことになる.借家法が存在している

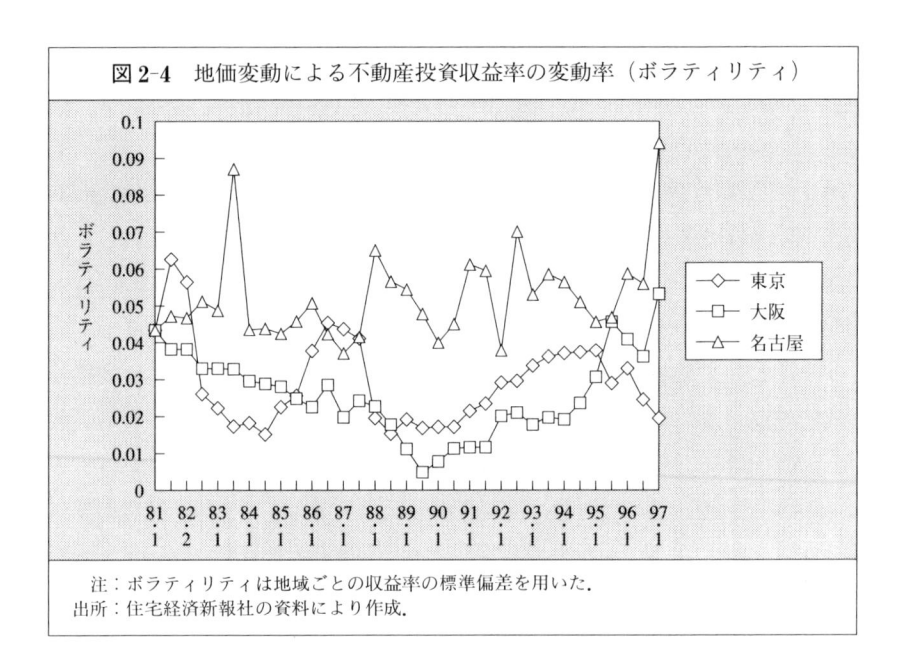

図 2-4 地価変動による不動産投資収益率の変動率（ボラティリティ）

注：ボラティリティは地域ごとの収益率の標準偏差を用いた．
出所：住宅経済新報社の資料により作成．

場合には先の議論より明らかなように収益の不確実性は，それが存在しない場合に比較して小さくなり，借家投資は「現在」において行われる率が高くなる．

　政府が政策的な意図で短期間に借家投資を実現させたくても，不確実性が高い状況ではそれを実現できない．定期借家権制度の導入によって不確実性が上昇する可能性は高くなる．これが定期借家制度がもたらす負の効果である．将来が不確実である場合，投資の「様子見」が増加する．なお，Sing and Patel〔1998〕は，イギリスのオフィスビルの売却データ合計 20,000 件を収集し，収益率の変動率は建設投資の水準に有意に影響し，また収益変動率の上昇は投資活動を停滞させると結論している（オプション価値と開発の関係が示されている）．

　以上，定期借家制度に関する経済効果をいくつかの論点に絞って議論してきた．最も重要だと思われるのは借地借家法の「家賃水準に対する効果」と

「家賃の安定性に対する効果」であろう．いまだ景気回復への見通しが不透明な日本の状況下で，借家人の居住を不確かなものとする定期借家制度は，将来不安心理を増大させる可能性がある．将来に対する不安は貯蓄を増大させ，現在の消費を低迷させる可能性があるのである．

3. イギリスの定期借家制度の経済効果

3-1 定期借家制度の導入効果に関する論点（仮説）について

前節では借家市場の理論的な考察を行った．家賃に関していえば，定期借家制度の導入によって家賃は家主と借家人の交渉で決定できるようになる．その結果，継続家賃と呼ばれる「規制家賃」が撤廃され，これは家賃を上昇させる圧力となる．しかし，借家人の権利が弱められ，また家主にとっての投資リスクが減少し，彼らの供給意欲が増すことによって家賃下落の圧力がかかるが，長期の効果は一義的に定まらないことを示した．

イギリスでは日本と似たような形での借地借家制度が1988年まで存在した．契約更新拒絶（正当事由）も明文化された形で存在し，また家賃に対する規制も存在した．家賃規制の代表的なものは公正家賃と呼ばれるものであるが，これは公正家賃鑑定人（Rent Officer）が，基本的に家主と借家人の間で成立し，登録された（Registered）市場家賃を監視する制度である．なお，この制度は家賃そのものの価格をコントロールする家賃統制（Rent Control）ではないことに注意が必要である．

さて，日本では継続家賃に，またイギリスでは登録された物件の新規・継続家賃に規制がかけられていた．ところが，民間賃貸市場が活性化しない理由は借家法の存在にあるとみた保守党サッチャー政権は，1980年住宅法改正（1980 Housing Act）を行い，民間借家の適用を受けない保障短期賃貸借制度（Shorthold Tenancy；1〜5年の居住保障，市場家賃適用住宅）や一部の登録地主（Registered Landlord）に対して保証賃貸借制度（Assured Tenancy）を導入した[10]．

保障短期賃貸借制度とは，家賃に関しては借家人と家主との交渉で決定できるが，交渉がいきずまった場合，公認家賃鑑定委員会（Rent Assessment Committee）に決定をゆだねる制度である．一方，契約期間に関しては一定の最低契約期間（1〜5年）を設定し，その契約期間以降，家主の要求によって，それがいかなる理由であっても借家人は退去しなければならい．

　保証賃貸借制度とは，借家人存続保護は基本的に継続されるが，家賃に関しては借家人と家主で自由に決定できる制度である．この借家人と家主の交渉家賃は市場家賃のことである．しかし1980年住宅法改正では，保障短期賃貸借制度の適用対象は新規に建築された借家のみに制限されていたため，同法は事実上機能しなかった．

　1988年に住宅法が再度改正され，すべての新規賃貸契約物件に対して市場価格が適用されるようになり，さらに保障短期賃貸借制度に関しては最低契約期間がそれまでの1〜5年から半年に切り下げられた（McGrone, 1995)[11]．1988年以降の段階で新規契約をおこなう家主のほぼ90%以上がこの保障短期賃貸借（Assured Shorthold Tenancy）を選んでおり，イギリスでは1988年の住宅法改正によって借地借家法の適用を受けずに市場家賃を実現できる制度（定期借家制度）が本格的に導入されたことになる．

　このように日本の制度と類似点が多いイギリスの定期借家制度は，定期借家の推進論者，慎重論者，反対論者を問わず多くの論者によって言及されてきた．ここでは専ら定期借家権制度に関する4つの論点について，イギリスの住宅法改正（1988 Housing Act）の効果を考察する．

3-2　論点の実証分析

　前述した定期借家制度の効果に関して実際にイギリスではどのようになったのか，データを用いて検証してみよう．この調査は1997年7月から1998年5月末までイギリスで行われた[12]．

● **借家投資収益率の変化**

　一部の経済学者によると，定期借家制度の導入の目的は賃貸住宅供給の活

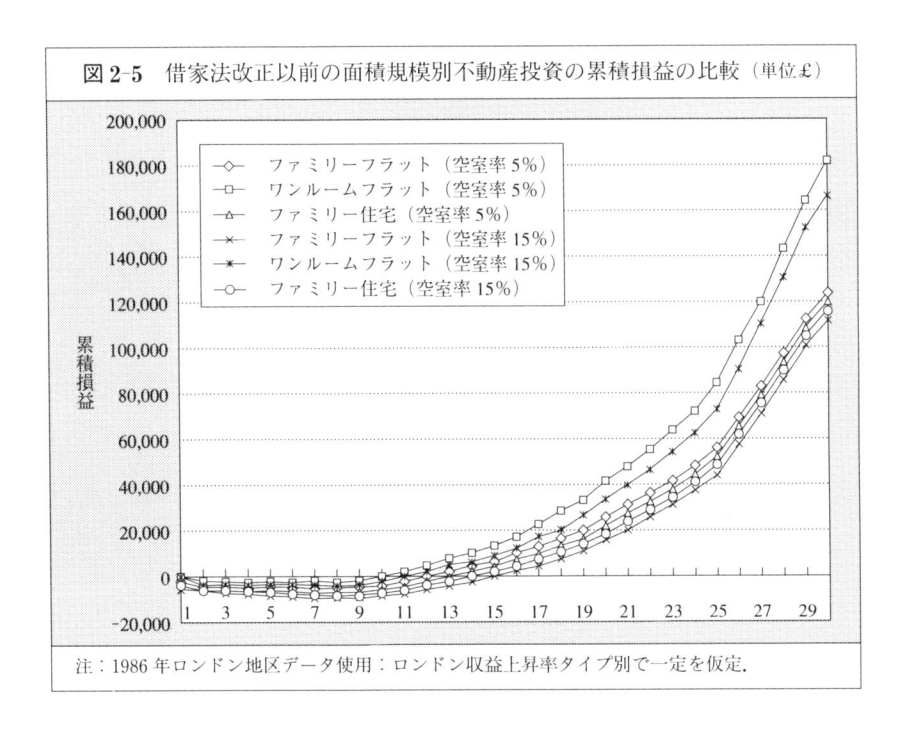

図 2-5　借家法改正以前の面積規模別不動産投資の累積損益の比較（単位£）

凡例：
- ファミリーフラット（空室率5％）
- ワンルームフラット（空室率5％）
- ファミリー住宅（空室率5％）
- ファミリーフラット（空室率15％）
- ワンルームフラット（空室率15％）
- ファミリー住宅（空室率15％）

縦軸：累積損益
注：1986年ロンドン地区データ使用：ロンドン収益上昇率タイプ別で一定を仮定．

性化である．確かに欧米でも，借家市場が縮小したために定期借家制度を導入した経緯がある．ではなぜ定期借家制度の導入が民間借家供給の活性化に結びつくのかというと，それは定期借家権制度によって借家契約が自動更新できなくなるために，低めに設定されている継続家賃の事実上の撤廃の結果，市場家賃が実現できるからであろう．したがって少なくとも定期借家制度が導入された場合，借家投資の収益率が上昇するものと考えられる．この点を確認してみよう．

　図 2-5，および図 2-6 は，借家法改正以前（1986 年）と以降（1996 年）の，ロンドン地区における面積規模別賃貸住宅投資の累積損益を，過去のデータによって求められた係数を利用して試算（空室率の変化〔5％ から 15％ へ〕をシミュレーション）したものである．

　2 つの図を比較すると，ファミリー向け賃貸住宅，ワンルーム賃貸住宅と

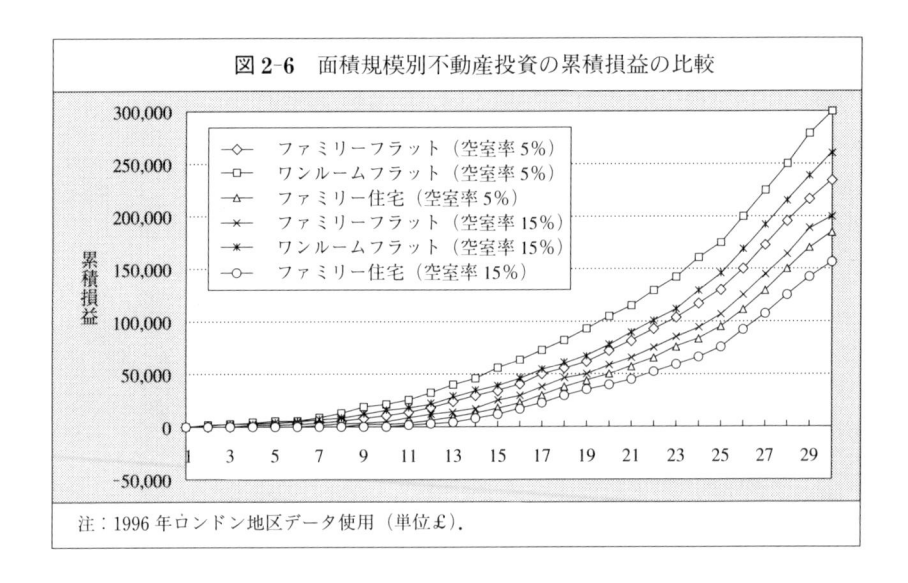

図 2-6 面積規模別不動産投資の累積損益の比較

凡例:
- ファミリーフラット（空室率 5%）
- ワンルームフラット（空室率 5%）
- ファミリー住宅（空室率 5%）
- ファミリーフラット（空室率 15%）
- ワンルームフラット（空室率 15%）
- ファミリー住宅（空室率 15%）

縦軸：累積損益

注：1996 年ロンドン地区データ使用（単位 £）．

もに，定期借家制度導入以降に収益率は若干伸びていることがわかる．1996年のシミュレーション分析の結果では，空室率が 15% のケースでも借家法改正（1988 年）以降借家投資収益率が上昇している．ただし収益率は，家賃，期待家賃上昇率，経営資金の借入れコスト，運転資金など多くの要素を考慮に入れて計算されるため，どの要因が収益率上昇に貢献したのかは単純に断定できないが，家賃上昇の効果が大きいのではないかと思われる．

なお，面積規模別投資の収益性の比較からは，期待空室率が他のタイプと同じと仮定した場合，ワンルームフラットの累積損益は 30 年間にわたってファミリーフラット・ファミリー住宅よりも上回っていることがわかる．また，この投資収益性の高さの順位は，定期借家権導入以降も変化がない（詳細については足立〔1998a〕を参照）．これは定期借家制度の導入が，ファミリー向け賃貸住宅の収益性を積極的に回復する効果をもたなかったことを示す．ともあれ，以上の分析の結果，イギリスでは定期借家制度の導入後，不動産投資収益率はある程度上昇した点が指摘できる．

● **家賃の変化**

定期借家制度の導入によって収益率が上昇する場合，当然ながらその推進力となっているものは家賃の上昇と思われる．しかし，経済学者の多くは定期借家制度の導入によって借家の供給量が増加するために家賃水準は下がるという．既に理論のところで述べたが，定期借家権制度は規制緩和の一環として捉えられており，借家法が家賃規制の性格を帯びるのならば，その規制を撤廃する定期借家制度は家賃上昇と収益率上昇をもたらす．少なくともイギリスではこのような理論を背景として定期借家権制度が導入された．確かに，家主にとって一定の期限が経過すれば借家の占有を確実に回復できる点で借家投資リスクは減るであろう．しかし，同時に需要者のリスクも増大する点も見逃してはならない．需要サイドの分析を考慮した場合，需要者は借家から持家に住宅需要をシフトさせる可能性がある．イギリスでは公正家賃という形で家賃は規制されていた．日本では継続賃料主義と呼ばれる形で家賃が規制されてきた．したがって，定期借家制度の導入はイギリスでも日本でも家賃上昇をもたらす可能性がある．この点を確認してみよう．

図2-7を参照して頂きたい．1988年の住宅法改正以降，家賃が急激に上昇している．なお，家賃水準では短期保障賃貸住宅（定期借家権付き賃貸住宅）の家賃は規制家賃の約2.5倍のレベルで推移している．これはイギリスの場合，規制家賃である公正家賃（Fair Rent）が定期借家権の導入によって撤廃されたからである．家賃上昇率に関しては短期保障賃貸住宅は1990年から1996年までの6年間の平均が3.3%であるが，同期間の規制家賃住宅（登録あり）に関しては2.1%と，約1.5倍の開きがある．つまり，定期借家権付き賃貸住宅の導入の結果，かなりの家賃上昇が起こっていることが分かる．しかし，家賃上昇率に関しては，規制借家の家賃上昇率が上昇傾向にある（1990-93年：定期借家家賃上昇率3.3%，規制家賃住宅（登録あり）上昇率1.7%．1994-96年：定期借家家賃上昇率4.7%，規制家賃借家2.7%）．これは「規制借家」の家賃水準が，市場家賃水準を基準として決定されているためである．つまり市場家賃が上昇した場合，間接的に規制家賃をも引き

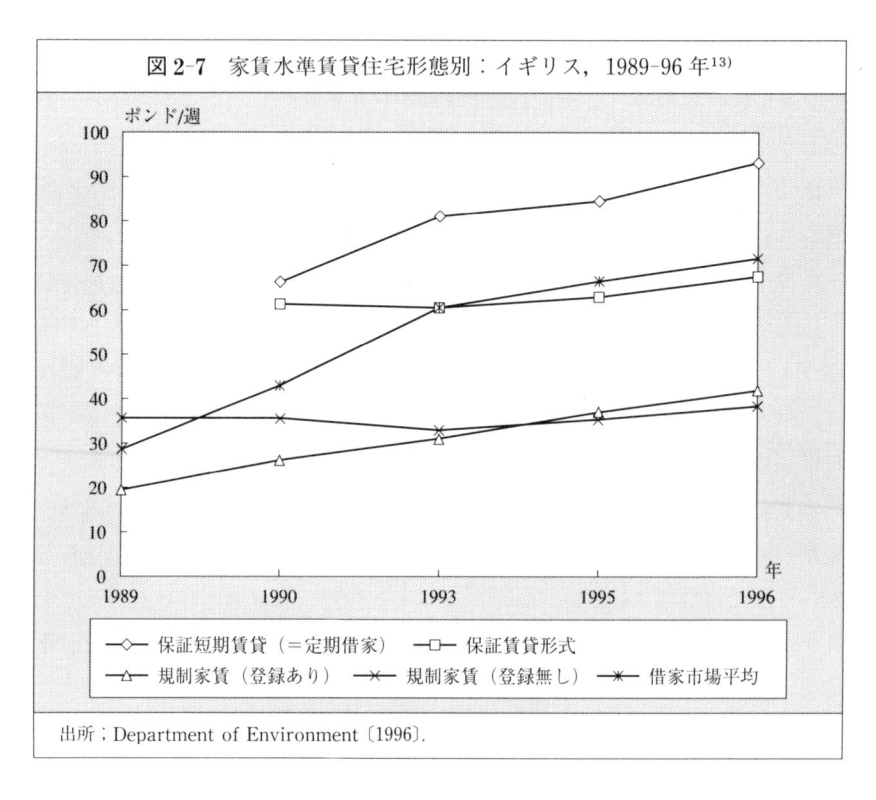

図 2-7 家賃水準賃貸住宅形態別:イギリス,1989-96 年[13]

凡例:
— 保証短期賃貸(=定期借家)　— 保証賃貸形式
— 規制家賃(登録あり)　— 規制家賃(登録無し)　— 借家市場平均

出所;Department of Environment〔1996〕.

上げてしまう．よって定期借家制度が適用されない既存の借家契約に関しても，定期借家制度の導入によって家賃が間接的に上昇してしまう可能性がある．なお，この間(1988-96 年)の物価インフレ率は152%である．1988 年から 1996 年までの平均家賃の上昇は 300% 程度であった．既存借家が衰退し，定期借家権付き契約が主流となったので(新既契約の際，家主は定期借家で契約を結ぼうとする)，結果としてイギリスでは平均家賃が相当上昇しているのである[14]．

定期借家制度が家賃上昇をもたらす，という仮説に対しては「イギリスでは継続家賃のみならず新規家賃にも規制がかけられていたのでこの撤廃による家賃上昇効果が大きく，定期借家制度が家賃上昇をもたらしたとの見解は的を得ていない」との反論があるかもしれない．しかし，イギリスの家賃制

度は存続保障（Assured）制度と密接に関連していた点を考慮しなければならない．なぜなら仮に法的に存続保護規定が存在しても，家主が家賃を引き上げることによって借家人を退去させることができるのならば，この存続保護規定は骨抜きになってしまうからである．つまり，存続保護規定を担保する上でも家賃規制ないし家賃監視（ドイツのケース）は行われるのが通例だからである．イギリスの場合，公正家賃制度は基本的には家賃監視的な色彩が濃いシステムであった．それが証拠に「公正家賃」がそのまま「市場価格」と定義されていたのである．確かに借家人の支払能力等も考慮して決定された公正家賃なので，市場家賃よりは若干低いものと考えられるが，規制家賃のような直接的な「価格規制」ではない．また日本でも継続家賃に関しては家賃規制が存在していたが，定期借家制度下では上記の論理によってこの家賃規制も撤廃されることになる．すべての家賃が新規家賃になるからである．この結果，日本でも家賃が上昇する可能性がある．前述したように長期的なことまで考えると家賃が一概に下がるとか上がるとか判断できないが[15]，いずれにせよ，イギリスの場合は少なくともイギリスでは定期借家権導入後，家賃は上昇したことが示された．

● **住宅供給量**

一部の経済学者は，定期借家権制度の導入で借家供給が増大するという[16]．定期借家制度は借家投資の収益率上昇を通じた借家市場の活性化を目的としているので，借家供給が増大する可能性は高い．しかし，ここで注意しなければならないのは「借家供給がどのくらい増えるのかは，借家市場の需要曲線と供給曲線の形態に依存する」ということである．

例えば，市場の供給曲線がグラフの横軸（つまり，供給面積）に対して平行になればなるほど，定期借家制度の効果は絶大なものになるであろう．しかし，逆に並行ではなく垂直に近い形状であれば，家賃が上昇するだけで供給は期待通りに増えないということになる．この点を注意しなければならない．いずれの場合も確かに借家の供給量は増大するであろうが，問題はその絶対的増加量である．この点に関してはデータ抜きの議論には限界があるの

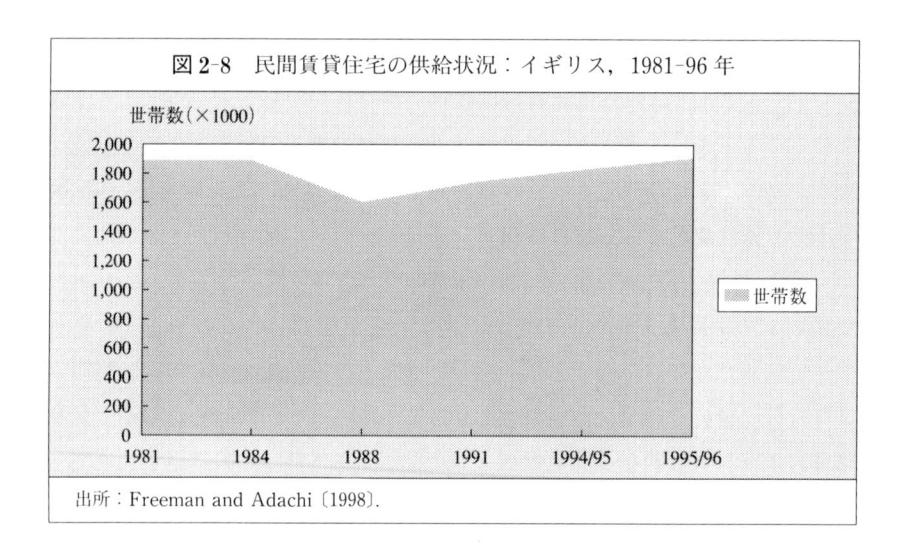

図2-8 民間賃貸住宅の供給状況：イギリス，1981-96年

出所：Freeman and Adachi〔1998〕．

で実証結果を待つしかない．以下，この点を考察するために簡単なデータ分析を紹介しよう．

図2-8では1981年から1996年までの民間借家の供給量に関するデータが示されている．1988年以降若干の世帯数の上昇（約400万世帯）が認められるが，ほぼ横這い状態が継続している．民間借家市場全体に占める上昇割合は，1988年以降1％程度である．1988年の定期借家権導入によって民間借家の減少傾向を食い止め，上昇傾向に転じたという効果は認められるものの，目だって大きい効果は認められない．なお，民間賃貸住宅市場が1988年以降若干拡大傾向になってきた理由としては，①持家市場の低迷，②BES政策（注11を参照）の導入（1988年），などが主な理由として挙げられる．このように「1988年の定期借家権の導入が市場の活性化に必ずしも結びついていない」との見解はホワイトヘッドやケンプらイギリスの住宅経済学者による実証分析で示されている（Kemp, Whitehead and Heijden〔1994〕）．

図2-9では賃貸住宅形態別（1989-96年）の民間賃貸住宅供給量が示されているが，その中でも顕著に供給量が増えているのは，保障短期賃貸借（つ

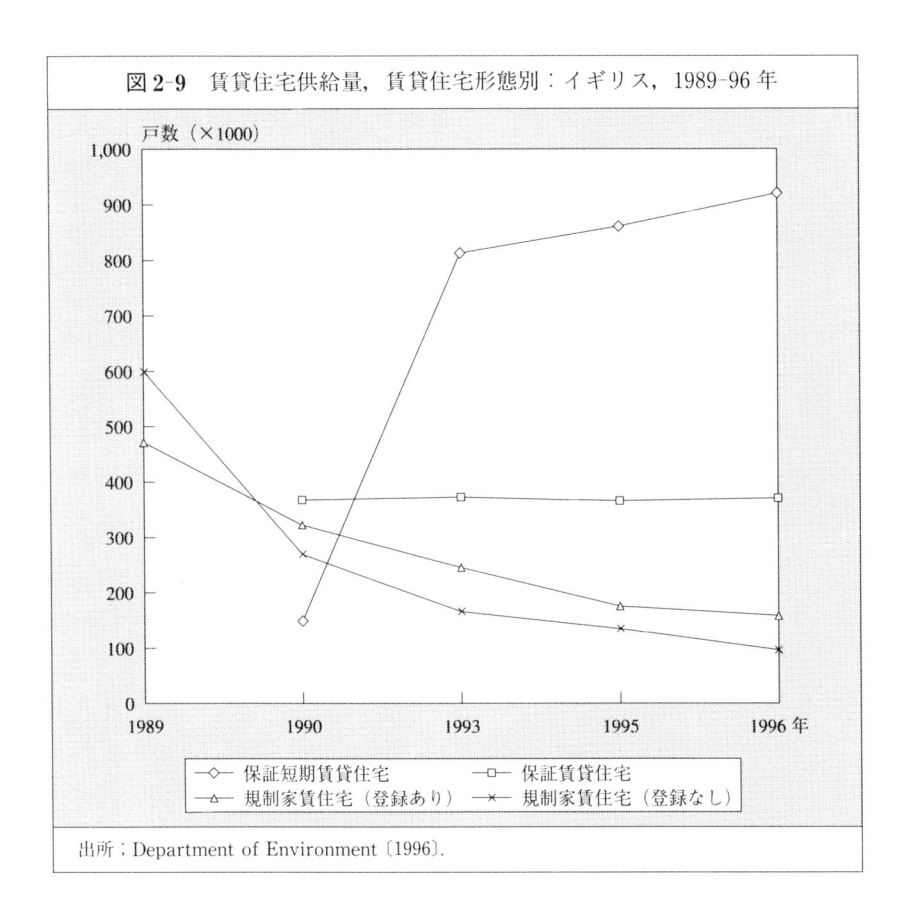

図 2-9　賃貸住宅供給量，賃貸住宅形態別：イギリス，1989-96 年

戸数（×1000）

凡例：
―◇―　保証短期賃貸住宅
―□―　保証賃貸住宅
―△―　規制家賃住宅（登録あり）
―×―　規制家賃住宅（登録なし）

出所；Department of Environment〔1996〕．

まり定期借家権付き賃貸住宅）であることがわかる．ただし，規制家賃下の賃貸契約形態が減少した分だけ，短期保障賃貸住宅が増加したのであって，全体の賃貸住宅供給そのものが大きく増加していることを示すものではないことに注意が必要である．

以上のように「イギリスでは定期借家権導入後，住宅供給量は増加した」という主張（仮説）は「絶対量」に関しては支持されたが，住宅市場全体を考慮した「相対量」に関しては，ほとんど変化がない（10年間平均で1％以下の増加率）ため支持はできない．つまり民間賃貸住宅市場全体に対する

明確な供給上昇効果は現在のところ観測されていない．またイギリスで1957年に経験したように持家市場の景気が回復した場合には，家主は借家経営よりも所有家屋の売却に投資行動をシフトさせる可能性がある．この結果，定期借家制度の導入によってもたらされた若干の住宅供給促進効果さえも相殺される可能性がある．

● **住宅手当**

定期借家権制度の導入によって家賃が上昇するのであれば，当然その影響で民間賃貸住宅に対する家賃補助や住宅手当などの社会保障費は増加するものと考えられる．

イギリスでは住宅手当（Housing Benefit）は社会保障制度における各種手当の一部で，一定所得水準以下の人々を中心に給付される．所得が年間最低ラインという基準以下の場合には国によって100％の家賃補助が与えられ，所得水準がこの基準を上回る場合には，その額に応じて給付の減額措置（65％減額）がなされる．

高年齢者で低所得者の場合，住宅手当という形で「アフォーダビリティ（支払能力）」家賃と「市場家賃」とのギャップをうめる制度が体系化されている．ただし，基本的には最低所得水準以下の人々が対象であり，中間所得層の場合にはこの制度は適用されない．

図2-10は住宅手当給付に対する政府支出の推移（1986-96年）を示したグラフである．

これで明らかなように，1988年以降住宅手当給付額総額が急激に上昇していることが分かる．これは，定期借家権制度導入以降発生した家賃上昇を住宅手当が補った結果である．つまり，定期借家権制度の導入は，間接的ではあるものの財政の負担増加を強いる結果となったことがわかる．

なお，住宅手当という制度の性格上，高額所得者には支払いはなされておらず，週230ポンド程度を境に給付は皆無となっている．このような住宅手当は定期借家制度導入の必要条件といえる．1957年法では住宅手当制度が発達しておらず，社会問題が発生した．一方，1988年法では住宅手当制度

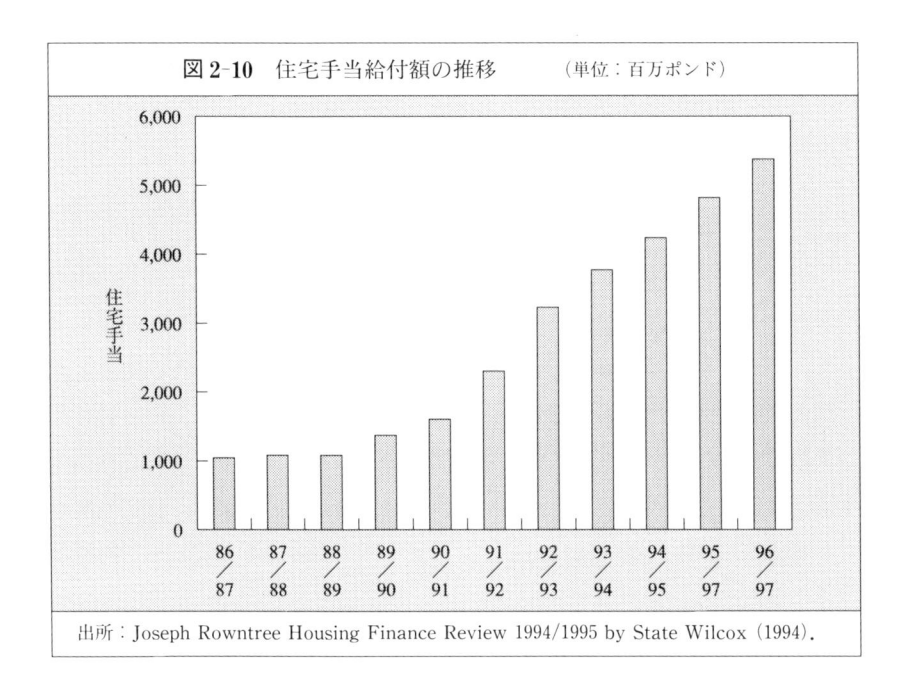

図 2-10 住宅手当給付額の推移　　（単位：百万ポンド）

出所：Joseph Rowntree Housing Finance Review 1994/1995 by State Wilcox (1994).

がある程度整ったが，結果として財政を圧迫したとの結論が得られた．1988年以降住宅給付総額が大幅に増加したことによる財源不足を打開するために，1996年労働党政権は，地方基準賃料（Local Reference Rate）という制度を導入して各地方自治体に家賃の基準ラインを作成させ，これにもとづいて住宅手当を行っている．この制度は給付対象の上限を設定し，地方基準賃料以上の家賃額に対しては住宅手当の給付は行わず，制度の一律化をはかり，財政をスリム化させるのがねらいである．

3-3　日本の住宅セーフティネットについて

以上，イギリスのデータを見ながら定期借家制度の経済効果に関する分析を試みた．1980年代のイギリスでは，住宅市場にも規制緩和の嵐が吹き荒れ，民間賃貸住宅市場では定期借家権制度が導入された．その結果，家賃は導入前に比べて大きく高騰することになった．しかし，イギリスには国家レ

ベルの家賃補助制度が存在し，低所得層の借家人はこれを受け取ることができるため，家賃の上昇も大きな社会問題にはならなかった．市場主義を標榜するサッチャー政権も，市場の活性化を重視する一方でセーフティネット（社会保障）の維持を忘れなかったのである．ここに公営住宅中心からシフトしつつある新しいイギリスの住宅政策の姿を垣間見ることができる．日本もこの点に関してイギリスの経験を大いに見習うべきである．

さて，われわれは定期借家制度のような借家人保護規定の規制緩和を行う場合，そのメリットを生かしつつ，デメリットを最小にすべきだと考える．定期借家制度のメリットとして，借家市場の活性化，ファミリー向け賃貸住宅供給の増加などがうたわれているが，前者に関してはイギリスの経験が示すように借家市場の十分な活性化にはつながっていない．また，後者に関してもFreeman and Adachi〔1998〕が指摘するようにこれを実証した研究は皆無である．

また，デメリットは借家人保護規定である継続賃料抑制主義や居住存続保護が同制度の出現によって失われることであるが，このデメリットを最小化するためにはセーフティネットの構築が必要である．しかし，現在の日本では定期借家制度を導入した後の社会的弱者に対するセーフティネット（家賃補助や公共住宅の建設）は整備されてはいない．ここでいう社会的弱者は中流クラスの借家人ではなく，年収200万円程度以下の低所得層の借家人をさす．われわれの考えるセーフティネット論を以下に示そう．

まず，第1にセーフティネットと規制緩和政策の導入順序である．われわれは「セーフティネット」の準備が「政策施行」の少なくとも6カ月以上前に来るべきだと考えている．その理由は，制度を周知させるのに最低半年程度は必要であること，この順序が逆だと社会的弱者が当分の間ホームレスと化してしまう可能性があること，等からである．また，借家制度が不安定化することによって居住リスクが増加し，若年層などの消費性向を低める可能性もある．転居コストがゼロの場合なら話は別だが，イギリスなどと異なり，引っ越しの際に家具などもすべて移動しなければいけない日本の慣習下では，

転居にかかわるコストは無視できず，消費から貯蓄へと経済行動が変化するのは経済学ではよく知られた話である．実証的な効果は不明であるが，理論的にはこれは長期的に貯蓄・投資バランスを歪める．したがって，定期借家を導入する前に全国統一的な社会保障のシステム（例えばイギリスのように定期借家制度導入の前に全国レベルの住宅手当給付制度を用意する等）を構築すべきである．

　第2に，われわれはセーフティネットとは「法的に確実に約束された保険」と考える．保障の努力目標を掲げた自動車保険契約が存在しないことからも明らかなように，保険（セーフティネット）は「法的に確実に約束されたもの」でなければならない．しかし，現在の政府の「良質な賃貸住宅等の供給の促進に関する特別措置法」における「公営住宅建設」は「努力目標」であって，「法的に確実に約束された」形のセーフティネットではない．現在の日本では全国レベルの家賃補助，所得補助もない．加えて，同法は2000年3月1日以前の既存借家には適用されないとされているが，この規定だとなぜ2000年以前の既存借家が保護されて，将来の弱者がなぜ保護されないのかという論拠は明らかではない．われわれの基準ではセーフティネットとは「約束」された「保護政策」なのである．

おわりに

　以上，定期借家制度の経済効果について理論的な検討と，イギリスのデータを参考に若干の実証分析を行った．最後に，定期借家制度の国内的な作用と開放経済を想定したときの国際的な作用について言及し，また今後の政策の方向性について述べておきたい．

　まず国内における経済効果に関してであるが，第2節で述べたように，定期借家制度の導入によって継続賃料主義が消滅し，借家市場は活性化されると一部で主張されている．また，その結果民間借家の供給量が増加し，低所得者向けの賃貸住宅も増加すると主張されている．しかし，そもそも日本で

は2000年3月1日まで定期借家制度が存在していなかったのだから実証分析そのものが不可能だったわけであり，その意味ではこれらはすべて仮説にすぎない．

　本章では，10年前にイギリスで導入された定期借家制度の経験を参考に分析を試みた．日本では，定期借家制度は独自の条件付きで導入され，また住宅事情もイギリスとは異なる．したがって，イギリスでの経済効果と全く同じことが発生するか否かの判断は十分に慎重でなければならないが，それにしても，イギリスでは家賃が上昇する一方，供給量も10年間で若干程度しか伸びなかったことが銘記されるべきであろう．

　また，定期借家制度では，家主には契約更新拒絶の自由が保障されているが，家賃を払い続けたとしても借家人には契約更新の自由が保障されない．このように公平性が阻害される以上，なんらかの借家人保護対策が必要である．この点，イギリスの場合は，住宅手当と呼ばれる全国一律型の社会保障制度が定期借家制度導入の担保となった．これに対し，日本では「公営住宅の建設」でこれをまかなおうという．しかし，それは「努力目標」でしかない上に，莫大な資金を必要とする公営住宅の建設を厳しい財政事情がどこまで許容できるだろうか．定期借家制度の国内に対する効果を考えるに当たっては，家賃上昇によって家主に対して投資インセンティブを増加させる効果だけでなく，イギリスが経験したようなコストとしての財政負担の増大という問題を考慮しなければならない．

　さて，次に開放経済を考慮した場合の効果を考察しよう．定期借家制度を導入した場合，一面では，将来の土地から得られる収益の見通しが透明化し，デベロッパーは将来に対する予測が立て易くなり，効率的な開発ができるようになる．しかし，これは何も国内の企業に限った話ではない．外国資本に対しても制度が透明になる結果，彼らによる土地・不動産等の買収が増加する可能性がある．近年，香港資本などを中心とした外資によって，イギリスではロンドン，ケンブリッジなど大都市圏の土地の購入が急激に増加したといわれている．これまで外国不動産資本は，税制や旧借地借家法などの日本

の複雑なシステム関係の中で日本進出を躊躇していた面があるが，定期借家制度の導入によって民間賃貸住宅市場が外国資本家にとってより透明になる（収益計算が容易になる）．この点のメリットはさておき，例えば1990年代末に世界を駆け巡る投機資金・ヘッジファンドが東南アジアを中心とする諸外国に経済危機や社会不安をもたらした点を考慮するまでもなく，投機的な土地取引を誘発することにより，一般の土地利用者に重大な問題をもたらす可能性がある．経済・金融システムを「脱土地本位制」にシフトさせなければならない今後の日本にとって，土地市場はゲームの場であってはならないはずである．

最後に，今後の方向性について言及しておこう．既述のように，イギリスのデータを見る限りにおいては，定期借家制度が住宅問題解決の切り札になるとは思えない．しかし，この制度を前提として議論するならば，予想される副作用を事前に防ぐような防護ネットを市場に張り巡らさねばならない．これは借家人保護のためだけではない．長期的な視点では，家主も保護されるのである．イギリスでは，1957年の定期借家制度導入で一度失敗している．実際，1957年以降，借家市場の規模は大きく縮小し，損をしたのは事実上家主の側であった．この結果，定期借家制度はすぐに廃止になったのである．定期借家制度の導入によって弱くなった立場の借家人を，以前と変わることなく借家市場にひきつけるためにはそのための制度インフラが不可欠なのである．

例えば，イギリスやドイツで導入されてきたような「家賃監視システム」（家賃統制などの価格規制ではない）等の制度を構築することも必要である．一定所得以下の世帯に対して，全国一律型の住宅補助を行うなどの制度が整備されており，かつ異常な価格上昇に対する監視のシステムがあれば，家賃水準の不安定性を回避することができる．これによって借家の需要者数を減らすこともないので，長期的には借家市場そのものが持家市場との競争関係の中で発展していく．低所得者層も中堅層の借家人も守られ，かつ家主の投資インセンティブも保障されるからである．実は，これらの制度インフラ

（セーフティネット）の多くは，旧借地借家法が内包していたものである．しかし，それを撤廃した今後の借家市場には，明文化され，かつ法的に確約されたこのような制度インフラ創設が必要不可欠であろう．

また，同制度は制度導入時点より4年後に見直しが予定されているが，それまでに「良質な」借家が増加するかどうか十分な実証研究が必要である．政策施行後4年程度の期間ではデータ数の制約により政策効果の厳密な判定は困難であるが，パネルデータを組み合わせるなどの工夫[17]によってある程度の実証分析は可能である．その結果によって，①制度の維持，②一部修正，③撤廃，等の選択が厳格に議論されなければならない．仮に良質の借家があまり増加していない状況ならば，制度インフラの導入コストとの比較を考慮して，一部の面積規模の小さい借家に限定して（例えば面積規模 $50m^2$ 以下の住宅）に関しては借家法を復活させるなどの措置をとることも必要であろう．

注
1) この点に関しては土地投資の不可逆性などの性質からオプション理論を発展させた，Dixit and Pyndick〔1994〕などが詳しい．
2) なお，この公営住宅供給条項は努力目標であり，実現されるかどうかの担保は「公明党と建設省がとりかわした口約束」だけであるが，この部分がなければ「良質な賃貸住宅等の供給の促進に関する特別措置法案」は骨抜きとなってしまう．
3) 借家制度は，各国の①代替的住宅市場である持ち家市場，②「公営住宅」市場，③社会保障制度，④地価水準，等の差異により，その国固有のシステムが形成されている．日本は，①地価水準が高い，②民間賃貸住宅市場の全住宅市場に対する比率が比較的大きいなどの点で特徴がある．
4) なお，ここで経済効果とは民間賃貸住宅に対する借家法の質と量に対する影響のことをいう．
5) 借家市場についての経済効果の厳密な測定は，①当事者間の情報の不均一性，②将来の家賃の不確実性などを考慮した上でなされるべきであり，最近ではゲーム論的なアプローチが多くなっている．特にゲーム論を用いた森田〔1997〕の「定期借家権を導入すると新規契約時の交渉においても，条件付きでしか新規借家人の相対交渉力を良化せず，契約更新時の交渉における相対的交渉力の劣化は著しい」との見解は住宅市場が不完全市場であることを間接的に証明している．

6) この市場家賃水準（=RM）は，先に述べた「住宅市場の不完全性」とよばれる現象と「支払能力」の観点から望ましくない，として公正家賃（Fair Rent）を導入したのが1965年時点での労働党住宅政策当局である．
7) Kemp〔1988〕およびMcGrone〔1995〕を参照．なお，McGroneは，イギリスでは民間賃貸住宅の公正家賃制度（1965年制定）のために家主が住宅投資から十分な収益を得られず，よって修繕費が支払えないため貸家の質は悪化していると述べている．多くの場合，家主が自分の経営している賃貸住宅を売却することを検討しており，また，需要者である借り主も質の悪い借家を出て，持家を希望しているという．一方，Harloe〔1995〕や山田〔1996a〕は持家人気と民間賃貸住宅の低迷は先進国共通の傾向であり，家賃統制の有無とは基本的には大きな関係はないという立場をとっている．Kemp, Whitehead and Heijden〔1994〕は，持ち家は補助金や税制の面で優遇されており，このことが借家・持ち家の選択中立性を大きく阻害していると述べている．
8) また，借家人がより安い住居を探そうとするインセンティブが阻害されるために財政上は「非効率的」な政策になる可能性がある．
9) これは土地の最適開発時期の条件式である．詳しくはShoup〔1970〕を参照．
10) 政府は1986年，民間賃貸住宅市場活性化政策のため借家法の規制緩和に加えて，ビルディング・ソサエティ（貯蓄金融機関）に対し，民間賃貸住宅建設の開発，建設，融資等について金融面で様々な優遇措置を与えている．
11) 同年，事業拡大促進政策（Business Expansion Scheme）によって民間賃貸住宅の建設投資，もしくは既存の持家物件を購入し賃貸住宅用に売却を行うベンチャー企業に対し資金調達面での税優遇措置を導入した．
12) 調査にあたっては英国ケンブリッジ大学のフリーマン（A. Freeman）研究員，パテル（K. Patel）博士，ロンドン大学・経済学院（LSE）のホワイトヘッド（C. Whitehead）教授からの資料協力を得た．なお，仮説のデータ分析であるが，データ量の制約等から統計的な有意性に関する検討は行わなかった．
13) 規制家賃住宅（登録済み）とは公正家賃鑑定人に登録された規制家賃住宅のことをさす．規制家賃住宅（登録無し）とは公正家賃鑑定人に登録されていない規制家賃住宅のことをさす．
14) イギリスの家賃の上昇率の計算に関しては，横田〔1999〕を参照．
15) 岩田〔1997〕は消費者物価の民営家賃（継続家賃の代替指標として利用）と住宅統計調査の家賃（新規家賃として利用）を比較し，前者の上昇率が後者の上昇率より2.2%高いという実証結果を発表した．また，森本〔1998〕は中古空き家賃料を継続家賃の代替指標とし，また入居世帯の定住率を考慮して計量分析を行なった結果，新規賃料と継続賃料の差は5%程度と結論している．実際に継続家賃がどの程度で借家市場全体に影響しているのかはデータの種類・分析方法によって異なるので，どの分析を支持できるかは一概には判定できない．われわれが民間の賃借物件定点調査データ計3,000ケースを分析し，市場家賃と継続家賃

の上昇率を計算した結果によると,市場家賃と継続家賃の上昇率の差は2%程度であった.
16) 定期借家制度の導入によって借家供給が増加するのであれば,それは家賃の上昇によってもたらされたものであると考えられる.
17) 例えば,Zax and Skidmore〔1994〕pp. 314-32の,時系列データとパネルデータを組み合わせて用いたプロビットモデル(ハザードモデル援用型)による検証が可能である.

第3章　都市化と土地所有・利用の史的展開
—住宅地への転換プロセス—

はじめに

　序章で述べられたように，資本主義社会における都市の土地・住宅問題は，なによりも土地・住宅の私的所有との関連において把握されなければならない．本書第1・2章及び後の第4章の考察は，もっぱらその戦後のプロセスを対象としているため，そこではすでに私有財として確立された土地・住宅の存在が与件とされている．ところが，さらに歴史をさかのぼるならば，土地の私的所有の公認と，それを前提とした都市空間編成が先行しており，戦後の発展は，第2次世界大戦をはさんだそのプロセスの継続として現れる．実際，住宅問題と密接にかかわる土地の所有・利用構造に目を注いで気づくことは，農地改革によって劇的な所有構造の変化を遂げた農地とは異なり，日本の都市部の土地所有に対しては，終戦後に直接的な土地改革が施されなかったために，所有実態の面で戦前・戦後に連続性が認められ，さらに，都

市計画制度をはじめとする都市の土地所有に関する主要な法制度も，戦前期にその源流をもつものが多いということである．本章は，都市の土地・住宅問題の背後で進展した土地所有・利用構造の変化と土地所有の性格変化にさしあたり対象を限定しつつ，そのような意味での前史の分析を課題としている．

さて，今日の日本における都市・住宅問題を考えるにあたって都市の歴史をさかのぼるとき，ひとまずその起点は明治維新に置くことができる．およそ今日までの都市形成は，長期にわたる規模拡大にその第1の特徴を求めることができるが，それらは主として，戦前より一貫して続いた農村から都市への労働力流入に伴う都市人口の増大と，農地の転用による市街地の拡大を梃子としたものであった．そのため，明治新政府により認められた，人の移動と土地利用・売買の自由は，今日に至る都市化の進展にとって前提となる制度整備であったと評価できるからである．

また，都市の構造という点でも，今日の都市は明治以降にその歩みを始めたといってよい．というのも，今日の都市は，多くは城下町などの近世都市を出発点としながらも，その上に明治以降の資本主義の確立・発展に応じた根本的な変化を経験してきたからである．この影響は，社会経済の全般に広く及び，当然，そこでの都市構造も近世都市とは異なるものとなった．とりわけ，資本主義的生産様式に基づく大量の雇用労働者の出現と，交通機関の発達を前提とした通勤スタイルの一般化——職住分離——は，業務地と居住地の大規模な分離という空間分業を促進させ，近世には職住一体もしくは職住近接の地であった都心部が業務空間として純化していくと同時に，周辺・郊外部には住宅地が展開するという，今日の都市圏の基本構造を形づくるに至っている．

そこで，本章では，都市化の進展という点において戦前来，全国的にみて最も急激な変化を経験してきた都市の1つである大阪を事例としながら，近世都市を出発点とした上で，明治維新以後の戦前期における資本主義発展に伴って，都市がどのような事情によってどのような改変を重ねながら形成さ

れてきたのか,また,その過程は具体的にいかなる土地所有・利用構造の変化を土台としてあらわれてきたのか,さらに,戦前における都市計画はその過程とどのような関わりを有していたのか,という角度から,都市の土地・住宅問題を検証する.

1. 明治維新と大阪市街地：商業地

1-1 戦前期における市街地の拡大

戦前に都市化がどのように進んだのかを分析する手はじめとして,まずは市街地の拡大過程を概観しておこう.

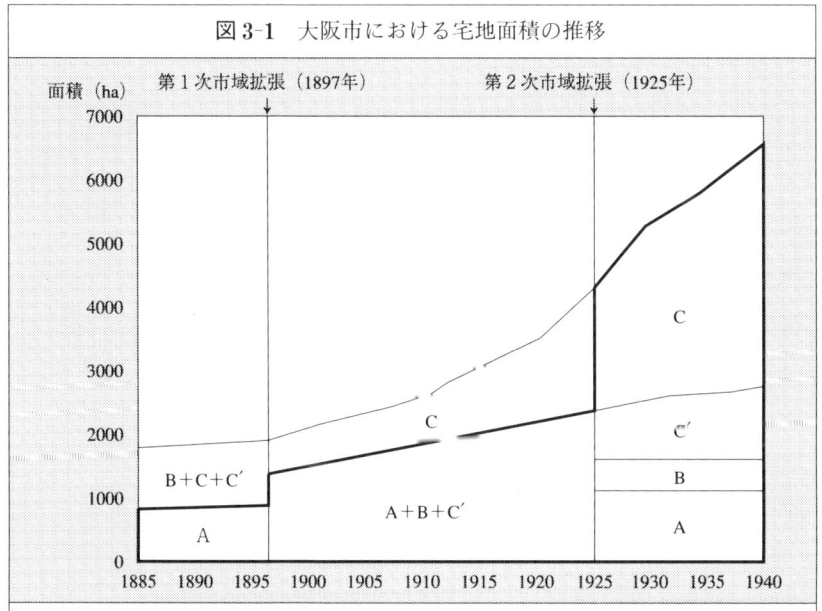

図3-1 大阪市における宅地面積の推移

注：1) 太線部分が大阪市域である.但し,1889年以前については,市制施行時に市域となった地域の宅地面積を表す.
　　2) A：旧市域,B：第1次市域拡張時の新市域のうち,臨海区分を除く部分,C′：同・臨海区部,C：第2次市域拡張時の新市域.
出所：『大阪市統計書』(各年版)より作成.

第3章　都市化と土地所有・利用の史的展開

大阪市は，1889（明治22）年に市制を施行し，以後1897（明治30）年と1925（大正14）年の2度にわたる市域拡張を経て，ほぼ現在の市域を有するに至っている．図3-1は，戦前の大阪市における宅地面積の推移を示したもので，ここからは，1889年の市制施行時に一定の既成市街地が存在していたこと，その後，緩急はありながらも一貫して宅地面積が増大していったこと，さらに2度の市域拡張がその増加の特に大きな要因となっていること，が読みとれる．いうまでもなく，新たな市街地部分は，田畑や山林が宅地として開発されたことによるものであり，一律に都市部の土地所有・利用構造といっても，当然そこでの変化は既存の市街地部分とは異なる過程をたどったことが推察される．そのため，以下では，新市街地の開発過程と，既成市街地の再編過程とを区別して考察の対象に据え，戦前期の大阪市においていかなる都市的土地所有・利用構造が生成されてきたのかという点を，3期に分けてそれぞれ1・2・3節において分析していきたい．

1-2　近世都市の市街地制度と実態

　明治から今日に至る都市の土地所有構造の出発点といえるのは，近世の市街地の所有状況に，明治新政府による「都市の地租改正」をはじめとした一連の制度的改変を加えた姿である．では，そもそも近世都市における市街地の制度と実態はどのようなものであったのだろうか．また，明治新政府はそこにどのような制度的改変を加え，その結果，いかなる土地所有構造がもたらされたのだろうか．

　全国的に，幕藩体制における都市の市街地は，身分制に基づいて，武家地，町地，寺社地の3つの地種に区分されていた．武家地とは武士の居住する部分であって，城下町においては領主の居城を中心とした家臣団の居住地，また将軍の居住する江戸においては諸藩邸や旗本の邸宅の用地が代表的なものである．これに対して，町地とは，商人や職人といった町人の居住する土地で，町奉行の管轄下にあったが，その特徴としては，武家地が基本的には領地と同様の性格で売買が禁止されていたのに対して，町地の主要部分は売買

可能であったこと，さらに，制度的には地子賦課の対象であったことである．

ところで実態面に目を転じると，本章の課題設定にとっては，市街地におけるこれら3地種の面積比率が，都市によって著しく異なるものであったこ

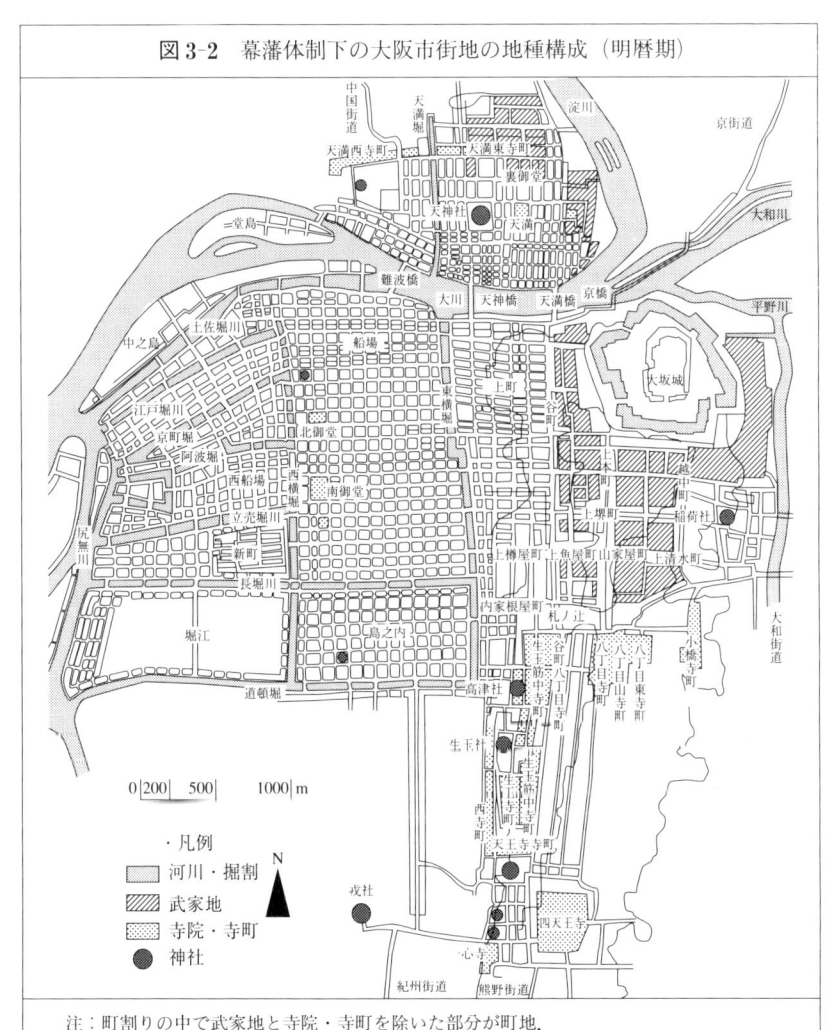

図3-2 幕藩体制下の大阪市街地の地種構成（明暦期）

凡例
- 河川・掘割
- 武家地
- 寺院・寺町
- 神社

注：町割りの中で武家地と寺院・寺町を除いた部分が町地．
出所：『まちに住まう』118頁．原資料は，「大坂三郷町絵図」明暦元（1655）年作成（推定），大阪市立博物館所蔵．

第3章 都市化と土地所有・利用の史的展開

とが重要である．すなわち，政治都市としての特徴をもつ江戸においては，江戸城を中心として全市街地の7割近くが武家地で占められており，残りを町地と寺社地とで2分していたが，これとは対照的に，商業都市であった大阪においては，図3-2に示されている通り，大阪城周辺の武家地を除いて，市街地の大部分は町地で占められていたという具合であった．幕藩体制下の大阪の市街地は天満組・北組・南組の「大坂三郷」から構成され，とりわけ北組・南組の主要部分を成す船場は，大阪経済，ひいては全国経済の中心的役割を担った一大商業地であり，市制施行に際しては，その旧「大坂三郷」地域が市域の主要部分となったために商業地も存続し，先の図3-1における既成市街地としてあらわれていたのである．

では，このような，明治維新前後の大阪における都市構造と関わりながら，大阪の市街地における土地所有・利用構造及び土地所有の性格はどのように推移してきたのであろうか．まず，幕藩体制下においては，この船場を中心とした町地には両替商や卸売商が集積しており，土地はそれらの有力町人の主要な家産であったことに大きな特徴がある[1]．これら町地における権利・義務関係については，まず税制面では地子負担が1634（寛永11）年以来免除されていたこと，所有者は水帳によって把握されていたこと，沽券による土地売買が可能で貸家経営も広範に行われるなど，町人の経済活動に深く根差した土地所有・利用関係が展開していたことが指摘されている．もちろん，そこでの土地所有権の内容は，明治維新以後のそれとはただちに同一のものと考えることは難しい．実際には，大きくは幕藩体制下の身分制を根拠として，町地という名に示されている通り，町人以外への売買は禁止されていたし，町人間の売買に関しても，その売買内容に対して町内の合意が形成されていることが要件とされたことなど，さまざまな経済外的制約が課せられていたためである．しかしながら，売買自体が禁止されていた農地と比較すれば，処分・収益の権利が制限つきながら所有者に認められていた市街地の土地所有権の内容は，明治以降の土地所有権の内容との共通性が際立つといえよう．

1-3 明治新政府による「都市の地租改正」

　明治新政府による一連の土地制度改革は，市街地の土地所有・利用実態に変化をもたらしたと推察されるが，その改革の内容は具体的にはどのようなものだったのだろうか．政策的には，市街地の土地制度改革は，維新後の都市行政や，農地に関する制度改革との密接な関わりのなかで徐々に形作られていったのだが，次にこの全国的な制度改革の過程を，大きく3段階に分けてみていくこととしよう[2]．

　まず，市街地制度改革の第1段階は，明治初年における市街地の処分である．これは，主として東京府において実施されたもので，江戸開城の4カ月後にあたる1868（明治元）年8月の旧徳川氏家臣の邸宅に対する上地指令にはじまり，1871（明治4）年9月の東京府下諸藩邸の上地に終わる，一連の武家地処分を中心とするものである．その狙いは，政権移動を背景として，旧徳川氏との主従関係に基づく封地の関係を全面解体することであって，全体として，東京府下の武家地は上地させ，町地は一部を除きその私有を認める，という処分に落ち着いた．

　つづく第2段階は，市街地に対する，いわゆる壬申地券の発行である．壬申地券の発行は，郡村耕宅地に対しても行われたが，それに先駆けて市街宅地の，なかでもまず東京府において実施に移され，それをモデルとして全国に適用されていった．大阪では，1873（明治6）年に大阪府が市街地の地券発行規則と地租上納規則を布達して，沽券状は地券に替えられ，諸県上邸や地主のない土地については入札のうえ新たな所有者に地券を発行し，地租を課すこととなった．この壬申地券発行の意義は，次の3点に求めることができる．まず第1に，郡村耕宅地との租税負担の公平化という目的に応じて，1％と低率ながらも，市街地に対して初めて地租が賦課された点で画期的である．第2に，地券発行の過程において，武家地・町地の称が廃され，一律に市街地として取り扱われるようにされたことで，このことは壬申地券発行が，先の第1段階でみた諸処分に引き続き，身分制に基づく市街地制度を解消していく性格をもつことを意味している．そして第3は，地券によって所

有権が公認されたことである．

さて，市街地における土地制度改革の第3段階は，「都市の地租改正」を意味する，市街地改租と呼ばれるものである．これは郡村耕宅地に対して実施された地租改正法を市街地においても適用したもので，壬申地券発行に引き続いて郡村耕宅地との租税負担の公平化を目指し，実勢に即した地価算定と，郡村耕宅地と同率の3％課税を特徴としている．政府が1876（明治9）年に布達した「市街地租改正調査細目」に基づき，各府県が実施条項を条例として公布し改租事業を実施していく段取りで，大阪においては，同年6月以降順次，丈量・等級決定・地価算定・地価表作成に関する制度を定め，実施に移していき，1879（明治12）年に終了した．先の壬申地券発行時とは異なり，面積に関しては，実際に土地測量が実施され，また，等級は小区ごとに選出された地主総代人が定めた上で地価が決定されたが，異議や不服の申し立てはほとんどなく，事業は順調に進行したと言われている．

1-4　商業地における土地所有の連続性

以上みてきた，3段階に及ぶ改革を経て，戦前における都市部市街地の基本的な制度が整うに至ったが，結果として，武家地は大部分が上地のち払い下げ処分となったのに対して，町地は幕藩体制下の所有者がその権利をそのまま法認されるに至ったと言えよう．

そのため，町地における土地所有者は，少なくとも制度的には維新の前後で連続性を保ったものと推定でき，このことは町地が市街地の大部分を占めていた大阪の土地所有構造の連続性をも想像させる．この点を，少し時代は下るが，近世以来の大阪商業の中心地である北船場の土地所有者に関する台帳の分析から確認しておきたい．表3-1は，1911年と1940年の北船場における大土地所有者50名をその職業・業種に従って分類したものである[3]．このうち，1911（明治44）年のデータに注目すると，まず，個人・法人別では個人が39名と多数を占めており，そのなかでも，商業を営む個人業主17名が中心的で，近世における北船場の土地所有者との連続性を示唆している．

表 3-1　北船場の大土地所有者上位 50 名職業・業種構成

	1911 年			1940 年		
	個人	法人	小計	個人	法人	小計
商業	17	1	18	2	7	9
金融・保険	8	3	11	0	12	12
会社役員	8		8	6		6
製造業	2	1	3	1	2	3
無職	0		0	5		5
その他	1	5	6	0	7	7
不明	13	1	14	7	1	8
延べ合計	49	11	60	21	29	50
(実数)	(39)	(11)	(50)	(21)	(29)	(50)

注：1911 年の個人については，兼業・兼任している者が多いため，延べ数で表示している．
出所：土地所有者に関しては，土地台帳の名寄せによる．そこでの上位 50 名に関する職業・業種は，商業興信所編『大阪市商工業者資産録』1902 年，大阪税務監督局編『第三種所得大納税者所得金額調』1924 年，東洋経済新報社編『昭和十七年版東洋経済株式会社年鑑第二十回』1942 年，および各社社史に基づく．

　さらに同表の作成にあたって判明した個人名レベルのデータからは，これら50名のなかには，鴻池善右衛門・住友吉左衛門・武田長兵衛など，近世の大阪町人に系譜をもつ商業者が多数認められ，近世における家産としての土地所有から引き続いて，土地を所有し続けている様子がわかる．

　ところで，このような，既存市街地部分における土地所有者の連続性は，どの都市に関しても一様にあてはまるわけでは決してない．先に指摘したように，近世都市は，その都市機能に従って著しく異なる地種構成を有していたから，一連の改革の影響は都市ごとにおのずと大きく異なるものとなった．すなわち，武家地の多かった東京においては，その払い下げを受けた旧大名・政商・華族・高級官僚が新たな大地主として現れ，これらの層による大土地所有が成立したのに対して，町地が大部分を占めていた大阪では，明治初年に成立した市街地の土地所有構造は，基本的には近世と同一の所有者による土地所有，すなわち，商人による商業地の所有が大半を占めるものであ

ったと推察されるのである．それでは，この後の北船場における土地所有構造の推移については第3節で考察することとし，ひとまず工業地へと目を転じよう．

2. 産業革命の進展と工業地域の形成：工業地

2-1 産業革命による都市構造の変化

　明治期の日本が経験した産業革命は，都市・大阪の性格を大きく変化させたために，当然，そこでの土地所有・利用構造も大変化を経験していくこととなる．幕末から明治維新直後の時期には，神戸開港や蔵屋敷の廃止，銀目廃止による両替商の没落などによって大阪経済は衰退し，その中心であった船場の商況も不振となったが，明治前期には，近代工業の勃興による工場の開業と相次ぐ民間会社の創業で商工業都市として再生し，全国的にも重要な役割を果たしていく．

　工業は，市内が商業地域（主に図3-1のA）としてすでに飽和状態であったことから，大阪市の周辺，すなわち隣接町村に立地することとなった（同，B）．大阪については，近世の商業中心の都市から，新たに商工業都市へと転身を遂げていくさいに，工業地の確保は都市の外延的拡大という形で達成され，農地の工業用地への転用が大規模に進んでいったのである．こうして，工場とそれに伴う労働者住宅が立地することによって急速な市街化が進展し，市の周辺の人口が急増するに及び，この部分は1897（明治30）年の第1次市域拡張の際に大阪市に編入される．この市域拡張の目的は，市の周辺に位置する市街化した工場地帯を編入することが第1であり，加えて，西部の未だ市街化していない部分（主に図3-1のC'）も新市域に含まれたことが大きな特徴である．この部分は，大阪湾を臨む湾岸部で，将来的な港湾建設の重要性に鑑みて先取り的に市域に取り込まれたもので，その後急速に市街化を果たしていく．その結果，図3-3から明らかなように，大阪市においては，商業地域である都心部，それを取り巻く工場とその労働者住宅か

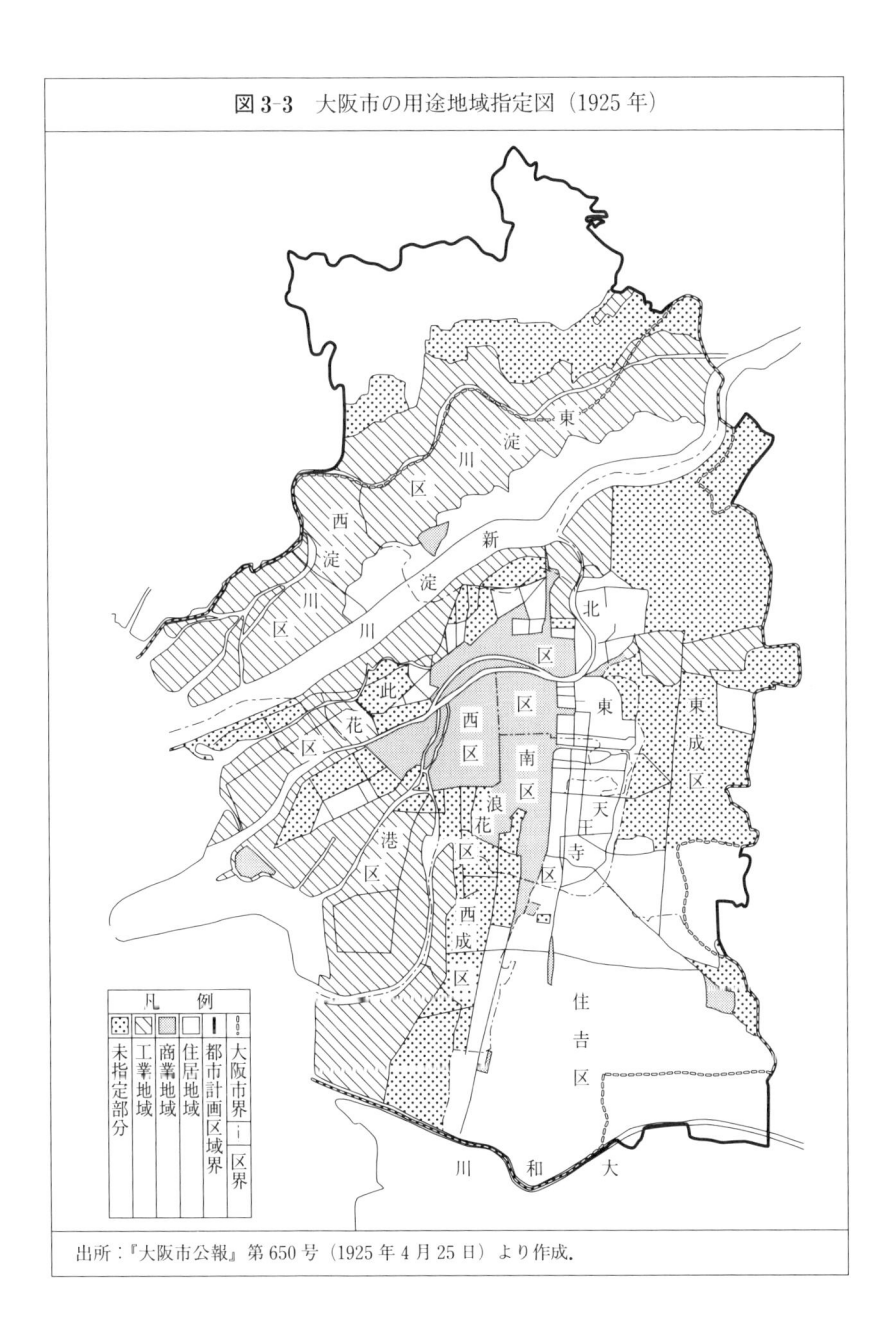

図 3-3 大阪市の用途地域指定図（1925 年）

出所：『大阪市公報』第 650 号（1925 年 4 月 25 日）より作成.

第 3 章 都市化と土地所有・利用の史的展開

ら構成される工業地域である周辺地域，加えて未だ市街化していない湾岸部，という地域構造が成立した．

2-2　スプロール化による工業地開発

では，上記の過程において展開した工場地帯では，どのような土地の開発と利用がなされていたのであろうか．その特徴を2点にわけてみていこう．

第1は，農地の乱開発が展開したために，新たな市街地の形成は無秩序なものとなったことである．その要因としてまず挙げられるのは，日本において郊外コントロールの重要性が認識され，都市計画法として成立したのは第1次世界大戦後の1919（大正8）年のことであり，すでにそれまでには産業革命の進展に伴う民間主導の土地開発が大規模に進展してしまっていた点である．この時期は，東京においても秩序なく市街化が進展し，現在の木賃アパートベルト地帯を形成した時期として，都市計画の「暗黒時代」と称されている（石田〔1987〕110-2頁）[4]．この様子を，戦前から現在に至る大阪市の土地区画整理事業の実施箇所を時期別・手法別に示した図3-4で確認すると，耕地整理および戦前における土地区画整理事業ともに，主に第2次市域拡張時の新市域において先行的に実施され，ここでみている第1次市域拡張時の新市域である工業地は未整備のままその内側に取り残されていたことが明らかである．

さらに，ようやく成立した都市計画法に基づく用途地域の指定も，既成市街地に関しては現状を追認する形で区分けが行われたことに加えて，そもそも土地利用規制の水準自体が低いものであったために，事態解消の手段となるものではなかった（渡辺〔1993〕247頁）．スプロール化によって生じた市街地は，街区整備がなされていなかったうえに長屋が密集し，不衛生な不良住宅地区を形成していたために，その問題性が各方面から再々指摘され，大阪市当局によっても認識されていたにもかかわらず，有効な対策が講じられることなく残存したのである．図3-4からは，この地域が，戦災復興土地区画整理事業の対象地域となったことが読みとれる．結果的には，第2次世

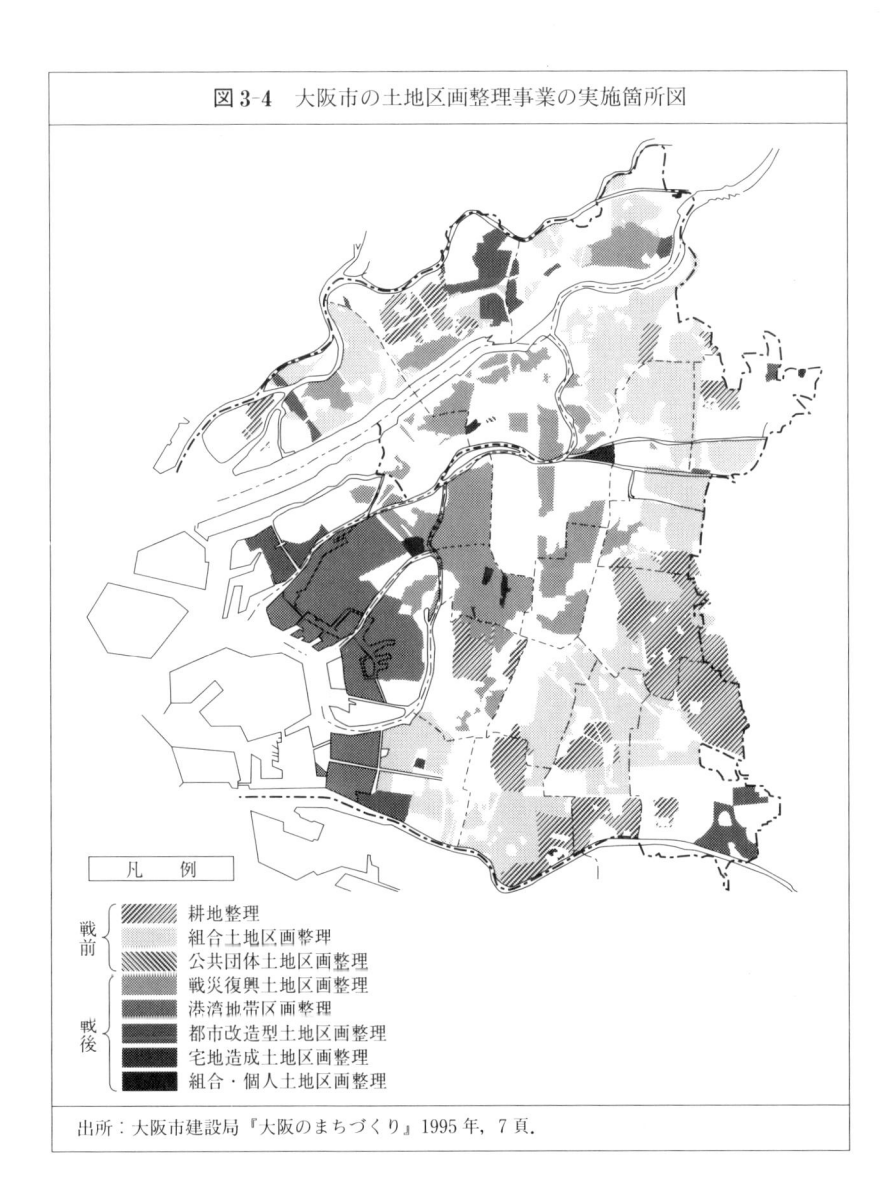

図3-4 大阪市の土地区画整理事業の実施箇所図

凡 例

戦前 {
　耕地整理
　組合土地区画整理
　公共団体土地区画整理
}

戦後 {
　戦災復興土地区画整理
　港湾地帯区画整理
　都市改造型土地区画整理
　宅地造成土地区画整理
　組合・個人土地区画整理
}

出所：大阪市建設局『大阪のまちづくり』1995年，7頁．

界大戦時の空襲を受け市街地が焼失した機会を得て，ようやくこの地域の市街地整備が着手されることとなったのである．

2-3 工業地における土地所有・利用構造

特徴の第2は，このように無秩序に開発された工場地帯には，大量の借地借家が成立していたことである．農村より流入した工場労働者は，工場に併設された社宅や契約を結んでいる指定下宿，あるいは民間の借家に居住していた．この住工混在地域の土地所有構造については未解明の部分が多いのだが，その中で参考となるのは次の指摘であろう．すなわち，「このスラム地区の筆頭大地主が住友吉左衛門であり，大浦五郎兵衛・川端半兵衛・永井利兵衛・泉岡宗助等といった当時大阪きっての百万長者の名前がずらっとでてきた」，また，「これらの百万長者は大阪の近郊を盛んに買ったのであろう．そしていずれもが地貸しをして，地代を稼いでいた．従って建築は借地人まかせで，何が建てられようと，そこまでは関係しなかった」（玉置〔1980〕153頁）[5]．

ここで興味深いのは，ここに挙げられている土地所有者が，先に確認した大阪都心・船場の大土地所有者とその経済的性格が共通していることである．産業革命の進展がもたらした急速かつ大規模な工業地帯の形成過程は，都市計画制度の時期的・内容的な問題ともあいまって，その後の長期にわたって街区や衛生の面で深刻な都市問題をもたらすものであった．しかしながら，他方で少数の大地主がこの機会をとらえ，商業地での土地経営と共に，工業用地という当時の都市発展段階における最先端の需要にすばやく対応して，もっぱら地代の取得を目的に，投資先として土地を所有していたこと，さらにこの段階の土地経営においては，次節で見るような街区整備によって地代を高めるという発想がみられないことは，都市形成と土地所有の関連を考察する上で，注目に値する．

3. 戦間期における都市膨張と土地所有：住宅地

3-1 都市化の進展と条件変化

さて，第1次世界大戦より日中戦争・太平洋戦争に至る戦間期は，「第1

次都市化の時代」と呼ばれ，維新以降徐々に増え続けてきた都市人口が，第1次世界大戦を契機とした重化学工業の発展を原動力として，未曾有の増加率を示した時期である（宮本〔1980〕174-5頁）．この過程において，個々の都市における土地所有・利用の状況も大きな変化をみせることとなったが，その際注目すべきは，この時期はまた，土地所有・利用をめぐる制度的・社会的な条件もそれ以前とはかなり異なってきていたという点である．以下，その特徴を3点にわけて述べてみたい．

まず第1は，この時期は，「都市計画制度確立期」とされる通り，市区改正をはじめとする従来の手法の限界性が認識された結果，日本における都市計画の諸制度が整備されたことである（石田〔1987〕10頁）．すなわち，1919（大正8）年の都市計画法制定を中心として，市街地の開発・整備にかかわる諸法が制定され，それまでの無秩序な市街化とは異なる都市開発・都市形成が目指されることとなった．

第2に，土地・住宅問題が社会問題として認識されるに至ったことである．未曾有の都市人口の増加率は，住宅問題を引き起こし，また，第1次世界大戦に牽引された好況のなかで都市部の地価は高騰し，土地・住宅問題は，都市問題の最重要課題となった．これは，1921年の借地法・借家法成立をもたらしたが，なお土地・住宅問題は解決をみることなく，戦時体制へと持ち越されていく．

第3は，空間分業が個々の都市内部においても，また，異なる都市相互の間においても進展し，それが萌芽的ではあっても都市構造に現れるに至ったことである．もちろん，政治都市・商業都市・工業都市といった都市間の分業関係は近世においても認められる現象であるが，戦間期の都市化過程においては，交通網の発達と郊外開発を基礎として，日々の通勤を前提とした職住分離の進展が都市構造を規定する1つの要因となったことが特徴的である．ここにおいて，一方では，それまで職住一体の地であった都心部は業務空間化していく第一歩を踏みだし，それと同時に，都心と交通網で結ばれる都市圏が形成され，その郊外に都心への通勤人口を抱える住宅地が出現すること

となったのである．

3-2　都心商業地の再編と土地所有・利用

以上のような条件変化のなかで，実際に大阪における土地所有・利用の実態はいかなる変化を遂げたのであろうか．大阪は，産業革命以来，日本の主要都市のなかで最も工業の発展した都市となっていたが，戦間期において，全国的にみれば首位を東京に譲りつつも，自身はなお大規模な工業化を進展させていた．以下では，この工業化過程における大阪の土地所有・利用構造の変化を，まず都心部（主に図3-1のA）について，続いてこの時期に新たに市街化した郊外（同，C・C′）について観察してみよう．

先述の通り，大阪の都心部は，近世の商業地の土地所有構造を引き継いだものである．そこで，その後いかなる変化が生じたのかを，都心のなかでもとりわけ近世以来一貫して中心地であり続けた北船場を事例として具体的に分析してみよう．

前掲の表 3-1 は，1911（明治 44）年と 1940（昭和 15）年の北船場のすべての宅地所有者のうち，所有面積上位 50 名の職業・業種構成を個人・法人別に表したものであったが，ここからまず気が付くことは，この 30 年間で個人と法人それぞれの合計が，39→21，11→29 と逆転していることである．そして，職業・業種構成をみると，この法人部門の増加は，商業・金融保険業者が増えたことによることによるものであり，他方で個人の減少は，その同じ商業・金融保険業者が減ったことによることがわかる．北船場が近世より現在に至るまで一貫して大阪の商業・金融業の所在地であり，そこでの土地所有はそれらの業務を営むための店舗や社屋の確保が第一の目的であったことを考え合わせれば，この表はまず，近世から続いた商業・金融の個人業者が維新以降の経済環境の変化のなかで次第に淘汰され，代わって新興の企業が北船場に登場し，業務を営むに至ったことを物語っていると解釈することができる．

ところで，表 3-1 を作成する元となった上位 50 名の個人名レベルのデー

タからは，やはりこの点が確認できるのだが，同時に，本章の課題にとってより興味深い 2 点が明らかとなった（名武〔1999〕）．その第 1 は，日本における企業の生成過程と密接に関わるもので，この同じ変化には，1911 年において個人名で登場した同じ経営体が 1940 年には法人名となって再登場しているというもう 1 つの要因があるという点である．

また第 2 は，個人部門内の変化に注目してみると，1940 年の個人全 21 名のうち，17 名までが 1911 年と全く同一名，もしくはその家督相続人であり，その職業の変化と所得内訳の分析からは，これらの層が近世以来の家業から次第に後退し，代わって株式保有と貸地貸家経営によって収入を得る，金利生活者へと転化していったことがわかることである．

ところで，このような大土地所有者の構成変化に加えて，所有規模全階層の動向に目を転じると，戦間期における土地所有構造の変化は，都市計画事業による都心の再編と密接な関わりを持つことが浮かびあがる．とりわけ，戦前期の大阪における代表的な都市計画事業である御堂筋建設事業は，集積利益の大きい新たなメインストリートをつくり出したために，大企業の中枢管理機能の所在地としてその沿道の土地の立地条件を好転させることとなり，個人商店を営む従来の土地所有者に代わって，大企業がその地の中心的な所有者となっていった．公的資金による道路建設という公共事業は，私的な財である民有の土地所有構造に劇的な変化をもたらすこととなったのである．その後，この地は都心の一等地としてビル建設が進み，都心部における高層化をリードする役割を果たしていくが，このような都市計画事業による都心の改造は，都心部の業務空間化を促進する一大契機となり，土地の高度利用を内容とする都市の内包的発展を生み出したといえる．

3-3 郊外住宅地の形成と土地所有・利用

職住分離を基礎としたこのような都心の業務空間化は，当然，その労働者の居住地の受け皿としての住宅地の形成によって補われなくてはならなかった．そこで，以下では，郊外部の観察を通じて，市街地の面的な広がりを内

容とする，都市の外延的拡大の過程に注目していこう．

前掲図 3-1 に示されている通り，戦間期の都市化は，大阪においては，市街地の急拡大をもたらすものであった．確認してきた通り，大阪の都市構造は，近世以来の商業地を取り囲む形で産業革命期に工業地が展開したものであったが，その外縁を取りまいていた広大な農地が，この時期の市街化の対象地となった．この部分は，1925 年の第 2 次市域拡張の際に，計画的な開発を行う目的で，未だ市街化していない状態で先取り的に市域に編入された部分が中心である．そこでの開発の内容を，この時期の開発を担った主要な 3 主体である耕地整理組合・土地区画整理組合・土地会社の順にみていくこととしよう．

まず第 1 に，耕地整理組合は，1899（明治 32）年の耕地整理法に基づくものであるが，都市部においては，都市的土地利用の志向をもち，事実上，区画整理と同じ性格であるといってよい．大阪市では，1910 年にこのタイプが登場したが，以下では，区画整理事業に含めて分析していくこととする[6]．

第 2 に，区画整理組合についてであるが，区画整理事業は，制度的には，1919 年成立の都市計画法中で規定されるものである．これには土地所有者の任意の場合，すなわち，私費の組合方式と，公費で都市計画事業として実施する場合とがあり，大阪市では，1 カ所を除きすべて前者の組合方式をとっており，実施面積は昭和初期がピークである．地主の集合体である組合は，当局者の説得努力に応じる形で順次設立されていったが，実際には，区画整理事業に関する理解不足や抵抗感が相当あり，公費によらない点を中心として当局の対応への不満が表明されている．

第 3 に，土地会社については，大阪の土地会社の特徴として，会社数では東京を下回るものの，1 社あたりの資本規模が巨大であることが挙げられる[7]．これらは，第 1 次大戦末期から戦後ブームにかけて多数設立され，大阪府の土地会社全体では，31 社が設立された 1919 年がそのピークであった．ところで，大阪の土地会社には次の 3 タイプがあったと指摘されている（長谷川〔1995〕）．すなわち，①都心型，②周辺部開発型，③郊外開発型の 3 者

で，おのおの経営内容・性格ともに大きく異なっていたが，ここで検討している大阪市の外延的拡大過程において大きな役割を果たしたのは②のタイプである[8]．これは，1903（明治36）年の泉尾土地（株）の設立を嚆矢とし，その経営地は，大阪湾岸（図3-1のC'）に集中していたが，それらの土地経営の歴史的展開は本章の課題にとって興味深い．

まず，これらの土地経営の起源は，幕藩体制下における新田開発に際して資力ある有力町人が土地の名義人となったことに求められ，維新改革において旧町人の土地所有権が法認されたためにそのまま新田地主として存続した．そして，先述の通り，この部分は，明治30年代においては，港湾開発の必要性から先取り的に市域編入され，さらにここでみている大正期には，重化学工業化と民営築港が進展したことにより，工場・倉庫が集中立地し，宅地開発へと向かうわけであるが，それには相当の資力を要するために，土地所有者は新田を分割して土地会社を設立するか，もしくはさらに細分して多数の人に向けた借地経営を行うに至った．宅地化の際，小作に対して，耕作権（鍬下権）の代償として土地分与した事例もあるが，宅地化した土地は，「建売業者が貸地を借り受けて貸長屋を建設し，これを小金持に売る」こととなった（大阪市〔1989〕350頁）．したがって，借地経営が中心で，インフラ整備で高めた地代の取得が目的であって，地価暴落を伴う不動産不況下においても，ここに関しては高収益を保っていたとされている（長谷川〔1995〕）．

さらに注目に値するのは，このような経緯に起因して，これらの土地会社が経営体としては幕藩体制下の旧町人の系譜を引いている点である．これら旧町人層は，第1節でみた都心商業地においても，また第2節でみた工場地の住宅においても大地主として確認された層であり，商・工・住の広い用途にわたって大土地所有者として存在し，大阪における都市形成の鍵を握る存在であったといえよう．

以上見てきた通り，戦間期大阪における都市の外延的拡大の過程においては，従来の農地所有者が区画整理組合や土地会社を設立し，そこでの土地利用を都市的な形態に転換させて宅地供給をするという開発スタイルが中心で

あった.そこでは土地所有者は,ある時は先取り的に,またあるときは抵抗を示しながらも公的な誘導に従う形で,自らが取得する地代を高めることができるような宅地の開発・整備を行っており,都市形成に一定の役割を果たしていった.

　総じて,戦間期の都市化の進展下での都市形成と土地所有・利用構造の変化を,都市の全体像において再整理しておくと,まず,都市構造の面では,都心の業務空間化への再編と郊外住宅地の形成という2つの動向は,共に都市機能の空間分業の進展という大きな流れに位置付く表裏一体の過程であったこと,また,それらの過程においては共に都市計画法が促進要因の1つとなっており,土地所有者はこれらの条件変化に対応して,より高い地代の確保を可能とする土地経営へと向かっていったこと,しかしながら,その結果生じた土地の開発・利用の実態は,都市計画法が公的規制力の弱さをはじめとする問題点を内包していたことにも起因して,土地・住宅問題の解決をもたらすものとはなりえなかったことが重要である[9].

おわりに

　本章では,戦前期の大阪を事例としながら,資本主義発展に伴う都市形成過程を,土地の所有と利用の実態変化に注目しつつ考察してきた.
　まず,都市構造は,産業構造の変化を要因とした大規模な工業地域の形成に,都心の業務空間化と郊外住宅地の形成が引き続いて,大規模な空間分業を特徴とするものへと再編成された.また,その背後で展開した土地所有・利用実態については,明治新政府によって市街地・農地を問わず近世の幕藩体制における社会的制約から解放されて制度的に自由になり,所有権が公認されたことを前提として,土地所有者は,その時々の都市形成の発展段階に対応させた土地経営を展開して,より高い地代の確保を図っていった.さらに,本来,このような資本家や地主の私権をコントロールし,良好な都市形成を図る手段であるはずの都市政策は,そもそも都市計画の必要性に対する

認識が急速な市街化の進展に立ち後れたために無秩序な市街化が進展してしまった上に，遅まきながら成立した都市計画法も土地・住宅問題の解決手段となりうるものではなかった．

この後，大戦・復興期を経て高度成長期へと突入していく過程で，都市部の土地所有・利用をめぐる状況はさらなる変化を遂げる．すなわち，戦前の大土地所有者がその経済的・社会的地位の低下に伴って土地を手放すに至る一方で，デベロッパーをはじめとする企業の土地取得が拡大を開始した．さらに，都市サラリーマン層による自らの持ち家のための土地取得が一般化した結果，土地を所有することが一部の特権層に限られたものではなくなって，日本の諸都市はいわば「土地所有の大衆化」ともいうべき新局面を迎えることとなる．

この戦後の環境変化のなかで，戦前に形成された都市構造は新たに作り直され，そのことがまた多様な土地所有・利用形態や不動産業の活動形態を生み出していく原因ともなる．このように，都市構造も土地所有・利用のあり方も，社会経済的な条件変化に対応して変転を遂げていくのであるが，その際に，公的規制の水準の低さを条件として，内容は変化させつつも常に社会問題レベルの土地・住宅問題を発生させていったことは，すでに戦前における都市化のプロセスの中にその原型を認めることができるだろう．

注
1) さらに，大阪には諸藩の蔵屋敷が集中していたが，その敷地も例外を除けば全て大阪商人の名義になる町地であった．なお，「大阪」の表記は，近世については正確には「大坂」であるが，本章では便宜上，「大阪」に統一した．
2) 農地における地租改正は，新政府にとってはまず第1に財政面の要請に基づくものであったために，重要視されたのに対して，市街地は当時面積として小さかったこともあり，さほど政策の中心的課題とはならなかった．そのため，市街地の取り扱いについては，初期には身分制の撤廃という視点に基づく改革が中心であり，その後，課税対象として，農地との公平を期する観点から徐々に改正されていった．
3) 同表作成の作業手順に関しては，名武〔1999〕参照．
4) 同書では，東京と比較して大阪においては計画的な対処があったと指摘されて

いる.しかしながら,そこで注目されている耕地整理法に基づく宅地開発は,1910 (明治43) 年に設立認可された今宮村第1耕地整理組合によるものが最初であり,前掲図 3-1 に示されているように,この時点ではすでに相当の面積が市街化しておりスプロールが進展していた.

5) この指摘は,著者(玉置)の独自調査によるとされているが,資料は一切掲載されておらず,検証不可能であるが,著者の職務上の立場から推察して,利用可能なデータと判断した.

6) ただ,同様の性格とはいえ,街区整備の点では区画整理事業に比較して問題点のあったことは指摘されている.

7) 商工省『会社統計表』に基づく長谷川〔1995〕の分析によると,公称資本金・出資金額の対全国比(1925年)が東京 9.6%,大阪 41.2%,兵庫 20.7% となっている.

8) 投機的存在として当時批判の的となったのは,③のタイプである(池田〔1922〕165 頁).

9) 1919 年に制定された都市計画法の限界性として,日本における都市自治の弱さを反映して中央集権的であり,しかも中央政府に明確な都市政策がなかったことが指摘されている(宮本〔1999〕156-8 頁).

第4章　都市・土地・住宅政策と農業・農地
　——排除から共存と活用へ——

はじめに

　わが国では，これまで都市地域の農地はもっぱら住宅用地・商業地・工業地等の供給源，予備地として位置づけられてきた．都市の農地は良好な都市環境や豊かな市民生活を築くために保全・活用するのではなく，都市的土地利用へ「大量・安価・迅速」に転換する対象にほかならなかった．それだけに，前章でも述べられているように第2次大戦前から都市における農地の所有・利用構造は大きな変容を余儀なくされ，農地を農地として所有・利用することには多大の困難がともなっていた．そうしたもとでは，都市的土地利用と農業的土地利用の共存の理論と政策は成熟せず，むしろ都市に農業・農地があることは都市形成や住宅建設にとって"とんでもないこと"であった．農業・農地無視の都市論や住宅論の横行である．
　かつてトインビー（〔1975〕訳22頁）は，都市とは「その住民が都市の内

部で,生きて行くために必要な食糧の全部を生産することができない,人間居住地域である」と定義し,現代の機械化した都市では「都市の空地は,第1に機械化した交通機関のため,第2に機械化した車の駐車場のため,第3にレクリエーション用の運動場と公園のために要求される.都市の住民に食糧を補給するための一助として,都市の内部の空地を耕地や牧場に充てるよう要求することは,とんでもないことであろう」(同29頁)と述べた.このトィンビーの指摘は,「第4に住宅の建設のために」を付け加えれば,わが国の都市における土地利用と見事に符合する.

しかし,都市に農業・農地があることは"とんでもないこと"なのであろうか.都市の農業・農地は都市施設用地や住宅用地として,もっぱらかい廃されるだけでいいのであろうか.トマス・モアは,『ユートピア』の中で理想的な都市には「農の風景」があることを示した.ルイス・マンフォードが20世紀初頭の2大発明と称えたハワードの「田園都市」論にも文字通り都市と農業・農地の共存の思想がある.さらに,昭和の初期大阪市長を務めた関一は,大阪市内に農地があることを不可思議と考える者を厳しく批判し,大都市なればこそ「緑色地帯」が必要なことを強調した.これらの都市と農業・農地に関する先駆的理論を歴史の屑篭に捨て去ってはならない.

わが国では,すでに第2次大戦前から農地の住宅用地・商業地・工業地等への転換が絶え間なく行われ,さらに戦後の高度経済成長期を中心に大規模な農地かい廃が進行した.この過程で,都市やその周辺で農業・農地のない地域が拡大した.しかし,この農業・農地のない都市形成は,人間が住むにふさわしい都市や居住環境を創造するうえで多くの問題を引き起こしたし,現在も引き起こし続けている.また,発生からすでに5年以上が経過したとはいえ,いまなお重い後遺症を引きずっている阪神・淡路大震災も農地を潰し,山を削り,海を埋め立てて都市施設・住宅をつくり続けることの危険性とともに,都市の内部や周辺に農業・農地があることの重要性を鮮明にした.さらに,高齢化・少子化の進行のもとで21世紀の都市や住宅は大きな転換を迫られている.こうした都市・住宅と農業・農地をめぐる問題状況は,改

めて都市・住宅と農業・農地のあり方の再構築を求めているといえよう．

そこで，本章では以上の問題意識にもとづき，1節ではわが国の都市形成・拡大の基本性格について，ついで2節においてはわが国の都市形成・拡大過程で常に展開された農地の宅地化促進政策について考察する．さらに，3節において都市・土地・住宅政策と農業・農地のあり方について言及する．

1. 日本における都市形成・拡大の基本性格

1-1 「広域型・分業型都市」の形成と拡大

日本の大都市の形成と拡大の歴史は，「広域型・分業型都市」（宮本〔1980〕）の形成と拡大の歴史として特徴づけられる．わが国では，前章で述べられているように，すでに戦前期から東京や大阪等の大都市に資本・労働力・生産の集積・集中が見られる．この傾向は，第2次大戦後，とりわけ高度経済成長期により顕在化した．その結果，都市は外延的にも内包的にも急膨張し，都市域の広域化が進んだ．と同時に，広域化した都市において資本の効率性や集積利益を極大化するために都市機能の分業化（都市機能の純化）を推進する都市開発・再開発が強力に展開された．そしてまた，都市の分業化は都市の広域化をさらに推し進めた．大阪府は，それが極めてあらわに展開された地域の1つであった．そこで，大阪府を事例にして戦後における広域型・分業型都市の形成と拡大の展開過程を整理しておこう．

広域型・分業型都市の形成と拡大に大きな役割を演じた第1の要因は，堺・泉北臨海コンビナートの建設である．高度経済成長期の特徴の1つは既存の4大工業地帯および拠点工業地域を軸にした重化学工業化であるが，大阪府では国に先駆けて素材供給型重化学工業の創出に乗り出した．そのため，はやくも1958年に「堺臨海工業用地の造成及び譲渡の基本計画」（立案は1957年），さらに1961年には堺地区に加え「泉北臨海工業用地の造成及び譲渡の基本計画」を策定し，素材供給型重化学工業の受け皿としての臨海工業用地の造成に着手した．

大阪府がこのように積極的に重化学工業の育成に乗り出した最大の根拠は，臨海コンビナートの建設が，「大阪経済の体質改善，ひいては阪神工業地帯の経済地盤沈下を防止するため」だけでなく，「世界的大産業都大阪」建設の切り札として位置づけられたことである．このことは，大阪府当局のつぎのような考え方に鮮明にあらわれている．

　「……これからの府政は「世界的大産業都大阪」の建設に向ってあらゆる施策を集中し，さらに輝かしい躍進を遂げなければならない．これこそ今後の大阪府政に課せられた至上の命題ではなかろうかと思われる．……そのためには，なんとしても一大臨海工業地帯を整備し，重化学工業を中心とする巨大工場の建設を促進しなければならない」（大阪府地方自治研究会〔1959〕83頁）．

　このように臨海コンビナート建設には，大阪経済の浮上，「世界的大産業都」建設の使命が付与されていた．それだけに大阪府は，開発行政組織として府庁内に企業局を設置（1960年）するとともに，資金調達のため地方自治体では初めての外国債（西ドイツ・マルク債）を導入し，臨海コンビナート建設を軸にした工業開発に全面的に関与した．また，臨海コンビナートの建設においては，工場立地の造成とともに経済的波及効果の源泉となる素材供給型重化学工業の工場誘致が，開発の成否を決める要因として特別に重視された．そのため，八幡製鉄（のち新日本製鉄）に対する誘致攻勢に代表されるように，拠点となる大企業の誘致が熱心に進められた．

　工業開発の波が高まるにしたがい農林水産業を軽視する動きが強まるとともに，重化学工業を振興してはじめて農林水産業の近代化・合理化が達成できるという「重化学工業優先論」が強調された．重化学工業を育成するコンビナート・産業道路・労働者用住宅等の建設のためなら農地・海・山林の破壊は当然，もしくは避けられないとする風潮が強くなっていった．

　第2は，千里・泉北ニュータウンの建設である．1955年8月に実施された『住宅事情調査』によれば，危険・修理不能住宅居住地帯13,000戸，狭小過密住宅居住世帯128,000戸，これらを含めた府下の住宅不足数は約18

万戸を数えていた．この事情が示すように，戦災によって37万戸もの大量の住宅を失った大阪府の住宅不足は，1945-55年における応急的な建設ではとうてい解消されず，55年以降にもちこされた．大阪府では大量の住宅不足を抱えたまま，1955年以降の人口急増の時代に突入したのである．年間平均17～18万人単位で増大する人口増は，いやがうえにも住宅不足を拡大・助長するとともに，その解消のため大量の住宅建設を要求した．こうした状況のなかで55年以降の住宅建設は，まさに必要にせまられて急激に進んだ．1955年には年間5万戸強であった建設戸数は年々急増し，1955-64年には76万戸強の住宅が建てられた．

だが，この時期には80万戸近い住宅建設があったものの，その7割強はいわゆる民間自力建設住宅であった．公的住宅は，日本住宅公団の発足（1955年）や国の数次にわたる公営住宅建設3カ年計画などによって増大したとはいえ，せいぜい3割たらずにとどまっていた．しかも，この時期の住宅建設は「戸数主義」（第1章参照）といわれているように，もっぱら増大する住宅需要に対し建築戸数を増やすことが先行した．それだけに住宅建設は，地価の安いところを求めて無秩序・無計画に行われた．それによって住宅の絶対的不足はある程度緩和されたものの，狭小・過密や道路，上下水道，教育・福祉施設の不備などに代表される住環境の劣悪性をむしろ拡大していった．

大阪府はこうした住宅をめぐる厳しい現状のなかで，「住宅問題の解決策とあわせて新しい都市像実現」をめざし，従来の府営住宅建設とは全く異なる大規模な住宅開発を打ち出した．その第1弾が1958年に計画された千里ニュータウンの建設であった．これは，吹田市と豊中市にまたがる千里丘陵1,160ha（最終）を住宅地として開発し，37,330戸，人口15万人の「住宅都市」を建設しようとする巨大な計画であった．さらに1964年（基本計画決定，用地買収交渉開始）には，第2弾として堺市の泉北丘陵に千里ニュータウンを上回る規模（開発面積1,520ha，建設計画戸数53,500戸，収容人口20万人）の泉北ニュータウン建設が打ち出された．

この2つのニュータウン建設は，それぞれ足かけ10年以上にわたる大事業であり，その規模や方法からみてもわが国の公的大規模住宅開発事業の先駆をなすものであって，住宅供給を進める上で無視できない役割を果たした[1]．だが，ニュータウンは「職場の外部依存」，「消費物資，エネルギーの外部依存」（片寄〔1981〕212頁）等に典型的にみられるように，ひとつの自立した「新しい都市」ではなく，巨大なねぐら（＝ベッドタウン）にほかならなかった．いいかえれば広大な住宅専用地域の創出であった．だからそれは，「イギリスのニュータウン政策がもっていた大都市への人口集中の抑制という目的は果たし得ず，逆に母都市の勤労者の住まいを郊外にもっていくことによって，都市の外延的拡大を強める結果をもたらしたのである」（梶浦〔1982〕62頁）．

　広域型・分業型の都市を作りあげるうえで看過できない第3の要因は，大量・高速輸送体系の建設である．輸送体系の建設・整備は，重化学工業の育成・強化，工業都市の建設に不可欠であるばかりでなく，広域型・分業型都市の形成にとって要であった．したがって，1955年以降道路網，郊外鉄道・地下鉄網，ターミナルなど大量・高速輸送体系の建設・整備が積極的に推進された．

　とくに1970年開催の万国博覧会とその準備のための関連事業は，大阪における大量・高速輸送体系の建設・整備を進めるうえで特別の役割を果たした．たとえば約8,000億円もの巨額の万博関連事業のうち，実にその9割が交通施設の建設・整備にふりむけられた．そして関連事業が実施された1960年代後半には，大阪の大動脈として位置付けられていた10大放射線・3環状線や阪神高速道路などの幹線道路の建設，地下鉄の新設・延伸，地下鉄と郊外電車との連結強化，ターミナルの整備が急速に進んだ．

　その結果，広域化した都市圏の都心部と郊外部との結合，あるいは分業化した都市機能の連結が可能となった．こうして広域型・分業型都市形成の重要な物的条件が整備されたのである．事実，これを契機に1970年代後半以降，都市の外延的拡大及び都市機能の分化が一段と進行した．だがこのこと

は，他方で住宅地の郊外移動を進め，衛星都市の人口膨張と都心地区の人口減少の促進要因にもなった．

　第4は，新「都市計画法」(1968年成立)にもとづく区域区分の設定（いわゆる線引き）である．大阪にあっては，都市計画法にもとづく線引きが神奈川県と並んで全国の先頭を切って実施された．大阪府は法施行9カ月後の1970年3月，①一部の町村を除く概ね171,000ha（府域の92%）を都市計画区域とする，②そのうち市街化区域を約85,000ha，市街化調整区域を86,000haとする，以上2点を骨子とする原案を作成した．その後，府下関係市町での公聴会や「大阪府都市計画地方審議会」での最終審議を経て，同年6月原案どおりの線引きを決定した．原案提示から3カ月，法施行から1年というスピード決定であった[2]．

　大阪府における線引きは，将来（1985年）人口を960万人と想定していたことからも明らかなように，都市化の一層の進展，都市圏の大幅な拡張を前提として行われた．したがって，前述のように府域の圧倒的部分が，「一体の都市として総合的に整備し，開発し及び保全する必要がある区域」（都計法第5条）としての都市計画区域に編入されるとともに，さらにその半分が「すでに市街化を形成している区域及びおおむね10年以内に優先的かつ計画的に市街化を図る区域」（同法第7条）である市街化区域に編入された．こうして都市による「領土宣言」が行われ，府域のほとんどが都市領域の中に包摂されたのである．

　この結果，府下の農村の多くが法制的に都市に包摂され，都市の「排他独占的機能特化地域」（利谷〔1981〕262頁）あるいは「都市専用領域」としての市街化区域に，府内全農地のほぼ半分にあたる14,400ha（1970年当時）もの農地が編入されることとなった．

　第5は，府下の各所に建設された中小企業団地や商業・流通団地である．たとえば，工業団地では大阪府既製服縫製近代化協同組合（団地造成地・枚方市，事業実施期間・1961-63年，以下同じ），大阪婦人子供服団地協同組合（和泉市，62-64年），大阪木材工場団地協同組合（美原町，63-65年），

日本敷物団地協同組合(堺市,64-66年)等が建設された.また,商業・流通団地としては,大阪金物問屋近代化協同組合(布施市(現東大阪市)63-65年),大阪船場繊維卸団地協同組合(箕面市,64-66年)がある.これらの工業・商業団地の造成・建設もまた,都市の外延的拡大を促すとともに,都市機能の分業化を推し進めた.

さらに第6は,商業・業務機能の都心部への集中とその受け皿としての都心部の大規模再開発,高層業務ビル等の建設・整備である.大阪においては,北区,東区,南区,西区の都心4区を中心に管理中枢機能の集中・強化が図られるとともに,各ターミナルの整備が進められた.

以上6つの要素から大阪府における広域型・分業型都市の形成と拡大の展開過程を見てきたが,この過程で農業・農村は急激に都市領域に引き込まれ,時には併呑されていった.また,それに随伴して大量の農地が工業・住宅・道路用地等に転用されていった.

なお,一言付言しておくと,大阪府内の農民は膨大な農地かい廃にただ拱手傍観していたわけではない.千里・泉北ニュータウン建設,大阪空港拡張,中央環状線建設等に対する農民の激しい「農地取上げ反対運動」に見られるように,農地かい廃への抵抗があったことを看過してはならない[3].

1-2 「土建国家」型都市建設

わが国が,「土建国家」,「土木国家」,「ゼネコン国家」等と呼ばれるようになって久しい.こうした呼称は,現在の日本が他の先進資本主義諸国とは異なり,極めて特異な体質をもった国家として存在していることを示唆する.そこでまず,土建国家的体質とは何かについて先行研究等を参考にしながら整理しておこう.

「「土建国家」ニッポン」という興味深い論文を発表した石川真澄は,土建国家のなによりの指標として土木・建設投資に傾斜した公共事業費の大きさをあげている.そして,この巨額の公共事業が政権与党の「政権再生産システム」として機能していることに土建国家の本質を見る(石川〔1983〕).

また，『土木国家の思想』の著者本間義人（〔1996〕1頁）は，「土木国家とは，中央集権体制のもとに，巨大公共投資を軸に土木・建設事業を中心にした諸産業が，政・官・財複合体を形成し，主として産業基盤整備を進めることを通じて，経済社会における癒着・談合の構造を強化しつつ，その複合体をして国家的規模ないし地域的規模を問わず，それらの経営に大きな影響力を有している様相の濃い国家を指す」と論じている．

　この2人の論説から土建国家の2つの特徴が浮かび上がってくる．1つは，土木・建設投資を中心にした公共事業が極めて大きい国という点である．別の言い方をすると，土木・建設関連の公共投資に依存する度合いが著しく高いということである．事実，図4-1が示すように日本の土木・建設（住宅除く）関連の公共投資は欧米の主要資本主義国と比べ桁違いに多い．もう1つは，土木・建設関連の公共事業の計画と実施において，政・官・財界の結合・癒着が中央段階のみならず地方においても常態化していることである．そこには，「鉄の三角形」と呼ばれるほどの強固な癒着構造ができあがっている．このことから，土建国家とは第1に土木・建設関連の公共事業が大き

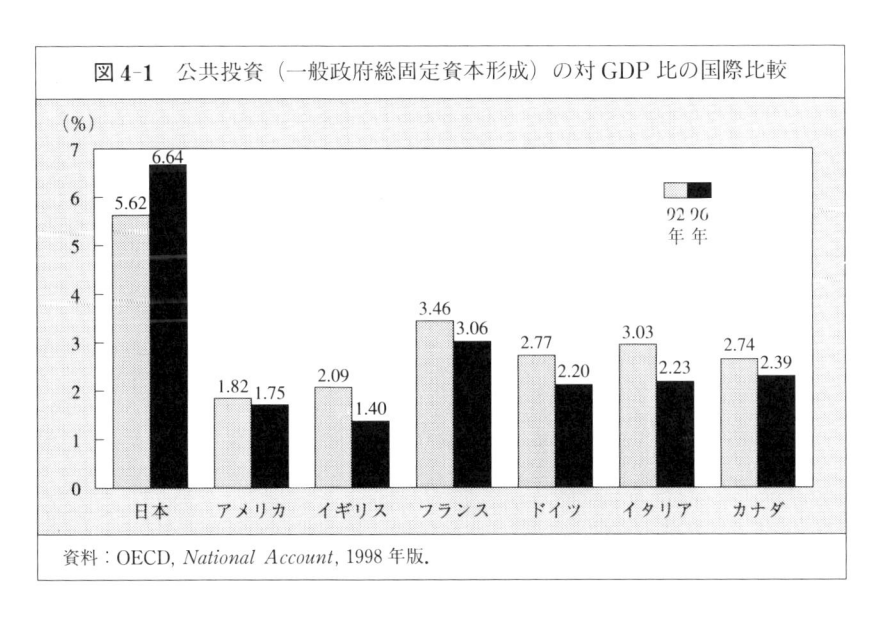

図4-1　公共投資（一般政府総固定資本形成）の対GDP比の国際比較

	日本	アメリカ	イギリス	フランス	ドイツ	イタリア	カナダ
92年	5.62	1.82	2.09	3.46	2.77	3.03	2.74
96年	6.64	1.75	1.40	3.06	2.20	2.23	2.39

資料：OECD, *National Account*, 1998年版.

な比重を占めるとともに，公共事業をめぐって政・官・財界の結合が強固な国家であるというよう．

だが，土建国家の基本的特徴はこの第1点のみでは言い尽くせない．もっと，本質的な特徴を付け加える必要がある．その特徴とは，土建国家においては「土地本位制」といわなければならないほど，土地が経済成長や利潤獲得の道具にされることである．土地は，たんに土木・建設事業が行われる場・土台ではなく，巨大な金を生み出す「練金の場」として機能する．それだけに，土地の所有と利用を自分たちにとって有利にするための政・官・財界の癒着もまた強化される．こうしたもとでは，農地や勤労市民の生存・営業のための小土地は「低密度利用地」(国土庁) とか「不稼働地」(経済戦略会議) としてもっぱら排除の対象にされる．これが，土建国家の第2の基本的特徴である．

第3の基本的特徴は，地域開発の名において土木・建設関連の公共事業が拡大再生産されることである．5次にわたる全国総合開発計画の歴史が物語るように，土建国家においては大規模なプロジェクトが矢継ぎ早に打ち出され，実施される．そこでは，つぎのような光景が普通となる．

「ムダな投資という声が高まるなかでも，町や村を水没させてダム工事はつづき，高速道路の工事は日本列島を貫く『背骨』の工事から，山中を縫う高価な『あばら骨』の工事へしゃにむに進み，新幹線の工事が増えつづけ，めったに飛行機の来ない空港が急増している．本州四国連絡橋から東京湾横断道路まで際限のない巨大プロジェクトのオンパレードはとどまるところをしらない」(五十嵐・小川〔1994〕30頁).

それぞれのプロジェクトの効果について追跡調査をし，客観的な事後評価を下すことは皆無である．反省や見直しなしの大規模開発が繰り返される．

基本的特徴の第4は，土木・建設事業の推進に役立たない，あるいは邪魔になる産業や土地利用を排除することである．とりわけ，土木・建築事業用地となる農地や市民の所有する小土地はもっぱら放逐の対象にされる．それは，各種の大規模プロジェクト対象地における土地収用法や札びらを振りか

ざしての農民や市民からの土地取り上げ，3大都市圏の市街化区域内農地に対する宅地なみ課税，都市再開発の名による「地上げ」等の事例を見れば一目瞭然であろう．

以上のような基本的特徴・本質をもつ土建国家にあっては，都市開発・再開発の名の下に各種の大規模な都市施設や住宅等がつぎつぎに建てられ，かつまた短期間のうちに取り壊されていった．都市は，巨大な「スクラップ＆ビルド」の場と化していった．日本の都市では，"保全・維持"ではなくもっぱら"建設"と"破壊"が支配的であった．

では，こうした土建国家日本はどのような歴史過程と背景のなかで形成され，拡大再生産してきたのであろうか．わが国ではすでに近代国家へとスタートをきった明治期から土建国家的体質の萌芽があった．以後絶えず「土建国家」的体質を強めていくが，それが本格化するのは高度経済成長期である（本間〔1996〕2頁）．1950年代半ばから70年代半ばにわたるこの時期に，全国総合開発計画（1962年）と新全国総合開発計画（1969年）という2次にわたる全国総合計画に基づき徹底した経済の高度成長推進のための国土開発政策が展開された．この20年間に日本は土建国家への道を登りつめていった．

土建国家は，さらに1980年代半ばから後半にかけて再編・強化されていく．1985年のG5（5カ国蔵相・中央銀行総裁会議）のプラザ合意を契機に日本は国際協調型・内需依存型経済構造への転換を迫られ，内需拡大政策を余儀なくされた．こうした中で登場してくるのが「中曽根臨調行革」と「民活」路線である．そして，この路線の柱が財界・大企業の横断団体JAPIC（日本プロジェクト産業協議会）が提唱した民活型公共事業であった．これは，公共事業的分野へ民間活力を導入し，政・官・財界が一体となって大規模プロジェクトを推し進めようとするものである．

ところで，この時期の民活型公共事業推進の主要舞台は都市であった．1987年に策定された第4次全国総合開発計画は，「国際金融・情報都市東京，世界中枢都市東京」の建設を強調し，大都市の都市機能強化をあおった．そうした中で，「都市ルネッサンス」等の掛け声のもと東京湾臨海部開発，幕

張メッセ開発，大阪ベイエリア開発等の大規模都市再開発とともに，既存市街地の再開発がつぎつぎと計画・推進されていった．そして，それを促進するため建物の高さ制限・容積率制限の緩和，都市計画法の用途地域指定の見直し，宅地開発指導要綱の規制緩和，市街化調整区域での開発促進，借地借家法の見直し等一連の規制緩和策が打ち出された．さらに，首都圏中央連絡道路，関西国際空港，関西学術研究都市等，民活型公共事業の大プロジェクトが大都市圏において相ついで展開された．

土建国家は，バブル経済が崩壊し，長期不況下にある1990年代においてむしろ強化されている．この時期，「景気回復」，「日本経済の再生」の名の下に公共事業の拡大が図られるとともに，その中核をなす土木・建設投資も増大している．土建国家拡大の流れはいささかも衰えていない．そのことは，1998年3月に策定された第5次の全国総合開発計画が雄弁に語っている．そこでは，「多軸型の国土軸の形成」をスローガンにこれまでと勝るとも劣らない巨大プロジェクトが目白押しである（表4-1参照）．

しかも，今回の全総では総額1,000兆円とも言われる空前の公共事業計画が構想されているのである．また，都市地域においても「大都市のリノベーション」，「中枢拠点都市等での高次都市機能の強化」を掲げ，土木・建設関連公共事業の導入を目論んでいる．海峡や湾に橋をかけまくり，14,000kmにも及ぶ高速自動車道路網，6,000～8,000kmの地域高規格道路を建設し，都市のスクラップ＆ビルドをさらに推し進めようとする5全総を眺めれば，"土建国家健在なり"といわざるをえない．

なお，土建国家の支配構造について一言触れておく必要があろう．先にも指摘しておいたように土建国家の支配構造は「鉄の三角形」ともいわれている「政・官・財複合体」である．さらに言えば，大泉〔1998〕は，「世界最大級の規模にまでのぼりつめた建設投資市場の成長にとって，その基軸を構成するのは，〈政府・地方公共団体—ゼネコン・デベロッパー—金融機関〉のトライアングルであった」と述べている．この指摘のように，現在の土建国家の支配構造は中央・地方の官僚機構，大手ゼネコン・デベロッパーをは

表 4-1　五全総に盛り込まれた整備計画や主なプロジェクト

〈道　路〉
- 高規格幹線道路網—14,000km（高速道路など）
- 地域高規格道路—6,000～8,000km（4車線以上で時速60～80km以上で走れる自動車専用道路など）
- 東京湾口道路（千葉～神奈川）
- 伊勢湾口道路（愛知～三重）
- 紀淡連絡道路（若山～兵庫・淡路島）
- 関門海峡道路（山口～福岡）
- 豊予海峡道路（愛媛～大分）
- 島原・天草・長島架橋（長崎～熊本～鹿児島）

〈鉄　道〉
- 幹線道路の高速化と都市鉄道の混雑緩和
- 中央新幹線，超電導磁気浮上式鉄道（リニアモーターカー）

〈空港・港湾など〉
- 国際ハブ機能を持つ国際空港を三大都市圏に整備
- 東京圏に新たな拠点空港
- 東京湾，大阪湾，伊勢湾，北部九州の4大域に国際港湾を配置
- TSL（新形式超高速船）

〈情報通信〉
- 光ファイバー網の全国整備

出所：『21世紀の国土のグランドデザイン』（全国総合計画）1998年2月より作成．

じめとする土建関連企業と金融関連大企業のトライアングルに政権与党等を加えた複合体にほかならない．こうした支配構造のもとで農民，市民等の小土地所有と利用は絶えず圧迫を受け，消滅の危機にさらされている．

2. 農地の宅地化促進政策の推進

2-1 「宅地供給至上主義」的土地政策の展開

前節で述べた広域型・分業型都市の形成と拡大，土建国家型都市建設に呼応する土地政策は，都市の広域化・分業化や都市を舞台にして繰り広げられる土木・建設投資にともなって増大する土地需要に対して，土地（宅地）供給を最優先する政策，いわば「宅地供給至上主義」的土地政策であった．

その政策は高度経済成長期に本格的に登場する．政府は，1950年代後半

から60年代前半にかけての経済の高成長と急激な都市膨張によって深刻化した地価・土地問題に対処するため，1965年11月第1回地価対策閣僚協議会を開き，「地価の騰貴は，基本的には，近年における急激な都市化現象による宅地の需給の不均衡とこれに対する対策の十分でなかったことによる」という基本認識に基づいて，緊急に講ずべき対策を決定した．その対策とは，①宅地の大量かつ計画的な供給，②既成市街地の高度利用，③土地取得制度の改善（土地収用法の改正，用地の先行取得等），④土地税制の改正の4点であった．

この第1回の地価対策閣僚協議会は，政府が重い腰を上げて土地対策に一歩踏み出したものとして注目されたが，そこでの土地対策は「宅地の供給増→地価の抑制→土地・住宅問題の解決」という基本認識に立った宅地供給至上主義的なものであった．だから，いかにして宅地供給を増やすかの処方箋が土地対策のキーポイントとして位置づけられていた．この方向は第2回地価対策閣僚協議会（68年），第3回地価対策閣僚協議会（70年）においても踏襲されている．さらに，72-73年の地価急騰と全国的な土地利用の混乱を背景にして開かれた第4回地価対策閣僚協議会（73年）においても宅地の大量かつ計画的な供給を図ることを土地対策の重点として強調している．

ところで，政府の地価・土地対策の中心は，一貫して土地需給の不均衡論に立脚した宅地供給増大策であったが，その中でもとくに留意する必要があるのは，農地の宅地化促進策が宅地供給増の有力な手段として採用され，実行に移されたことである．都市地域では農地はもっぱら宅地供給の予備地・給源地として位置づけられたのである．

高度経済成長期において展開された宅地供給至上主義的土地政策は，バブル経済期の「狂乱地価」対策としても引き続き推進された．

この時期の狂乱地価は地上げや土地投機の横行を生むとともに，勤労市民のマイホームの夢を打ち砕き，土地を持つ者と持たない者との資産格差等を押し広げた．ダミー・地上げ屋による暴力的住民追い出し，都心部からの住民脱出，相続税・固定資産税等の重荷に耐えかねての居住地処分，不動産業

者の土地あさり・土地転がし等々地価暴騰に起因する異常な現象が，3大都市圏の随所で見られた．それだけに，土地問題は社会問題化し，政府としてももはや放置できなくなり，なんらかの対策を打たざるを得なくなった．

政府は，こうした状況下で臨時行政改革推進審議会（いわゆる土地臨調）の「地価等土地対策について」の答申を踏まえ 88 年 6 月総合土地対策要綱を決定した．そこでは，土地対策の柱として，①首都機能，都市・産業機能等の分散，②宅地対策等の推進，③住宅対策の推進，④土地利用計画の広域性・詳細性の確保，⑤都市基盤施設整備の促進等を掲げている．また，この要綱の法制化を図るため 89 年 12 月土地基本法を制定した．

こうした総合土地対策要綱の策定から土地基本法の制定の流れの中で，とくに強調され，確実に実施されたことが2つある．その第1は，土地の有効・高度利用の強調と強制である．たとえば，要綱では宅地開発推進の主要対策として土地の有効・高度利用を掲げているが，その具体策として市街化区域内農地の宅地化促進，工場跡地，未利用埋立地など低・未利用地の利用促進，空中及び地下の利用をあげている．つまり，市街化区域内農地を工場跡地等の低・未利用地と同列に扱い，土地の有効・高度利用に反するものとして捉えている．そしてこれを機に，再び市街化区域内農地に対する批判が，財界・一部評論家・マスコミ等から強まった．サラリーマンが通勤可能地に土地を買えないのは，あるいは計画的な都市形成や都市施設整備が進まないのは，市街化区域内農地の宅地化が遅れているからだとする議論が高まるとともに，都市農業への批判・攻撃，とりわけ市街化区域内農地に対する宅地なみ課税強化・拡大の動きが急浮上した．

もう1つは，土地税制の強化である．かつて，土地税制は土地対策にあっては補助的・補完的なものとして位置づけられてきた．しかし，総合土地対策要綱以後の土地対策にあっては，土地対策の主要な手段，さらには切り札に昇格した．政府は 90 年 4 月政府税制調査会の中に土地税制小委員会を設置し，土地税制の総合見直しの検討を開始した．調査会は小委員会の検討結果を踏まえ「土地税制のあり方についての答申」を行ったが，そこでは土地

税制見直しの視点として，課税の公平の観点から土地資産の保有，譲渡，取得の各段階ごとに適正に課税する，土地税制を土地政策の重要な手段として位置づける等を明記した．これにより，「公共の福祉優先」とか「土地の有効・高度利用」等を錦の御旗にして，政府が土地対策上必要と認めたもの，あるいは低・未利用地と見なしたもの等に対しては重税でもって対処する手法がまかり通るようになった．そしてこの土地税制強化の最も格好のターゲット，もしくは"生け贄の山羊＝スケープゴート"にされたのが，いうまでもなく都市農地であった

宅地供給至上主義的土地政策は，最近新たな装いのもと再登場している．土地流動化の動きの急浮上がそれである．そのことは，経済戦略会議答申「日本経済再生への戦略」〔1999〕でもうかがえる．そこでは，「土地・不動産は『保有するための資産』ではなく『有効利用し収益をあげるための資産』であると認識を改めることが重要」とか「不稼働化・固定化している資源・資産をキャッシュフローを生む稼働資産に転換し，投資の収益率を高めることが不可欠」と強調し，都市再開発をテコに土地の流動化を推進しようとしている．要は，"土地を再び金儲けの手段・場にせよ"との大合唱の再現である．

2-2 農地の宅地化促進のための主要施策

すでに指摘したように，わが国の土地政策の基本は宅地供給の促進・増大であった．そして，その推進の重点施策として農地の宅地化促進が位置付けられていた．

農地の宅地化促進策は数多くあるが，主要なものの第1は，わが国において唯一の農地の守護神ともいうべき農地法の弱体化（骨抜き），とりわけ農地転用統制の緩和である．

その皮切りは，1959年の農地転用許可基準の設定であった．これにより，農地転用はそれまでの総農地での原則禁止から優良農地での禁止へと切り替えられた．都市地域では農地の多くが非優良農地として位置づけられ，転用

の門戸が大きくこじ開けられたのである．以後，市街化区域内農地転用の許可制から届け出制への転換，幹線道路周辺やインターチェンジ周辺の商業施設用地の転用緩和，ゴルフ場用地の転用緩和，中山間地域活性化施設用地の転用緩和等々相次いで推し進められた（表4-2参照）．とくに，70年の市街化区域内農地転用の許可制から届け出制への転換は，同地域内の農業・農地の位置づけを法的に著しく弱めるものであった．さらに，最近では「地方分権」に名を借りて許可権の地方自治体移譲により転用統制の弱体化・転用の安易化を図ろうとする動きや株式会社による農地取得に道を開き，転用手続きなしに農地を農地のままで取得しょうとする動きも表面化している．このように農地法に基づく農地転用統制は，絶えざる規制緩和攻勢によって弱体化を余儀なくされてきた[4]．

しかし，農地法の転用統制はどうでもいいもの，とるにたらないものになったかといえば，けっしてそうでない．石井（〔1998〕58頁）が強調してやまないように，農地法の転用統制は「優良農地を保全するという趣旨からそ

表4-2 農地転用規制の緩和・弱体化の動き

1959年	農地転用許可基準の制定（一般基準）
1970	新都市計画法に伴い，市街化区域内農地の転用は知事への届出で可
1972	農村工業導入法による農地転用基準の緩和
1980	市街化区域内農地の転用は農業委員会への届出で可
1983	「テクノポリス法」による開発区域の農地転用の緩和
〃	市街化調整区域における開発許可の規模要件の引き下げに伴う転用許可範囲の拡大
1985	農地転用許可に関する事務処理の迅速化指導
〃	許可基準の改正　旧開拓事業及び農業事業のみ受益地について第1種農地から除外
1986	市街化調整区域において開発許可対象となった沿道の流通業務施設等への転用緩和
1987	「リゾート法」による重点整備地区内の農地転用緩和
1988	ゴルフ場建設用地への転用の要件緩和
〃	市街化区域内の届出事務の迅速化
1989	許可基準の改正―農村活性化施設，国県道沿いの流通業務施設，沿道サービス施設についての第1種農地の例外許可範囲拡大
〃	「多極分散法」および「頭脳立地法」に基づく開発計画，集落地域整備法に基づく集落地区計画区域の農地転用緩和
1990	許可基準の改正―農村活性化土地利用構想に基づく施設等への転用緩和

第4章　都市・土地・住宅政策と農業・農地

の位置については条件をつけたり，仮需要や投機に対しては強く抑止的な役割を果たしてきた．…脱法的な仮登記による実質的な土地支配などさまざまな問題はあったものの，1970年代前半と80年代後期の2回の銀行を含む大企業あげての土地買占め・土地投機の時期にも，農地の被った被害は甚大ながらも，林地や宅地に比べれば相対的に軽微ですんだ」のも農地法あってのことである．だからこそ，財界を先頭に農地法改廃の動きが絶えないのである．

　第2は，都市計画法により都市地域の農地を囲い込み，ひたすら農業的土地利用を排除したことである．1968年新都市計画法が制定され，それにもとづいて市街化区域と市街化調整区域のゾーニング（線引き）が行われた．その結果,「すでに市街地を形成している区域及びおおむね10年以内に優先的かつ計画的に市街化を図る区域」，言い換えれば「排他独占的機能特化地域」，「都市専用領域」としての市街化区域に3大都市圏を中心に全国で約30万haもの大量の農地が編入された．まさに，都市による農地の"囲い込み"である．しかし，囲い込まれた農地すべてが開発計画に裏打ちされたものではなかった．むしろ多くの農地は，将来の都市化に伴って増大するであろう都市的土地利用の予備地として取り込まれたと言っていい．具体的な開発計画がないまま，転用自由な農地が大量につくりだされたのである．市街化区域内の農地は，"計画なくして開発なし"ではなく，"計画なくして開発あり"の世界に引き込まれたのである．

　こうして大量に市街化区域に包摂された農地は，ひたすら転用を強制された．そのため宅地なみ課税の導入，農地転用の許可制から届け出制への改変，国の農政対象からの除外等のいわゆる"ムチ"対策とともに，市街化区域内農地の売却に対する優遇税制等の"アメ"対策が用意された．そこには，都市地域にあっても農業的土地利用を認め，都市的土地利用と共存を図っていこうという思想も政策もない．

　さらに，「市街化を抑制すべき区域」とされた市街化調整区域も実際には「開発保留地」であり，けっして「建設不自由地」・「非建設地」ではなかっ

た.そのことは,同区域が大規模開発の受け皿になったこと,あるいは同区域での開発要件が当初の20ha以上から10ha(1971年),5ha(83年)へと大幅に緩和されてきたことからも明らかである.

第3は,土地税制による農地の都市からの排除である.その典型が,宅地なみ課税の導入・実施である.

宅地なみ課税とは,一言で言えば農地の宅地化を促進するため,農地を宅地とみなし,宅地なみの固定資産評価・課税することによって農地利用の継続を困難にする税である.したがって,現に農耕の用に使われている農地であっても,農地評価・課税に比べ桁外れの固定資産税額となるとともに,農業収益と掛け離れた税額となる.ちなみに,大阪府内での10a当たりの税額をみると,高いところでは200万円を超える場合もあり,40～50万円は決して珍しくない.だから,評価額の高いところでは10a当たりの税額が当該農地で得られる通常の農業収益をはるかに凌駕している.この事実が物語るように,農地に対する宅地なみ課税は通常の農業収益では到底納税できないか,もしできても農業収益を著しく損なう重税である.宅地なみ課税の実施が,近代税制の原則である「元本不可侵の原則」や「応能の原則」から逸脱したものとして厳しく批判された所以もここにある.

こうした重税に対し当然のことながら農民の抵抗は激しく,"10年戦争","20年戦争"と称される長期にわたる攻防戦が展開された.この過程で,特定市独自の宅地なみ課税還元制度(1973年からいくつかの市で実施され,以後関係市の多くで実施),宅地なみ課税減額措置(1976-81年),長期営農継続農地制度(1982-91年)が創設され,宅地なみ課税の全面実施はくい止められてきた.しかし,バブル期の狂乱地価を契機に再浮上した都市農地の宅地化促進の嵐の中で長期営農継続農地制度が廃止され,3大都市圏の特定市区の市街化区域内農地は「保全する農地」と「宅地化する農地」に2区分化(1992年)された.その結果,3大都市圏の特定市の農地の約7割が「宅地化農地」となり,宅地なみ課税が課せられることとなり現在にいたっている[5].

表 4-3　東京都・大阪府の農地面積の動向

(単位：ha)

	1956	1960	1965	1970	1975	1980	1985	1990	1999
東京都	40,731	36,200	27,700	18,600	14,600	13,300	12,500	11,500	9,200
大阪府	46,945	45,400	38,100	29,900	23,800	21,900	19,900	18,100	15,600

資料：『農林水産累年統計』(東京都)，同 (大阪府)，第62次・74次『農林水産省統計表』等から作成．

　このようにわが国では一方で農地制度，都市計画制度，土地税制等を通じ強制的に農地の宅地化を推し進めてきた．同時に，他方では市場メカニズムによる土地利用調整を放任している．一般に資本主義社会では公権力や住民運動等による規制がない限り土地利用の競合の調整は，市場メカニズムを通じ土地を利用して得られる収益の多寡によって決せられる．そこでは，利用の目的や意義でなく利用して得られる収益の大小が競合を決する．したがって通常収益性の低い農業的土地利用は，商工業的土地利用や不動産資本による土地利用等との競合において絶えず敗者とならざるをえない．こうした市場メカニズムによる土地利用調整のもとでは，「農民による零細，分散所有から商社，土建資本による巨大・集中所有への転化」，「土地の農民的利用から資本家的利用への移行，すなわち土地利用の資本主義化」(硲〔1973〕35，94頁) が急激に進行した．

　以上のような土地政策の展開によって，たとえば1950年代半ばには，約4万haあった東京都の農地面積はわずか10年後の1965年には3万haを割り，15年後には2万haさえ割り込んでしまった．そして，高度経済成長の終焉が告げられた70年代末には14,000ha台まで落ち込んだ．それ以後も減少率は低下したものの依然として減り続け，いまや9,000ha余りを残すまでなっている (表4-3)．このように，東京都の農地面積は半世紀足らずの間に実に往時の4分の1以下に激減したのである．とりわけ，東京都特別区 (現在23区) での農地面積の減少が顕著である．そこでは1950年に1万haあった農地が95年には1,100ha弱へと10分の1に激減している．

大阪府においても状況は基本的に同じである．そこでも1950年代半ばにはいまだ47,000haの農地があった．それが，1965年には4万ha（38,000ha）を切り，75年には24,000haへと半減する．さらに，その後も減少し続け，いまや15,600haと往時の3分の1以下まで落ち込んでいる（表4-3参照）．とくに，大阪市での農地減少が際立っており，ここでは1955年当時に2,000ha近くあった農地がいまや150haへ激減している．半世紀足らずの間に実に10分の1以下になっている．

3. 都市的土地利用と農業的土地利用の共存をめざして

3-1 都市と農業・農地の共存の思想の再構築

前述のようにわが国では広域型・分業型都市の形成と拡大，土建国家型都市建設，農地の宅地化促進政策が進められてきたし，いまなお再編・強化されている．そうしたもとで都市の内部及び周辺の農業・農地が大量かつ急速に減少・かい廃し，農業のない地域が拡大しつつある．それだけに，これ以上都市から農業・農地を失わないためにも，さらに人間が住むにふさわしい都市を再生するためにも都市と農業・農地との共存の思想の再構築が強く求められている．

エンゲルスは『反デューリング論』（〔1960〕訳508-9頁）の中で，「都市と農村との対立を廃止することは，たんに可能なばかりではない．それは工業生産そのものの直接の必要事となっており，同様にまた，農業生産でも，そのうえ公共衛生上でも，必要事となっている．ただ都市と農村とを融合させることによってのみ，今日の空気や水や土地の汚染をとりのぞくことができ，ただそうしてのみ，今日都市で痩せおとろえている大衆は，彼らの糞尿が病気を生みだすかわりに植物を生みだすのにつかわれるという状態をかちとることができる」と述べている．また，『住宅問題』という著作で住宅問題の解決のためにも都市と農村の対立の廃止が必要なことを強調している（エンゲルス〔1974〕訳75-6頁）．

田園都市の提唱者であり，実践者であったE. ハワード（〔1968〕訳79,84頁）は，「過密で不健康な都市が経済科学の最後のことばであるかのように，あるいはまた鋭い線によって工業と農業を分割する現在の産業形成が，必然的に永続するかのように考えられていることが問題である」，「都市生活と農村生活の二者択一があるのではなく，じっさいは第三の選択——すなわちきわめて精力的で活動的な都市生活のあらゆる利点と，農村のすべての美しさと楽しさが完全に融合した——が存在する」とし，そのためには，「都市と農村は結婚しなければならない」と強調した．そして，彼が建設したロンドン郊外の田園都市（レッチワース等）では，生鮮農産物の供給，緑地空間及び都市から排出されるゴミや糞尿の土壌還元の場としての農業が不可欠の要素としてセットされていた．

　大正末から昭和初期にかけて，大阪市長としてわが国の都市政策に大きな足跡を残した関一はこう述べている．「松の木は，灰色の葉を持って居ると答へる児童を有する現代の都市生活は禍なるかな」．「大大阪の市域内に七千町歩の田畑を包含する事実を以て如何にも不自然にして不可解の現象なる如く考ふる人々は都市を以て人家連担瓦の海であるべきものとの謬想に捉はれて居るのである」（関〔1936〕145, 148頁）．またこうもいっている．「高層建築の増加のみを誇って居る大阪市の将来は，国民の墳墓があるのみである．之を救ふの途は都市の肺臓である緑色地帯を永久に保留することである」（〔1929〕2-3頁）．

　このように関一は，都市には，いや都市にこそ農業や緑が不可欠であることを明快に論じている．さらにその具体策として都市緑化の必要性を説き，都市緑化のためには建設地と非建設地を明確に区分し，非建設地には永久に建物を建てないことを提案した．そして，非建設地の中に公園・運動場・緑地とともに農耕地も入れた．そこには，都市の自然・緑を守るためには農地は永久に潰さないという，明確な思想が流れている．

　都市と農村の融合の必要性と可能性を説くエンゲルス，ハワード，関等の先見性は，都市による農村の大規模かつ急激な放逐・併呑が進み，いわば都

市と農村との対立が極限まで推し進められたわが国の大都市においてより大きい説得力を持って実証されている．それだけに，こうした思想はわが国においてこそ食料や自然・緑を守り，取り戻す運動，農業を守る運動等の前進によって継承・発展させていかなければならない．

　都市と農村の融合，都市と農業や自然の共生は，わが国だけの課題ではない．わが国とは都市形成の歴史が大きく異なり，したがって都市と農業・農村の存立構造も異なる欧米においても，都市問題の解消のために都市と農村の融合，都市と農業・自然との共存が追求されている．イタリアのフィレンツェ市における歴史的街並み・景観と緑・農業の共存を図る取り組み[6]，ミラノ市の「市民の森」や農地を含めて都市の公園化を図っていくパルコ・スウッド（南公園）の取り組み[7]，ドイツを中心にヨーロッパ全体に広がっているクラインガルテン・市民農園[8]，フランスにおける「地球の友」の運動等々は，その代表的事例である．

　すでに多くの人が紹介しているように欧米諸国においては仕組み等の違いはあるものの「開発原則禁止」を前提にした開発規制法制が確立している．だから，そこでは「計画なきところ開発なし」，「建設不自由」といった原則が根づいているとともに，「農地はむやみに潰さない」ことも制度化している．たとえば，ドイツの建設法典（1986年制定）では，「土地は節約して，大切に使われるべきである．農地として，森林として，または住宅目的に利用されている土地は，必要な限りでのみ，他の用途に予定され，要求されるべきである」（1条5項3文）（原田他〔1993〕48頁）と明記されている．また，同国の空間整備法（1965年）にも「農業的利用に対して好適な土地は，必要不可欠な範囲においてのみ他の用途にあてられるものとする」（2条5項）と規定されている．このドイツの土地法に代表されるように，欧米諸国では国土利用・開発に関する総括的な法制度において農地の保全，農業的土地利用と非農業的土地利用の共存を志向している．

　こうした取り組みのバックボーンになっているものは，都市住民の生活を守り良好な居住環境を保全していくためには，都市緑化が不可欠であり，そ

のためにも都市の内部およびその周辺の農地・農業,森林等を積極的に保全・活用していくことが必要という基本認識であり,さらには都市に緑と農業を取り戻さなければならないという思想にほかならない.

さらに注目する必要があるのは,ドイツにおいて地域政策の基本目標とされている「健康な地域」(gesund Gebiet) づくりの発想である.租田 (〔1989〕221-2 頁) の整理によると「健康な地域」の条件は,①多様な産業部門が有機的に組み合わされた地域,②人間の生命を保障する生態環境の維持されている地域,③人間的,協同的な生活世界を持つ地域である」.この 3 つの基準から現在のわが国の都市をみれば,わが国の都市がいかに「不健康地域」になっているか明らかであろう.わが国の都市は,この「健康な地域」になるためにも,農業や自然・緑を取り戻さなければならない.

以上みてきたように,世界各国において深刻化している都市問題を緩和し解決するためには,都市内やその周辺にある自然・緑の保全,さらには農地・農業の保全や復活がさし迫った課題になっており,ヨーロッパの諸国ではすでにその実現をめざす取り組みも展開されている.わが国にいま緊急に必要なことは,都市と農業・農地の共存の思想の再構築である.

3-2 都市・住宅政策の転換と"農業のあるまちづくり"の推進

かつて早川 (〔1977〕100-1 頁) は,「大都市周辺部に介在する農地の宅地化をいたずらに促進するが如き措置は,都市空間の存立基盤を損ない,人間を死の空間に追いやるといえばいいすぎであろうか.農地や森林をさらに宅地化せねば住宅不足を補えないのだとすれば,都市人口の縮小を図ることこそ政治は考えるべきなのである」と指摘した.しかし,この警鐘はわが国の都市・住宅政策に生かされていない.

『都市とオープンスペース』の著者,H. ホワイト (〔1971〕訳 424,428 頁) は強調する.「将来の大都市圏をより良いものにする最良の方法は,将来も残りそうなオープンスペースを今確保しておくことである」,「現在まだ残っている土地は,ここ数年内に確保すべきである.今われわれは,現在残

されている景観を最後のものとして保存することを宣言すべきである」と．現代の都市では，オープンスペースそのものが著しく僅少になり，農地等は都市に残された貴重なオープンスペースになっている．そうしたもとでホワイトが強調するように，オープンスペースを確保するためにはいかに農地等を保全するかが重要な課題になっている．

　にもかかわらず，わが国の政府は「21世紀の国土のグランドデザイン」（5全総）において，「快適で活力ある都市の整備」の第1に都市の防災性の向上をあげながら，そこには農地のもつ多面的な防災機能を生かす方向は微塵もない．阪神・淡路大震災の教訓はまったく生かされていない[9]．また，先般（2000年5月）制定後30年余を経過した都市計画法の大幅改定が行われたが，残念ながら農業・農地の多面的役割・機能をまちづくりに生かす視点が欠落している．逆に一層の農地かい廃・農業破壊につながる都市計画区域外の開発容認や市街化調整区域での開発規制の緩和を打ち出している．いまだ，農業・農地無視もしくは軽視の都市・土地・住宅政策が横行している．

　したがって，いまこそ都市・住宅政策を農業・農地を生かしたものへと転換していくことが急務となっている．しかも，これからの都市は，高度経済成長期に典型的に見られたような社会増・自然増による膨大な人口増の場ではなく，高齢化と少子化によって人口はむしろ停滞・縮小していく傾向にある．こうした都市人口の基本動向は，これからの都市のあり方を大きく左右することは必至である．この点からもこれまでのような都市拡大とスクラップ＆ビルトを前提にした宅地供給至上主義的政策の転換が焦眉の課題となっている．

　だが，都市・住宅政策の転換は拱手傍観しているだけでは実現しない．それは，都市住民や農家の自主的・主体的な運動の前進と拡大によってはじめて実現する．最近，生活協同組合・消費者団体等による「産直運動」，有害食品追放運動，食生活見直し運動あるいは各種市民団体等による自然・緑の保全を求める運動等々が次第に芽生え，前進しつつある．これらは，都市から農業が大量に放逐されたことにより生命・生活を脅かされている都市住民

の抵抗運動であるとともに，奪われつつある食料や自然・緑を再び住民の手にとりもどそうとする運動でもある．また一歩進んで，都市住民と都市の農家とが連携し，有機農業・無農薬栽培による安全な食べものを確保する取り組み，生ゴミ等の堆肥化と農地に還元する取り組み[10]，都市住民自らが農作業・農体験をする場としての市民農園等の拡充を求める運動等も広まっている．さらにこれらの運動は，国分寺市等における先駆的な実践に代表されるように「農のあるまちづくり」をめざす運動に発展しつつある[11]．

他方，都市地域の農業者も長年にわたる宅地なみ課税反対運動等を通じ，都市地域における農業の存在意義とそれを守ることの必要性に確信を強めてきているとともに，農業を守るためにはなによりも広範な都市住民の支持が必要だという教訓を引きだし，農業祭，農産物の直売，対話集会等を通じて都市住民との交流・連携を追求している．

都市地域の地方自治体でも，こうした動きに対応していまだ部分的とはいえ都市の農業を守る独自の施策を展開している．またそれと同時に，各自治体の総合計画や基本構想の中に「緑豊かなまち」，「うるおい・やすらぎのあるまち」，「健康で心ふれあうまち」，「快適で安心して住めるまち」等をキーワードとして盛り込まざるをえなくなってきている．そして「食糧の安全都市宣言」(1988年)を行った今治市のように，安全な食べものの確保と健康な生活の推進を市の基本方針に掲げる自治体もあらわれている．また，岐阜県や上越市などのように，自治体独自で食料自給率の目標値を設定し，地域から食料自給率の向上に取り組む自治体もあらわれている．

これら一連の動きは，都市からの農業放逐に歯止めをかける運動・取り組みが次第に発展しつつあることを示している．と同時に，都市と農業との融合，都市と農業との適合的な相互依存関係・共生を実現するための主体的・物質的条件が成熟しつつあることを物語っている．

都市で生まれ，育つ人間が多数を占めるにしたがって，都市が都市住民にとってふるさとになりうるかどうかが問われ，都市生活において真の豊かさが強く求められているいまこそ，これ以上都市から農業を失ってはならない

ことを宣言すべきである．いま求められているのは，都市の農業・農地を計画的に保全し，都市と農業・農地の共存を図るための都市計画・都市政策，都市農業政策の確立である．農業のあるまちづくりの推進である．

3-3 当面する政策課題

現在，都市的土地利用と農業的土地利用の共存及び両者の合理的配分・配置は，良好な居住環境の形成のみならず，都市の再生・活性化のためにも緊急な課題になっている．その際，まずつぎの2点を確認しておく必要がある．

第1は，都市住民の"いのちやくらし"を支えるためには，都市的土地利用や農業的土地利用など異質で多様な土地利用の共存・共生が不可欠であるということである．これまで都市における土地利用は，都市的土地利用を最優先し，資本の利潤獲得に最も好都合な利用形態が追求されてきた．そこでは農業的土地利用はひたすら排除された．その結果，資本にとっては効率的であっても人間の住めない，住みにくい都市が出現した．昼間は大企業の事業所に占拠され，夜間はゴーストタウンとなる都心部，公害をまき散らし，付近の住民を追い出すコンビナート，ベットタウンになりさがったニュータウンなどは，そうした土地利用の帰結であり，典型である．

第2点は，日本における都市形成の歴史の特徴からみて，わが国では都市的土地利用と農業的土地利用との混在がむしろ常態であり，したがってこれを踏まえ，地域の実態にそくしながら「秩序ある混在」を実現していくことが理にかなっていることである．

以上の基本線をふまえ都市的土地利用と農業的土地利用の共存と最適配置を図っていくための具体策の一端として，"都市型農業振興地域制度"の制定，"都市型市民農園"（カルチャーファーム）の創設，都市農地の区分見直しと「宅地化農地」の活用を提唱したい．

(1) "都市型農業振興地域制度"の制定

都市型農業振興地域の設定は，先に指摘した2つの基本問題に加えて，つぎのような差し迫った理由からも早急に必要となっている．その1つは，改

正生産緑地法にもとづく生産緑地地区の指定である．市街化区域内農地でも生産緑地地区に指定されたものは，30年営農の義務付けが課せられており，農業継続や農地利用等に関する規制において農業振興地域の農用地とほとんど遜色のない条件下におかれている．つまり，市街化区域のなかに実質的には農業振興地域と同じような農業的土地利用を行うべき農地が出現したのである．それだけに，ただ生産緑地地区として指定するだけで，農業振興は放置するということは許されない．

　もう1つは，農振地域の設定のない市街化調整区域（いわゆる白地地域）においても土地利用の整序が強く要請されてきたことである．この区域にあっても開発規制の緩和等によって無秩序な開発や土地利用の混乱が進み，農地のスプロール化が一層進行するだけでなく，地域環境の悪化が顕在化している．こうしたもとで，改めて農業的土地利用と都市的土地利用の調整が緊急の課題になっている．

　このような差し迫った課題に対処していくためには，農業振興地域制度の拡充が最も現実的で有効である．もっともこれを実現していくためには，現行の農業振興地域制度の抜本的改正と弾力的運用が不可欠である．とりわけ，都市農業の実態に即した都市型農業振興地域制度の創設が必要である．この都市型農業振興地域制度の最大のポイントは，地域指定要件，とくに面積要件（都市地域にあっては概ね100ha）を特例措置を設け思い切って引き下げることと，地域指定や整備計画の推進等に対する自治体の権限と責務を大幅に強化することである．この都市型農業振興地域制度の創設によって，たとえば1～2haの小規模な区域であっても長期に農業継続が図られる区域であれば，市街化区域内でも，あるいは白地の市街化調整区域でも農業振興地域として指定し，積極的に農業振興を図っていくべきである．そうすることによって初めて，ゾーニングによって分断されていた農地利用が一体化し，農業振興地域，白地の市街化調整区域，市街化区域内にあるそれぞれの農地が連続したものとなる．また，そのことにより都市地域でも農業的土地利用が保証されるとともに，農業的土地利用と都市的土地利用との長期間の共存も

可能となる．

なお，都市型農業振興地域制度の先駆けとして，すでに大阪府の「都市緑農区制度」や横浜市の「農業専用地区」といった先進的取り組みがあるので，こうした成果を踏まえつつ国の農業振興地域制度の抜本的改善を図っていくべきである．

(2) "都市型市民農園"（カルチャーファーム）の創設

都市的土地利用と農業的土地利用の共存を図るうえでもう1つ重要なことは，農地の多面的機能を生かし，農地の社会的利用の途を拓くことである．

都市地域においては，現在相当数の市民農園（貸農園），学童農園などが設置されている．これらは都市住民や学童に土と親しむ機会，作物をつくる喜びなどを提供し，農業啓発のうえでも無視できない役割を果たしている．

しかし，既存の市民・学童農園の多くは，狭小な区画，無秩序な利用，農家及び利用者間での交流の欠除，貧弱な施設，さらにはおよそ美しくない景観など，規模，施設，運営などの内容面でも，また景観の面でも不十分である．このような現状を改善し，市民・学童農園を文化，教育，健康も語れる住民共通のいこいの場，緑のオープンスペースとして育てていく必要がある．市民農園がこうした内容を持つならば，名実ともに文化と耕作が一体となったカルチャーファームと呼称できよう．

農家も都市型市民農園の創設において農地の提供者としてのみ行動するのではなく，農業生産や地域文化の専門家としてカルチャーファームに積極的に係わることが期待される．また，カルチャーファームとして活用される農地に対しては相続税，固定資産税等土地税制の面からも減免措置を講じる必要がある．

(3) 都市農地の区分見直しと「宅地化農地」の活用

すでに指摘しておいたように1992年3大都市圏特定市の市街化区域内農地が，「保全する農地」（生産緑地）と「宅地化する農地」に2区分化された．しかし，区分後の実態を見ても明らかなように2区分化では都市農業の安定的な存続のみならず良好な都市環境や計画的な宅地供給は図れない[12]．都市

農地は，保全する農地と宅地化農地という機械的で拙速な2区分化ではなく，都市の中に農業・農地を積極的に位置づけ，農業者の意思や都市住民の意向を踏まえながら詳細かつ計画的に峻別を図っていくべきである．では，都市農地のより安定的・積極的保全のための区分とはどのような方向なのか．それは，つぎのように整理できよう．

　①農地の利用実態，農業者の営農意思，都市住民の意向等の綿密な調査等を踏まえ，市街化区域内農地を下記のように3系統5分類に峻別し，それぞれの利用方向を確定する．

　　A. 世代継承して農業的利用を行う農地 ─────┐
　　B. 一代限りもしくは少なくとも十数年 ──────┼─農地系
　　　　間は農業的利用をする農地
　　C. 市民農園に利用する農地 ──────────┘
　　D. 都市施設用地にする農地 ──────────都市施設用地系
　　E. 計画的に宅地転換を図る農地 ─────────宅地系

　②農地系（A，B，C）については，農業政策と都市計画の両側面から積極的かつ長期的に保全すべき農地として「農業専用区域」もしくは都市計画法の地域・地区制や地区計画制度の中に位置づける．とくに，世代継承して農業的利用を行う農地は「永久農地」として各種優遇・支援措置を付与する．

　③農地系のうち市民農園に供する農地について市民農園整備促進法などを拡充し，都市計画の中に積極的に位置づけるとともに，それら農地は相続税納税猶予制度の適用対象とする．

　④都市施設用地系への農地転換については，公共性・公益性の高いことを評価し，税制上の優遇措置等支援・援助を行う．とくに，都市公園・ちびっこ広場・福祉広場・遊水池等への誘導を図る．

　⑤宅地系への転換は，計画的転換，良好な住宅地の形成，住宅困窮者への優先的譲渡，周辺農地への悪影響の排除などに留意し，政府・地方公共団体と農業者との協力，共同のもとで行う．そのためにも，農地の宅地への転換は，地区詳細計画等によって計画的に進める．

また，当面の問題として3大都市圏特定市の市街化区域内農地の約6割（21,000ha）を占める「宅地化農地」の適正化も避けてとおれない．現在，この農地は良好な住宅地の形成への方向性をもたないまま，いわば"塩漬け"状態になっている．そこで，都市農地の抜本的区分までの当面の対策として宅地化農地即「転用すべき農地」といった位置づけを改め，その多面的利用の途を追求する必要がある．たとえば，市民農園・学校農園・都市公園・児童公園等への活用，防災空間等ライフ・スポットとしての活用，高齢者・身体障害者等のための福祉施設としての活用等を追求すべきである．このまま放置すれば確実に減少し，かつ有効な活用の途も用意されていない都市農地を生かすためにも宅地化農地の見直しが急務となっている．

　なお，以上のことを実現していくためにも農業と農家を生かした都市計画の策定と推進が求められている．わが国では，農業を都市計画・土地利用計画に積極的に位置づけていく思想および法制度の整備が決定的に遅れている．せいぜい生産緑地法（1974年制定，91年改正）にもとづく生産緑地地区，農住組合法（1980年制定）や「大都市地域における住宅等の供給促進に関する特別措置法」（1975年制定）にもとづく集合農地制度において一定の位置づけがなされているにすぎない．しかし，これらの制度は農地の宅地化促進が主眼であり，農地の保全は消極的・従属的位置づけしか与えられていない．したがって，これら制度を抜本的に改革・改善し，農業・農地を積極的に位置づけたものにしていく必要がある．

　と同時に，農家を生かす方策も追求すべきである．農家はこれまで都市計画においてもっぱら用地の供給者として受動的位置にあった．また，個別的には自己の所有する土地（農地）をいかに有利に運用するかという土地経営に終始しがちであった．しかし，貴重で限られた土地（農地）の所有者である農家が，単に傍観者であったり，個別的な土地経営にとどまっていることは許されないであろう．農家は，自主的・主体的に農地の中・長期の利用方向を明確にし，それぞれの地域における都市計画・土地利用計画に積極的に参画していくべきである．都市計画サイドもそうした農家の自主性を引き出

すよう努める必要がある．

　注
1) この点については，山地〔1982〕等を参照のこと
2) 大阪府の都市計画法にもとづくゾーニング（線引き）については，大阪府土木部〔1970〕，大阪府農業会館〔1994〕等を参照のこと．
3) 高度経済成長期における「農地取上げ反対運動」については，全日本農民組合大阪府連〔1978〕に詳しい．
4) わが国における農地動態については，石井〔1991〕を参考されたい．また，都市地域（とくに大阪府）の農地動態については，大西〔2000〕が参考になる．
5) 宅地なみ課税，生産緑地法改正と市街化区域内農地の2区分化等に関しては，橋本〔1995〕に詳しい．
6) フィレンツェにおける緑および農業保全対策については，ピアッツァ〔1987〕や，宮本憲一「都市と農村・共存を求めて―フィレンツェなどの試み―」（朝日新聞1984年11月3日付夕刊）を参照されたい．
7) ミラノ市の「市民の森」およびパルコ・スウィッドに関しては，クレスピ〔1987〕や全国農協中央会〔1989〕を参照のこと．
8) ドイツ等のクラインガルテンについての資料は最近かなり増えてきたが，まとまったものとして荏開津他〔1987〕等を参照されたい．
9) 震災時における地域農業・農地の役割・機能については，兵庫県農業協同組合中央会〔1995〕，保田〔1996〕等が参考になる．
10) 最近の事例としては，神戸市民生協，長井市や熊谷市の取り組み等が注目を集めている．
11) 国分寺市における「農のあるまちづくり」の紹介については，渡辺他〔1989〕に詳しい．
12) 3大都市圏特定市の市街化区域内農地の2区分化措置後の動態については，筆者（橋本）が研究代表者となった『三大都市圏における都市農地の現状と有効利用に関する研究』（平成9〜10年度科学研究費補助金研究成果報告書，1998年）を参照していただきたい．

第II部　アメリカ編

第5章 アメリカ住宅市場と住宅問題

はじめに

　アメリカの住宅市場は，先進諸国の住宅市場のなかでどういう特徴を持っているのだろうか．表5-1を見よう．アメリカはイギリスと並んで持家保有の比率が最も高い国である．他方，西欧諸国がイギリスを含めて相当に大きな公共住宅ストックを持つのにたいして，アメリカの公共住宅は微々たるものに過ぎない．その意味でアメリカは民間住宅市場が——そして持家保有が——圧倒的に優位な国である．この点では日本もアメリカと同様の特徴を持っていると言えそうだが，その内容には大きな格差がある．アメリカと日本ではまず一般的な居住水準が違う．土地利用規制や建築規制もアメリカのほうがはるかに厳格である．住宅政策はどうか．日本の住宅政策は事実上持家取得の支援が中心だと言われてきた．ところがこの持家支援策をとってみてもアメリカは格段に徹底している．

表 5-1 欧米と日本の住宅ストック構成 (%)

	イギリス 1992年	オランダ 1991年	デンマーク 1991年	ドイツ 1987年	フランス 1992年	アメリカ 1993年	日本 1993年
持　　家	66	46	58	38	54	65	60
民間賃貸	10	12	16	43	21	32	31
公共賃貸	24	41	21	15	17	3	7

注：デンマーク, ドイツ（旧西ドイツ）, フランスは, これら以外の保有形態のストックが存在する.
出所：Hills〔1998〕p. 161. アメリカ：American Housing Survey of 1993 等. 日本：住宅統計調査（1993年）.

　序章第2節で論じられたように，一方で日本とアメリカは等しく後発型かつ民間投資主導型の住宅市場という特質を共有しつつも，他方でアメリカは，ヨーロッパ諸国とは異なる形態であれ，住宅の公共財的性格に対応する建築不自由の原則そして住宅政策を確立してきた．ここに日本とアメリカの格差があることは明らかである．

　とはいえアメリカもまた深刻な住宅問題を抱えている．しかもそれは，この国の住宅市場や住宅政策の性格と深く結びついている．このことを考察するのが，本章そして第6章，第7章の目的である．

　いま住宅市場や住宅政策の性格と住宅問題との間には結びつきがあると言ったが，本章ではとくにこの「結びつき」というところに留意して，そこで本質的と考えられるポイントを明らかにしたい．では何をもって本質的と考えるか．そのための理論的基準は序章第1節で論じられている．その要点を振り返っておこう．

　第1は土地所有の二重独占に根拠をもつ住宅市場の特殊性と問題性である．二重独占の一方たる土地の利用独占のゆえに，住宅市場は優等・劣等の序列にしたがって階層化＝差別化された構成をとる．他方の所有独占のゆえに，住宅市場は基本的には売り手（貸し手）市場であり，そのことがアフォーダビリティ問題の発生や土地利用＝居住の不安定化の原因となる．つけ加えて言えば，これら住宅市場の二重の特殊性が住宅市場の不安定性を強めること

になる．そもそも市場というものは絶えず需給不一致の繰り返しであり，大きくは景気変動の繰り返しである．その意味で商品市場一般が不安定性をおびている．住宅市場では，上述の二重の特殊性が恒常的な競争制限，地価上昇への圧力，そして投機という形をとって作用することにより，この市場の不安定性をいっそう強める．

　第2は市場をつうじた住宅供給がもつ限界である．住宅は必需品だが高価な商品でもある．したがって市場供給は，住宅にたいするニーズのすべてを充足することはできない．そこから公共部門が直接または間接に住宅供給を担う必要が出てくる．

　第3は住宅消費における私的性格と社会的性格である．住宅消費の社会的性格という側面から，土地利用規制や建築規制という形での住宅市場への公共的介入・制御の必要が生まれる．

　さらに第4に，住宅市場がもつこれらの特質はいずれも住宅政策の必要性の根拠となる．すなわち，一方では住宅市場の不安定性を緩和し，他方では住宅供給の一部を担い，かつ住宅市場における生産者・消費者等の行動を規制する住宅政策が必要となるのである．

　以上が住宅市場の特質と住宅政策の機能についての一般的規定である．では，このような住宅市場の特質と住宅政策の機能はアメリカではどういう具体的歴史的な様相をとるのか，これが論じられなければならない．

　こうした方法的枠組みのもとにアメリカ住宅市場・住宅政策と住宅問題の結びつきを考察すること，これが本章の課題である．以下の構成をあらかじめ示しておこう．まず，アメリカ土地・住宅市場の特質とそこでの公共的規制の役割を考察する（第1節）．つぎに，持家供給を中心に発展したアメリカ住宅市場において住宅政策がどういう役割を果たしたか，その特質を考察する（第2節）．さらに，1980年代に現れた住宅政策の新しい潮流である民活政策と規制緩和に焦点を当て，それが住宅市場にどういう影響を及ぼしたかを考察する（第3節）．最後に，今日のアメリカ住宅問題の様相を，上記の考察から明らかとなるであろう住宅市場と住宅政策の特質および問題性の

帰結として位置づけ，これを考察する（第4節）．

1. 都市化と土地・住宅市場

　アメリカに成立した土地所有はどういう特質を持っていたのか．そして，この土地所有および土地市場と土地利用規制とはどういう関係にあったのか．また，膨大な移民の流入によって成長したこの国は，深刻な人種間民族間の格差と社会的差別を抱え込んでいる．そのことは住宅市場にとってどういう意味を持ったのか．本節ではこれらの論点に留意しながら，アメリカに独自な土地・住宅市場の特質を考察する．

1-1 アメリカ社会と土地所有
　アメリカ社会は「自由な移住民によって開拓される処女地」として出発した[1]．アメリカを築いた移民の多くは，ヨーロッパ封建社会の解体と近代化につれて排出された農民や手工業者たちだった．彼らはこの地で「自己労働にもとづく私的所有」の担い手となり，イギリスからの独立と合衆国建国をつうじて，ヨーロッパの旧秩序から解放された自由な市民社会を創り出した．その基礎にあったものが生産手段の私的所有とくに農民の土地所有である．
　17世紀および18世紀に大西洋岸イギリス領植民地で形成された土地制度は，北部ニューイングランド植民地ではタウン・システムと呼ばれる共同体的社会関係に組み込まれた農民小土地所有，そして南部植民地では奴隷制プランテーションの大土地所有と，それぞれ性格の異なるものだった（鈴木圭介編〔1972〕18-55頁）．このうちタウン・システムは，その解体をつうじて共同体的関係から自由な農民的土地所有が生み出されていくことから，近代アメリカ社会の形成にとって重要な歴史的意義を持っている．アメリカは19世紀前半に産業革命を経過し工業化への途を歩むのだが，それでも農業従事者の数は1850年には全就業人口の64%であり，1870年でも50.2%を占めていた．近代アメリカ社会における多数者は農民，しかも自らの土地と

労働で生活をきりひらく自営農民だった．ニューイングランドのタウンはそのルーツである．

ところでこの自営農民の広範な創出に決定的役割を果たしたのは，建国と同時に開始された，連邦政府による西部に向かっての領土拡大と土地払い下げだった．それはつぎのような方法で行われた（秋元〔1995〕58-60頁；森〔1976〕27-8頁）．土地を面積36平方マイル（93.24km^2）のタウンシップに分割し，これをさらに36のセクションに分割する．そして1セクション（1平方マイル＝2.59km^2）が売却の最小単位とされる．これが競売にかけられるのである．しかも購入代金は一括現金払い（ときには代金の一部を短期間での分割払い）が求められるのだから，とうてい一般の人々に手が出るものではない．そこで，まず商人や不動産業者，鉄道業者などが土地を買い取り，これを小区画に分割して人々に転売するという土地取引が生まれた．その後，政府の土地売却単位は縮小されたり，また1862年のホームステッド法制定以後は農民に土地が無料で引き渡されたりしたが，連邦政府の土地政策がフロンティアを舞台に土地市場の拡大をもたらしたことに変わりはない．そしてそこから最大の利益を引き出したのは，資金力にものをいわせて土地の投機的売買を行う資本家たちだったのである．

こうして農地市場と宅地市場が広がっていった．個人に土地の使用・収益・処分の自由を保障する私的土地所有権が確立されたのは，連邦政府の手で土地が競売にかけられ，完全な所有権の譲渡が行われたことによるものだった（ポズデナ〔1990〕5頁）．

上述のような仕組みをつうじてであれ，土地払い下げは膨大な自営農民を創り出した．しかし彼らの農民的土地所有は，土地の商品化，土地市場の発展のなかに組み込まれていた．フロンティア開拓のサクセス・ストーリーはすべての農民に保証されていたわけではない．彼らはたえず階層分解の圧力にさらされていた．これは上層農民への土地集中につながる．また農場経営資金を調達するための農地転売が広く行われた．地力収奪的な耕作を行い営農地の移動を繰り返す農民も多かった（秋元〔1995〕62-3頁；馬場〔1991〕

39-41頁).これらによって農地取引の活発化,つまり農地の商品化が展開した.営農と生活の基盤たる農民的土地所有は,地価変動に左右される資産保有的性格をも強めていったのである.

先にも述べたように19世紀のアメリカでは,一方で工業化と賃金労働者の増大にもかかわらず,他方で広大なフロンティアを舞台に農業人口もまた増加しつづけた.この点からすれば当時のアメリカはなお農業国,しかも自営農民の国だった.そのことは近代アメリカ社会に独自な性格を与えた.アメリカ社会に特有の規範的理念は,個人主義,自由・平等主義,反国家主義(=自由放任主義)などに集約されると言われる(リプセット〔1999〕18頁).その源流はトマス・ジェファソンやアンドリュー・ジャクソンに代表される19世紀アメリカの民主主義観にあり,いずれも自営農民の倫理を社会の組織原理として理念化したものであった(加茂〔1988〕55-6頁).資本主義社会は,外見的には対等の自立した商品所有者が相互に取り結ぶ社会関係として現れる.近代アメリカではこれが顕著に農民的性格をおびて現れたのである.その意味でアメリカ市民社会の根幹をなすものは私的土地所有であった.

とはいえアメリカにおける都市化は19世紀後半から急速なテンポで進む.土地所有と土地市場の主要な舞台は都市に移る.私的土地所有をめぐる経済関係は,農民的な利害やイデオロギーよりも都市中産階級のそれ,また都市を支配する資本の利害に規定されるものへと転換するのである.

1-2 移民と都市問題

建国直後1790年の時点で都市人口はおよそ20万人,全人口の5.1%だった.人口1万人以上の都市としては,ニューヨーク(3.3万人),フィラデルフィア(2.9万人)などの5都市があったにすぎない.これが1860年には都市人口は620万人,全人口のほぼ20%に増加した.大都市の形成も進み,なかでもニューヨークは人口117万人(ブルックリンを含む)で第2位のフィラデルフィア(57万人)を大きく引き離していた.その後の50年間は都

市化がアメリカ史上もっとも急激に進んだ時代であり，1910年代に都市人口は全人口の50%を超えた．大都市としてはニューヨーク（477万人），シカゴ（219万人），フィラデルフィア（207万人）が他を圧していた．

大都市の成長とともに，19世紀後半には住宅不足やスラムの出現という都市問題が発生する．これを生み出した急激な都市人口増はもっぱら海外からの移民によるものだった（1850-1910年に移民流入は累計2,500万人に達したという）．そのことが都市問題に民族間人種間の差別という深刻な要素を加えることになった（森〔1976〕156-68頁）．

移民の出身地域は，1870年代までは大部分が北西ヨーロッパ諸国であり，とくにアイルランドであった．彼らは，先発移民であるアングロサクソンの「アメリカ人」社会に同化することなく異質の存在でありつづけた．しかも彼らは，工業発展が生み出す大量の不熟練労働力にたいする需要をみたすものとして労働市場の底辺に位置づけられ，かつ貧困のゆえに都市スラムの最初の居住者となった．

1880年代に入ると南東ヨーロッパ諸国からの移民が増加しはじめ，1890年代から20世紀初頭には移民人口の大部分を占めるようになる．彼らは「新移民」と呼ばれ，アイルランド人移民にかわってアメリカ都市社会の最底辺を形づくっていく．1910年代以降はヨーロッパからの移民流入は減退するが，これにかわって国内農村から都市への黒人の流入が始まる．植民地としてのその出発時からアメリカが抱え込んできた黒人差別は，都市における社会問題としての相貌を強めるのである．

また太平洋岸地域では，19世紀後半のゴールドラッシュ時代いらいメキシコ人の大量流入がつづいた．彼らをはじめとするラテンアメリカ系移民（ヒスパニック）は第2次大戦後における移民の中心であり，黒人とともに都市住民の新たな最底辺層を構成する．こうして都市の住宅問題，貧困問題は，アングロサクソン―新移民―黒人・ヒスパニックという民族的人種的差別と折り重なって深刻化したのであった．

第5章　アメリカ住宅市場と住宅問題

1-3　都市問題と都市計画

　20世紀の初頭にアメリカはいわゆる革新主義と都市改革の時代を迎える．独占資本主義段階に到達したアメリカで，一方では金融資本・独占大企業が，他方では新旧の中産階級また労働者階級が社会改革のありかたをめぐって対抗をくりひろげた．その舞台が大都市だったのである．階級対立の背景となる都市問題，その解決をめぐる利害関係はつぎのようなものであった．

　都市は資本と人口が集積する場である．そこに発生する都市問題は，一方では資本蓄積にとっての，他方では住民生活にとっての障害として現れ，その克服の必要がつよく意識された．資本蓄積にとっての障害とは，生産・交通関連インフラストラクチュアの建設の立ち遅れや生産・営業施設の無秩序な配置などによって，資本集積のメリットが発揮できない状態を意味する．とくに大都市が成長する時代には，工業資本だけでなく商業，金融・サービス業資本の集積が進むのであるから，交通インフラの整備や都心部での商業的業務スペースの確保，工場移転など，資本蓄積の効率化を図る都市空間の再編が必要となった．

　住民生活にとっての障害とは，住宅供給と生活関連インフラの立ち遅れや劣悪な住環境の放置などによって，住宅費負担が耐えがたいものとなるだけでなく健康や生命すらも破壊される状態を意味する．労働者階級とくに貧困層がその最大の被害者であり，所得と生活水準の向上そして住宅の改善を求める労働組合運動や社会主義運動が高揚した．また都市中産階級においても自らの経済力に見合った居住条件の改善への要求が強まった．そして資本にとっても，都市における居住空間の改善は，労働力雇用の確保や新たな収益機会の創出という側面からその必要性が意識された．

　これら都市問題は根本的には土地問題である．すなわち，土地所有が資本と住民の土地利用にとってそれぞれ障害となっているのである．都市産業構造の高度化にともなう土地利用の転換は，土地所有の供給制限的性格によってしばしば阻害される．また土地の公共財的性格が私的土地所有，そこにおける土地利用の自由と衝突し，阻害されるという関係は資本の土地利用につ

いても発生する．他方，居住的土地利用は産業的土地利用のたんなる付属物でしかなく，劣悪な住環境と貧弱かつ不十分な借家供給のもと，多数の住民の居住は極めてミゼラブルな状態におかれた．

こうした都市問題，土地問題の深刻化を背景とする都市改革運動のなかからアメリカの近代都市計画が生まれた．都市計画は，生産・営業と生活の場である都市空間を，インフラ整備というハード面ならびに土地利用・建築規制というソフト面から制御するシステムである．言いかえればそれは，土地所有と土地市場にたいする介入・規制のシステムである．土地所有は資本蓄積にとっても住民にとっても障害となる．公共的介入によってこれを克服することが求められる．だが障害をどう克服するかは資本と住民の間で利害が対立するところである．アメリカの都市計画はこの点できわめて明確な選択を示した．

1-4 宅地市場とゾーニング制

1910年代から20年代にかけて，土地利用規制の目標を示すマスタープラン制，そして土地利用規制の具体的手段であるゾーニング制が成立，普及していった．ゾーニング制は1916年のニューヨーク市ゾーニング条例に始まる．それは，都心部における工場や住宅，店舗やオフィスなどの無秩序な集積による土地利用の混乱を規制することで，建物の不動産価値を維持し，資本にとって効率的な都市空間を創り出そうという有力企業家グループの主導権のもとに実現された．ゾーニングとは，住居・商業・工業・緑地といった土地利用の目的別に地域を区分し，その区分ごとに建築物の用途と形態などを規制する計画手法である．これによって都心部に商業・金融などの業務地区および高級住宅地区を優先的に配置し，工場や労働者住宅を都心から排除しようとするものであった．

他方，都市中産階級の住宅要求をみたすものとして開発されていったのが郊外空間である．すでに1860年代から鉄道の発達を背景に富裕層の郊外移住が見られたが，1890年代から都市内交通としての路面電車の普及によっ

て中産階級の郊外移住が本格的に開始され，1920年代以降は自動車の普及がこれに拍車をかけた．ゾーニング制は郊外住宅地でも導入され，1926年に連邦最高裁判所が私的土地所有権にたいするゾーニング規制を合憲と判断したことがきっかけとなって全国の郊外住宅地に急速に普及していった．

郊外住宅地は都市中産階級のための持家市場として成立し，後で見るように第2次大戦後に飛躍的に発展する．ではゾーニング制はこの郊外持家市場の編成にどのように作用したか．渡辺俊一はつぎのように言う．

郊外の自治体は「ふつうは最小限敷地の規制により，ときには排斥的地域制によって，一定水準以下の「商品」の供給を禁止し，「安物買い層」の潜在的需要を押え込んでいる．その上で……不動産価値の保全に大きな関心をもつ住民の行動が，市場機構を通じて居住環境の維持向上へとつながっていく」（渡辺〔1985〕270頁）．

ここではゾーニングが，良好な住宅市場の形成とそこにおける住宅資産価値の維持という機能のみならず，低所得層あるいはマイノリティを当該市場から排除する機能を果たすことが指摘されている．排斥的地域制（排除的ゾーニング）というのは，自治体が財産税（わが国の固定資産税に相当）の増収や行政サービス支出の抑制を意図して，高額かつ高級な住宅の開発を促すために，最低敷地面積および最低床面積要件，多数家族用住宅やモービルホーム（可動式住宅）の制限などの土地利用規制を行うことをさしている．これが住民を経済的さらには人種的に選別する機能を持っているのである．

さらに渡辺は言う（同上，270-2頁）．ゾーニング制によって「郊外自治体は中心都市の低水準を気にすることなく，高い開発水準を規定することが可能であった」．「しかし郊外住宅市場に参入できるのは恵まれた「半分のアメリカ人」にすぎず，締め出された低所得層（多くは黒人等の少数民族）は中心都市ゲットーに象徴される「あと半分のアメリカ」の市場にひしめいている」．つまり低級住宅市場の場としての都市＝「灰色のゲットー」，高級住宅市場の場としての郊外＝「緑のサバービア」という空間的分離である．

1-5　土地所有と土地利用規制

　連邦国家たるアメリカにおいては，各州政府は連邦政府から自立した包括的な権力を備えている．その州政府といえども土地利用規制や都市・住宅政策の分野については関与することが伝統的に乏しく，自治体（郡，市町村など）がこれらについての大幅な裁量権と強い規制・誘導力を持っている．それは法制度的には，ポリスパワー（police power）と呼ばれる，市民生活の共同性を維持するために必要な権限を各自治体が州政府から授権されていることにもとづく．ニューイングランド植民地のタウンを原型とし，建国直後からほぼ百年間にわたる連邦政府の土地払い下げ政策で創り出されたタウンシップが，これら自治体の基礎をなしている．都市計画とゾーニング制はこの自治体ポリスパワーの行使として確立された．土地所有と土地市場はこうした地域社会の規制のもとにおかれている．

　では，そのことと土地所有，土地市場の発展とはどういう関係にあるのか．私的土地所有の発展とは，土地所有権が商品として流通する土地市場の発展にほかならない．ところで私的土地所有権は土地の使用・収益・処分の自由をその内容としており，したがって，この自由にたいする規制，都市計画・土地利用規制は，一見して私的土地所有の自由な発展を制約するものである．じっさい近代都市計画は，私的土地所有の発展がその二重独占のゆえにもたらす弊害にたいして，これを克服することをめざした．しかしその場合にも，土地市場と土地利用規制との関係は市場の自由な運動にたいする介入，制約という単純な対立関係ではない．その反対に，規制が市場の発展をうながす必須の条件となるという関係もまた指摘されなければならない．

　アメリカにおいては，広大なフロンティアの存在ゆえに，農地所有にせよ宅地所有にせよ私的土地所有は互いに競合することなく自由に拡散しえた．これは同時に，土地所有権の商品化の進展，売買差益を求める投機的な土地取引の隆盛でもあった．しかし，土地市場の発展がフロンティアに向かっての農地拡大という形で進行する限りそこに規制や介入の必要性は生まれないとしても，宅地市場はそうはいかない．宅地市場における土地の商品価値は，

都市インフラ建設を含む面的な開発・整備が良好なものかどうかによって左右されるからである．したがって，私的土地所有を整備された環境のなかに囲いこみ，そこで一定の規制をかけることが土地市場の発展にとって必須の条件となる．ここでは土地利用規制は，私的土地所有における土地使用の自由を，土地の商品価値を高めるために制御するものとして機能するのである．

　自治体ポリスパワーによる都市計画は，もっぱら土地の商品化を発展させるための制度的装置として機能した．自治体権力の行使を正当化する公共性，その受益者は住民一般ではなく，都市に集積する資本家集団であり，また都市産業構造の高度化のなかで成長する中産階級であった．土地市場の階層性は緩和されるどころか逆に強化されたのである．宅地市場は，明確に分離された空間的編成——資本のための都心，中産階級のための郊外——として組織された．

1-6　住宅市場の細分化と社会的差別

　分離された宅地市場の空間的編成にしたがって，住宅テニュア（保有形態）もまた空間的に分離させられた．都心部には賃貸保有，郊外には持家保有という空間的配置である．第2次大戦後に入ると，賃貸市場ならびに持家市場の内部でも，住民の購買力の格差に対応して住宅そのものの差別化＝階層化が進展した．持家住宅では，中流世帯向け注文住宅や建売住宅から低所得世帯向けモービルホームまでの多様な商品が供給される．さらに1970年代からは，都心部のジェントリフィケーション（富裕層・中産階級のUターン）と結びついたコンドミニアム（賃貸・分譲マンション）の供給が始まった．また中古住宅流通においても，既存住宅ストックは整備された環境のなかでその資産価値を維持しえた．

　では住宅市場のセグメンテーション（市場の細分化）は具体的にどのように組織されたのか．その実例として，1960年代から70年代初頭にかけてのメリーランド州ボルチモア市における住宅市場細分化の状況を見よう．これについてのデヴィド・ハーヴェイの分析は詳しく紹介する価値がある．

1970年当時のボルチモア都市圏は人口200万人．その中心，ボルチモア市（人口90万人）における差別化＝階層化された住宅市場．これを構成する各「部分市場（サブマーケット）」の特徴を，ハーヴェイはつぎのように分析している（ハーヴェイ〔1991〕102-10頁）．

　①インナーシティ（都心部居住地区）．居住者の70％以上が黒人世帯で，住民の所得水準は最も低い．借家比率は70％を超える．多数の空き家と経営の放棄が見られる．その一方で家賃は家主に13％近い収益率を確保させるほどの高水準であった．

　②非白人エスニック居住地区（東ボルチモア，南ボルチモア）．黒人以外の非白人世帯が集中し，持家比率は66％ときわめて高い．住民の所得水準は低いが住宅価格の水準も比較的低い．

　③黒人持家居住地区（西ボルチモア）．黒人世帯が80％以上を占め，持家率は50％と高いが，住民の所得水準は中間所得層にはおよばない．

　これら比較的低所得の黒人世帯はいかにして持家取得が可能だったのか．彼らは金融機関からの住宅資金借入れの機会を極めて制限されており，また連邦住宅庁（FHA）信用保険制度（これについては後述する）の適用から排除されていた．その彼らが住宅資金を調達しうる唯一の方法は，不動産業者との間での「宅地分割払い契約」だった．これは業者が組んだローン付きで住宅を販売する仕組みである．その場合，不動産業者は住宅価格を不当に吊り上げておいたうえで，その住宅の妥当な評価額にもとづく住宅ローンのほかに，業者みずからが借り入れたローンを上乗せして販売価格に相当するローンを組む．黒人たちは頭金なしでこのローン付きの住宅を購入するのである．ただし，購入したとはいっても住宅所有権は業者が保有したままである．購入者が住宅所有権をえるのは，営々として上乗せローン分を返済しおわり，通常の住宅ローン負債額だけが残った時点からである．60年代をつうじて，こうした手口でこの地域に黒人持家層がつくりあげられていった．一方，黒人持家層の形成はこの地域に居住していた白人中産階級にとって「圧力」となり，彼らの郊外への流出を促していった．

④住み替えが頻繁な地区（北西部，北東部，北部地域）．所得水準は中間所得層に近く，持家率は50％を超えている．黒人世帯はこれらの地域全体としては30数％だが，北西部地域では55％に達し，そこでの所得水準は黒人持家居住地区の西ボルチモアを下回っている．

これらの地域における頻繁な住み替えは，60年代後半に開始された黒人および低所得層にたいする持家支援策の産物だった．宅地分割払い契約はその不当な差別的内容ゆえに社会紛争を引き起こしており，住宅行政当局はこれへの対処を迫られた．FHA信用保険が住宅購入頭金を用意できない低所得層に適用されたことで，彼らには金融機関からの融資の途が開かれた．活発な住み替えは黒人低所得層の流入そして白人世帯の郊外への流出という形で進行したのである．そのさい不動産業者は転出者たちから住宅を買いたたき，FHAが信用保険適用にあたって設定している住宅品質基準を満たすように多少の改修を行ったうえで転売したのである．しかも業者たちは改修費用を節約するために，住宅検査のめこぼしを狙って行政当局者を買収することすらあえてした．

⑤中間所得世帯居住地区（南西ボルチモア，北東ボルチモア）．持家率が60％を超えるこの地域の住宅市場は，FHA信用保険による持家支援の典型的な産物だった．黒人世帯はごく少数だが，非白人エスニック居住地区からの住民の流入が見られ，前述のような住み替えの進行，白人住民との軋轢が強まった．

⑥高所得世帯居住地区（北部地域）．ここは持家，借家ともに高級品の流通する市場である．住民もFHA信用保険に頼る必要はない．他の部分市場からの侵食を受けない特異な市場が形成されている地域である．

ハーヴェイは，これら「部分市場」の階層的構造こそ住民世帯が住宅を選択するうえで決定的な条件を形成していたものだと強調している．住宅市場のこの差別的構造はたんに自然発生的なものというだけではなく，むしろ意図的かつ政策的につくりあげられたものでもある．郊外住宅開発の進展の対極にあったものは，こうした都市住宅問題の深刻化であった[2]．

アメリカにおいては，土地と住宅の商品価値を維持し，かつ高めるという観点から土地利用規制・建築規制の必要が意識され，制度として定着，発展していった．自治体権力が土地・住宅市場への介入を行い，かつ住民がこれを支持あるいは受容するのは一般的には住宅消費の社会的性格からくるものだが，アメリカではこの公共性イデオロギーが，実質的には資本と中産階級を担い手とする，いわば資産所有者間の公共性——すなわち土地・住宅商品価値の維持と向上がその所有者たちの共同利益をなすという性格——によって貫かれていたのである．裏返しとしてそれは，こうした意味での公共性を共に担いえない個人あるいは階層（つまり低所得者）にたいする排除的性格を強くおびるものとなる．

しかもこの国が抱え込んだ人種間民族間の社会的差別は，土地・住宅市場がその本質としてもつ階層性＝差別性，そして資産所有者的な公共性イデオロギーがもつ排除的性格と結びついて，住宅市場の顕著な差別的構造を生み出したのである．さきに住宅市場のセグメンテーションという言葉を用いた．セグメント（商品の細分化）は成熟した商品市場における生産・販売のテクニックを意味するに過ぎないが，ハーヴェイの分析に従って観察した「部分市場」の構成は，住宅市場一般の階層性＝差別性が社会的差別の構造にまで転化されていることを示す．その最底辺に位置づけられるものがインナーシティ・スラムである．

2. 住宅市場の発展と住宅政策

都市—郊外の二元的編成として発展する土地・住宅市場は，自治体の都市計画ないし土地利用規制という装置に支えられているだけではない．住宅の建設と供給およびそれに関わる公共政策にも支えられている．ところがアメリカの住宅政策は歴史的に，もっぱら持家保有にたいする支援策として展開されてきた．これは都市化の進展につれて深刻化する住宅問題への対処としては極めて一面的なものであった．アメリカの住宅政策はなぜ賃貸住宅供給

への本格的な介入，とりわけ公共部門による直接供給の本格的な展開を伴わなかったのだろうか．また，持家支援策としての性格を強くおびる住宅政策は，住宅市場にどういう作用を及ぼしたのか．本節ではこれらの論点に留意し，住宅政策と住宅市場の関係について考察する．

2-1 ニューディールと住宅政策

都市計画ないし土地利用規制と同様，この国では連邦政府による住宅政策はもともと存在しなかった．住宅問題への対処の責任はもっぱら各都市の自治体が担っていたのである．しかも自治体の住宅政策じたいも，先述の都市改革運動を背景にニューヨークなど若干の大都市で始まっていた程度にすぎない．全国レベルの住宅政策が初めて登場するのは，ローズヴェルト政権下の1930年代ニューディール期のことである．

しかし1934年全国住宅法の成立と連邦住宅庁設立に始まる30年代の連邦住宅政策は，金融恐慌で崩壊した住宅市場の再建を主眼とするものであった．連邦住宅貸付銀行や連邦貯蓄貸付保険公社などの公的金融機関が設立され，かつ住宅金融市場にたいする規制が強化されるなど，戦後アメリカ住宅金融制度の基礎がここに形成された．他方，連邦政府は深刻化する失業問題への対応を迫られ，最初の公営住宅建設計画を含む新たな公共事業政策を採用したが，これは不動産業，住宅産業，金融機関や連邦議会保守派の強い反発と攻撃を招き，公営住宅制度をめぐる対立が鋭い政治的色彩をおびて展開された．

ニューディール期の公営住宅制度をめぐる対立とその帰結は，アメリカ住宅政策史において極めて重大な意味を持っている．平山洋介〔1999〕によれば，連邦議会での保守派とリベラル派との対立の背後にあって，その対立の意味をもっとも尖鋭に示すものは，公営住宅を「社会主義」の産物として攻撃する住宅・不動産業者などの経済団体と，最大の労働団体アメリカ労働総同盟をも動かした労働者住宅会議（Labor Housing Conference）の公営住宅設立運動との対抗だった．

労働者住宅会議の運動に指導的役割を果たしたのはキャサリン・バウワーの住宅改革論である．バウワーは，1920年代および30年代のヨーロッパにおける住宅改革運動の発展を踏まえて，公営住宅の建設はもとより，住宅建設にたいする低利資金の供給と建築技術革新によって大量かつ良質の住宅供給を実現し，かつ住宅を投機的な市場から遮断すべきことを主張した．これらの政策によってアメリカにおける非営利的な住宅セクターの形成を展望したのである．これは，かの都市改革運動の限界をのりこえて，住宅政策をもっとも鋭く社会改革と結びつけようとしたものと言えるだろう（平山〔1999〕259-61, 268-70頁；Radford〔1996〕pp. 59-83, 180-6）．

　公営住宅をめぐる保守派とリベラル派の対抗は，1937年住宅法制定をもってひとまず決着をみる．だがそれは労働者住宅会議の政策理念からすれば1つの挫折であった．37年住宅法では公営住宅の入居基準に所得制限が設けられ，公営住宅供給は低所得層向けの施策として限定された．公営住宅供給のための用地収用や住宅建設にたいする連邦政府の直接的介入は拒否された．制度の運営は，補助金交付を通じて連邦政府がこれに一定の影響力を行使できるとしても，実質的には自治体の権限のもとにおかれた．中産階級を基盤とし，地域の名望家たちの意志に強く左右される地方政治のもとでは，公営住宅は著しく人種差別的な政策にしたがって建設，運営されることになった．

　結局，公営住宅政策はニューディール政策のなかでごくマイナーな位置にとどまった．ローズヴェルト政権を支持した労働組合勢力が，公営住宅立法の議会通過には大きな役割を果たしたものの，その具体的な制度化というところではほとんど影響力を持たなかった．当時の労働組合にとっては，社会保障制度の充実は重要な課題ではあっても，公営住宅はさほど切実な関心事ではなかったのである．しかも第2次大戦後は，持家を志向する白人労働者が労働組合の重要な基盤であり，公営住宅の居住者たるマイノリティ・貧困層は視野の外に置かれたのであった（Harloe〔1995〕p. 200）．

2 2　戦後の公営住宅政策

　戦争の惨禍を受けたヨーロッパ諸国や日本とは異なり，アメリカは平時経済への速やかな移行が可能であった．1946年末までに家賃統制を数少ない例外として戦時経済統制は解除された．戦争終結にともなう大量の復員兵にたいしては，1944年制定の兵士社会復帰支援法（Servicemen's Readjustment Act）が雇用（職業訓練），教育（学費補助），健康（医療保険制度），そして住宅（住宅費補助）にたいする支援を提供した．

　個人消費と企業投資の拡大，そして輸出の急速な増進が戦後ブームにつづく高度経済成長をもたらした．同時に大規模な移民が再開され，戦争終結時から1970年までに600万人以上の移民が受け入れられた（1970年代にはさらに450万人の移民が流入）．その大部分はヒスパニックおよび東アジア系移民である．合衆国人口は1950年のおよそ1億5000万人から1970年の2億人以上へと増加した．

　高度成長と人口増加，そして国内人口移動（1950-70年に南部農村から北部諸都市への黒人人口の移動は267万人にのぼる）は，大都市圏の膨張とくにそこにおける郊外地域の拡大をもたらした．1950-70年に大都市圏居住人口は8450万人から1億3940万人に増加し，全人口に占める比率は56%から68.6%に増大した．ところが大都市圏中心都市居住人口の全人口比はほぼ3分の1のままで推移し，これにたいし郊外居住人口の比率は23%から37%に増大した．この郊外人口の増加は，中心都市からの白人人口の大規模な移動によるものだった（その数は同期間に1000万人以上にのぼっている）．他方，中心都市における非白人人口の比率は倍増して25%に達した．彼らの多くは「貧困ライン」[3]以下の低所得層であり，人種・民族別に隔離された形で都心部に集中した（Hall〔1992〕pp. 211-2；Harloe〔1995〕pp. 215-6）．

　とはいえ，大都市化と郊外住宅開発の進展のなかでマイノリティや低所得層の住宅問題が省みられなかったわけではない．1950年代および60年代の都市政策においては，都心部再開発をつうじてインナーシティ住宅問題を改

善しようという企てもなされた（住田〔1982〕241-59頁）．1949年住宅法で連邦政府の補助による都市再開発事業の枠組みが策定され，その中心にスラム・クリアランスと公営住宅建設が位置づけられる．しかし，こうした政策枠組みは早くも1954年住宅法で方向転換させられた．都市再開発事業は民間デベロッパー主導の性格を強めた．都心部業務地区の再編をめざして居住用途から業務用途への土地利用転換が図られ，住宅供給でも，低所得層向け公営住宅ではなく中高所得層向け民間賃貸住宅に重点がシフトした．公営住宅の建設は急激に減退していく．

インナーシティ住宅問題は改善されるどころか，ますます深刻化した．対応を迫られた連邦政府は1960年代に入って都市再開発事業を軌道修正する．スクラップ＆ビルドの事業方式を改め，既存住宅の改修や居住環境整備，さらに教育・福祉・医療などの社会保障政策を組み合わせた総合的な事業手法が導入された．だが，それにもかかわらず都市再開発事業の基本的性格に変化は見られない．住宅以外への土地転用が進み，低所得層は立ち退きを迫られる．受け皿としての公営住宅供給は微々たるものであり，かつ次にみるように大きな問題を抱えていた．他方，市場供給の中心は高所得層向け賃貸住宅である．住宅改修や居住環境整備事業も，家賃の上昇を招くことにより低所得層にたいして排除的作用を果たした．

公営住宅の建設は，もっぱらこうした都心部再開発事業にたいする補完的手段——立ち退きを迫られる低所得層住民にたいする受け皿の提供——としてのみ許容されたのであった．しかも，その受け皿じたいが大きな問題を抱えていた．

「公営住宅は，慢性的な貧困層のための住宅，しばしば劣悪でスティグマ化された「福祉」住宅へとますます限定化されていった」．「1950年代と60年代に建設された公営住宅群の多くは大規模な高層ブロック建築であって，……それらはしばしばアメニティや居住空間についてきわめて貧弱な基準しか備えていなかった（したがって民間市場と競えるものではなかった）．……不十分な管理と老朽化，スティグマ化．……それは後にヨーロッパの多

くの大規模公共住宅において明白となったものである」(ボール=ハーロー=マーテンス〔1994〕86, 99頁).

公営住宅供給は,およそ市場供給にアクセスできない低所得層のための限定的な政策とされた.公営住宅は民間賃貸住宅と競合するものであってはならず,建物はあえて質素にデザインされることを求められた.高層公営住宅は「垂直のゲットー」と化し,「貧困と犯罪の巣」というスティグマ=烙印を押された.

2-3 持家市場の発展と住宅政策

アメリカの全住宅ストックにおける持家の比率はすでに1950年時点で50%を大きく超えており,さらに50年代後半には60%を超えた.もっとも,広大な農村を抱えるこの国では,20世紀初頭に持家はすでに全世帯の47%に達していた.しかしその後の持家率の上昇は全く意味が異なる.持家保有の増加は都市化と並行したものであったし,戦後にはこれがいっそう顕著に進むのである.

持家化を促す要因の1つは住宅供給における技術革新だった.1950年代には,戦争時に抑制されていた住宅更新や住み替え需要が増大し,また結婚の急増による世帯数増加とベビーブームの到来で新規住宅需要が拡大した.これが引き金となって発生した住宅ブームはさらに60年代にもつづく.ブーム到来にさいして住宅産業は,生産拡大のネックとなった建築労働者不足を解決するため,建築部材・部品の規格化とプレファブ化,建築現場作業工程の縮小と効率化による生産性向上を追求した.住宅の量産メリットを生かすために,住宅業者は需要者の世代別に販売ターゲットを絞りこみ,それぞれのライフスタイルごとに特化した住宅開発を競った.宅地造成から建売住宅の建設,販売が同一のデベロッパーによって行われるパッケージ・サバーブの開発である(奥出〔1992〕190-8頁;戸谷〔1998〕113-22頁).

だが,これと並んで持家化を促す要因として重要な意味を持っていたのは住宅政策である.アメリカ住宅政策の中心は,持家保有を支援する住宅金融

政策と租税政策だった（高橋〔1990〕217-8, 225-8 頁）．住宅金融政策については第6章で詳しく論じられるところだが，ここでは戦後の住宅金融の発展にとって大きな役割を果たした信用保険制度について言及しておく．

　FHA 保険制度とは，1934 年に連邦住宅庁（FHA）によって創設された貸付保険制度である．これによって住宅ローンが支払不能におちいったときに金融機関の貸し倒れ損失を補償するのである．1944 年には退役軍人庁（VA）によって同種の信用保証制度が創設された．これら信用保険制度は，融資率が高く（つまり頭金が小額ですむ）固定金利かつ元利均等返済形式の住宅ローンを発展させることとなり，それが広範な人々の住宅金融へのアクセスを可能にしたのである．

　また租税政策としては，連邦・州所得税における住宅ローン金利の所得控除，財産税の連邦所得税からの控除（これらによって持家費用の 20% 以上が軽減されるという），そして住宅売却で発生するキャピタルゲインにたいする減免税などがあげられる．

　これらの政策は戦後の住宅金融の発展，したがって持家保有の普及に大いに貢献したのだが，ここで注目したいことはこの住宅金融の発展が住宅供給と住宅消費にたいして持った意味である．戸谷英世は，1930 年代以来のアメリカ住宅市場の特徴として「抵当金融の根拠となる住宅の不動産評価に対応した社会性のあるデザイン，機能，性能をもった住宅」（戸谷〔1998〕128 頁）が供給されたことを指摘している．ここで「社会性」とは，住宅需要者の間でポピュラーな嗜好，欲求に合致したという意味であり，金融機関のほうも融資対象物件の価値評価においてそのことを重視するのである．

　前節では，住宅の不動産価値を支えるものとして土地利用規制・建築規制が果たす機能を論じたが，こうして整備された住宅市場に供給される住宅もまた，需要者の支払能力の違いに応じて規格化されている．いわゆる plain-vanilla mortgage（標準的な融資条件の住宅ローン債権）には，標準化された住宅商品が対応するのである．低所得層の一部をも含む広範な大衆への持家保有の浸透は，土地利用規制に始まり，住宅金融の発達，住宅の量産体制

に及ぶ一連の諸装置を通じて達成されたのであった．

　他方，民間賃貸住宅政策としては，戦中および戦後初期の家賃統制の後（ただしニューヨーク市の家賃統制はその後も維持される），借家人または家主にたいする家賃補助や，家主にたいする建築費補助（低利融資や利子補給），優遇税制が行われた．しかし，公営住宅政策が限定的性格を強くおびていたのと同様，その代替手段として導入されたこれらの政策は大きな限界を持っていた．家賃補助政策はもっぱら低所得層向けに限定されたし，また供給サイドへの補助金政策も，市場を低所得層の居住改善に向かって誘導する効果には乏しかった．しかも，後述するように1980年代レーガン政権下では，公営住宅のみならず住宅補助の分野でも連邦政府の撤退，予算削減が急激に進行するのである．

2-4　アメリカ住宅政策の歴史的性格

　くりかえして言えば，アメリカ住宅政策の中心は持家保有を支援する住宅金融政策と租税政策だった．住宅金融政策は，民間の貯蓄金融機関にたいする規制と保護，住宅ローン保証・保険による金融市場の補完である．住宅部門にたいする財政支出は，もっぱら所得税・財産税控除による減税という形で行われた．他方，賃貸住宅政策は，公営住宅にせよ民間市場への規制にせよ，きわめて部分的，限定的なものにとどめられた．

　都市・住宅政策の主体は連邦政府でも州政府でもなく，自治体であるという事情．しかも自治体の都市計画や土地利用規制は，土地・不動産市場の発展を保障するための装置であるという事情．これらがあいまって，住宅市場にたいする規制・介入を限定的なものにした．だが，それだけで持家政策と賃貸住宅政策の間に見られる大きな落差を説明することはできない．

　アメリカ住宅政策の歴史的性格は，この国における中産階級の成長を抜きにして考えることはできない．中産階級は，自営農民や自営業者のような旧中間層，そしてホワイトカラーや管理労働者の新中間層からなっている．経済的には多様な存在である彼らが1つの社会階層としてもつ帰属意識は，

「中流」という自己認識である．中流意識はその性格上厳密なものではありえず，むしろ社会的経済的格差の縮小，そして自らの所得増大による生活の安定と向上への期待に支えられている．したがって中流意識は，こうした期待が現実のものとなる限り，新旧中間層のみならず工業労働者にも広がっていき，社会の多数者の自己認識となる．

　19世紀アメリカにおける多数者は旧中間層，とりわけ農民であった．20世紀には都市中産階級の成長，そして工業労働者の一部をも含んだ「中流化」が進む．彼らこそ，個人主義，自由・平等主義，反国家主義（＝自由放任主義）というアメリカ社会の規範の担い手である．戦後のアメリカにおける福祉国家政策は，公的な社会保障給付による所得再分配よりもむしろ，企業年金や民間健康保険など民間の自助努力にたいする支援を重点とした．それは，経済成長による所得増大と，市場をつうじた所得分配こそが国民福祉を増進させるという論理にもとづく政策であり，中流化する大衆がこれを支持したのである．

　住宅政策もまた，こうした福祉国家政策の一環である．経済成長による雇用安定と所得増大が，居住の安定を確かなものにする持家保有を可能にする．金融政策や租税政策は，持家保有へのアクセスを広げることで自助努力を支援するのである．19世紀アメリカでは，私的土地所有は農民の労働と生産を支える手段として市民社会の基礎をなしたが，20世紀アメリカでは，私的土地所有と持家保有は，居住と生活を支える手段，そして豊かな消費を実現する場として大衆社会の基礎となった．住宅政策は，国民の全般的な居住水準の向上をつうじて安定した社会統合を実現することを目的にしている．持家市場はまさしくこの目的に適合するものとしてアメリカ住宅政策の中心的対象となった．

　だが住宅市場の発展も大衆的持家保有の成長も，市民の住宅ニーズのすべてを充足することはできない．これは住宅市場に本質的な限界である．しかも，それを克服すべき住宅政策の可能性は，すでに1930年代の公営住宅をめぐる対抗の帰結として大きく損なわれていた．戦後住宅政策は土地・住宅

市場がもつ差別性＝階層性を極端な形で増幅させた．自治体のポリスパワーは，それが土地・住宅資産所有者の共同利害を体現する限りにおいて，低所得層にたいしてきわめて排除的差別的に行使された．中高所得層のための良好な住環境の整備をめざす郊外自治体はもちろんのこと，再開発に取り組む都市自治体もまた，業務地区の再編そして中高所得層の都心Ｕターンをうながす住宅市場整備を政策目標として選択し，公営住宅供給は微々たるものにとどめられた．追い立てられた低所得層は他地域のスラムに流入していくほかはない．大量の持家建設にともなう居住水準の向上にもかかわらず，低所得層は郊外住宅市場から排除され，都市内スラムに封じ込められた．こうした意味において，戦後のアメリカで住宅市場と住宅政策がつくりあげたものは，中流化＝持家保有への吸収と排除の構造であった．

戦後の大量移民流入および農村からの人口移動は，住宅市場と住宅政策の欠陥を露呈させ，大都市住宅問題を深刻化させた．それにもかかわらず，住宅政策の論理に転換は見られなかった．高度経済成長と産業構造高度化による中産階級の増大，中流化の進行がその背景にある．社会保障制度の整備，雇用や市民的権利における人種差別撤廃の前進，そして黒人・ヒスパニックなどマイノリティの経済状態の改善は，階層性＝差別性をもつ住宅市場にあっても，持家保有へのアクセスを――マイノリティや低所得層の一部も含めて――いっそう大衆化していく方向に作用した．そのことがまた，持家取得の促進・支援こそが国民全般の居住水準向上につながるという政策論理を正当化し，インナーシティ住宅政策の限定的性格を正当化したのである．

しかし高度成長の終焉と低成長への移行は，アメリカ産業構造の転換をつうじて地域経済と住宅市場の編成に大きな変動をもたらした．アメリカは，経済グローバル化と産業空洞化，そして金融肥大化，サービス経済化を極めてドラスティックに経験する．そのことが，つぎに見るような住宅市場の新たな変動と戦後住宅政策の転換，そしていっそう深刻な住宅問題を生み出したのである．

3. 民活＝規制緩和政策と住宅市場

　前節までのアメリカ住宅市場と住宅政策の特質についての考察は，住宅市場の階層性＝差別性がこの国に特殊な歴史的イデオロギー的条件のもとでいかに強固なものとされたかを明らかにした．つぎに取り上げるべき問題は住宅市場の不安定性である．

　戦後アメリカの住宅政策は，拡大する住宅需要を充足すべく，いかに住宅の大量供給を組織化するかに目標を置いていた．戦争直後には大量の復員兵士による住宅需要の発生，高度成長期には大量消費社会の到来にともなう持家需要の成長がその背景にある．こうした歴史的条件のもとで住宅市場は成長しつづけた．しかし低成長への移行で事情は一変する．国民経済と都市経済の構造変化を背景に，住宅市場の不安定性がブームと不況のめまぐるしい循環をつうじて深刻な住宅問題を生み出す局面が到来したのである．そしてそれは，レーガン政権による都市・住宅政策の転換を決定的な条件としていた．本節での考察の焦点はここにおかれる．

3-1　アメリカ経済とレーガニズム

　1980年代における共和党レーガン政権の成立は，当のアメリカのみならず世界的にも重大な意味を持っていた．レーガニズムは，イギリスのリッチャリズムと並んで，先進諸国における高度経済成長の終焉とスタグフレーションの発生を背景に台頭した新保守主義あるいは新自由主義の旗手となった．それは経済思想としては，いかなる制約も受けない市場の自由な運動こそが経済資源の効率的な分配を保障するという信念，つまり市場原理主義を強烈に押し出した．

　レーガニズム経済政策は，サプライサイド経済学とマネタリズム理論に依拠して，①個人・企業減税による貯蓄形成と投資拡大，②規制緩和による企業競争の促進，③政府支出削減と通貨供給抑制によるインフレの鎮静化，と

いうアメリカ経済再生のシナリオを描いた．しかし，こうしたもくろみはことごとく破綻したと言ってよい．80年代の景気拡大を支えたのは，通貨供給増加，個人減税による消費拡大，そして軍事支出の膨張だった．反ケインズ主義そして「小さな政府」を掲げるレーガニズム経済政策は，実態としてはこれとは裏腹の「軍事的ケインズ主義」に終始した．しかも，企業減税にもかかわらず設備投資は低迷しつづけ，輸出競争力は強化されるどころか経常収支赤字が増えつづけた．また，膨張する財政赤字をまかなうための大量国債発行とその消化は，もっぱら海外資金とくにジャパンマネーに依存せざるをえなかった．こうして80年代アメリカ経済は経常収支と財政収支の「双子の赤字」に悩みつづけ，さらには対外債務累積の結果，世界最大の純債務国に転落したのである．

　経常収支赤字を生み出すアメリカの経済構造はどうなっていたか．アメリカの貿易収支が赤字に転ずるのは1970年代のことであり，以後，赤字は慢性化かつ増加の一途をたどっている．これを生み出したのはアメリカ企業のグローバル化と国内製造業の空洞化だった．かつての基軸産業，鉄鋼・機械・自動車産業は急激に斜陽化していき，それらの拠点である北東部（スノーベルト），中西部の大都市では雇用の減少と郊外への人口流出が進んだ．他方，太平洋岸および南部（サンベルト）では，金融・不動産業など第3次産業の発展，また外国企業の進出が活発化した．こうして，新たな雇用の場を求めて大規模な人口移動が現れた．80年代には，サービス経済化とレーガン軍拡政策のメリットを享受する大西洋岸および太平洋岸諸州の都市の経済成長が進み，内陸諸州都市との間での不均等発展が顕著となった．

　中西部を代表する大都市シカゴは経済の衰退と人口流出が著しく，80年代にはカリフォルニア・サンベルトの大都市ロサンゼルスに人口で全米第2位の地位を奪われた．他方，70年代をつうじて経済低迷と失業の増大に悩んできたニューヨークは，80年代には国際金融センターそして多国籍企業中枢部の拠点としての機能を軸に復活をとげた．

3-2 民活＝規制緩和と都市・住宅政策

　序章で指摘されたように，戦後福祉国家体制のもとで先進諸国の住宅市場は，あるいは民間資本投資主導あるいは社会資本投資主導というように多様な発展パターンをたどってきた．ところが1970年代後半以降，各国の住宅市場は共通して民間投資主導の発展パターンへとシフトしていく．

　その背景にあったものは，企業活動のグローバル化と産業構造の金融・サービス経済化によって生み出された都市経済の変容そして都市開発政策の転換である．先進国大都市は，多国籍企業のグローバル・ネットワークにおける中枢管理機能が集中する拠点となる．都心部では企業への土地集中が進み，オフィスビルや商業・サービス業施設，そしてそこで就業する高所得層や中産階級向けの住宅の建設が展開する．不動産・住宅市場は過剰資金の絶好の受け皿として成長を開始した．他方，低成長のもとでの財政危機は公共投資や民間市場への介入を効率化することを政府や自治体に迫る．都市・住宅政策における民活政策（privatization）と規制緩和（deregulation）が国際的なトレンドとして展開するのである．市場と政策にまたがるこれらの条件から，都市不動産・住宅市場にたいする企業や金融機関の投資，融資の拡大が先進諸国に普遍的な傾向として現れた．これが1980年代の国際的不動産ブームをもたらしたのである[4]．

　アメリカではどうか．もともと住宅市場が一貫して民間投資主導型の成長をとげてきたこの国の場合，民活政策は80年代に突如現れた新政策とは必ずしも言えない．すでに見たように戦後アメリカの住宅政策は，発展する持家市場への国民のアクセスを広範なものにするという論理で組み立てられていた．住宅政策はそもそも民間市場の活用，居住水準向上への自助努力にたいする支援を基本としていたのである．

　とはいえレーガン新保守主義の登場はアメリカ住宅政策史において重大な画期となる．それは州政府や自治体の都市・住宅政策にたいする連邦政府の関与に決定的な転換をもたらしたのである．これには資本や中産階級の利害状況の変化が強く作用していた．

高度成長に支えられた社会統合の構造は，低成長への移行によって大きく動揺した．所得増大と生活安定への期待をおびやかされた中産階級は，大都市の労働者やマイノリティにたいする社会保障向けの連邦政府支出増大に不満をつのらせた．大都市を資本蓄積と収益機会の基盤としてきた民間企業も，公共部門や社会資本整備の財政負担が大きくなると，その縮小や民営化を要求しはじめた．福祉国家＝「大きな政府」にたいする中産階級と資本の反乱は，南部および西部の中小都市，郊外，農村の反大都市連合となって共和党レーガンの勝利をもたらした（加茂〔1988〕140-54頁；秋元〔1995〕234-6頁）．こうした背景ゆえにレーガン民活＝規制緩和政策は，戦後の連邦政府がとってきた都市政策にたいする根本的な否定という性格を強くおびていた．

　すでに指摘したように，アメリカで都市・住宅政策を担っているのはもっぱら地方政府としての自治体である．ニューディール期以来の公営住宅政策にしても，戦後の都市再開発事業にしても，連邦政府の関与は州政府・自治体にたいする補助金の交付をつうじた誘導という役割にとどまる．とはいえ1960年代に連邦政府はインナーシティ住宅問題への主導的な取り組みを示したし，1965年には住宅・都市開発省（HUD）が全国レベルでの都市・住宅政策を担当する政府機関として設立された．そのなかで，住宅整備と社会保障を組み合わせ，かつ住民参加を導入する総合的な都市再開発事業が着手されていった（Hall〔1992〕p. 221；平山〔1999〕285-7頁）．

　だがこうした都市政策は，前節で述べたように低所得層住宅問題の解決という点では根本的な限界を抱えており，そのうえ1970年代には早くも転換させられた．低成長と財政赤字膨張で支出削減の必要に迫られた連邦政府は，州政府・自治体にたいする補助事業の整理統合にのりだした．連邦政府は都市・住宅政策から撤退しはじめたのである．80年代レーガン政権は，この流れを連邦補助金の全般的削減という形で徹底的に推し進めたのだった．

　そのことは自治体の都市政策にも転換を迫るものとなった．「レーガン政権は，経済成長の取り分に関して都市同士の競争を奨励し，衰退都市には民間部門とのパートナーシップの形成により，他都市にたいして優位を獲得す

る戦略づくりを求めた」.「連邦補助金事業の縮小は, 衰退する都市から, インフラの維持改善で企業を誘致する能力を奪う方向に作用した. 他方で, 都市は企業の利益にそった公共投資や税制・規制の緩和を求められた」(バーンコフ゠ボイル゠リッチ〔1992〕127, 138頁).

　連邦政府の都市・住宅政策プログラムが廃止あるいは縮小されていったことで, 都市は民間企業投資の獲得競争のなかに投げ込まれたのである. 都市間格差が広がっていったが, レーガン政権はそれをむしろ国民経済の構造転換にともなう自然のなりゆきとみなした. 企業誘致を競う自治体は, 企業減税や産業インフラ整備を都市政策の中心に据えることとなり, 財源の制約ゆえに職業訓練・教育・保健・生活補助などの公共サービスは縮小された. ツケは低所得層にまわされたのである.

　住宅政策の差別的性格はレーガン政権下でいっそう徹底化された. 減税こそが税収の増大をもたらすという「ラッファー曲線」論はレーガン政策の金看板の1つだった. 所得税減税とならんで, 持家取得と住宅ローンにたいする課税控除の間接補助が膨張しつづけた. 他方, 低家賃住宅の供給を促す家主向け補助事業は停止され, かわって住宅バウチャー制度が導入された. それは, 住宅費補助のルールとされてきた住宅費／収入比率25%を30%に引き上げたうえで, 低所得層にたいして収入の30%と基準家賃との差額を補助するものである. この場合, 借家人は基準家賃以下の借家に住むことで補助金の一部を自分のものにすることもできるし, 反対に収入の30%を超える自己負担を覚悟して基準家賃以上の借家に住むこともできるというのである. だが, この「選択の自由」は, 低家賃住宅の供給が確保されない限り低所得層に過重負担を強制するものにほかならない.

3-3　住宅市場の不安定性と不動産ブーム

　低成長と産業構造の転換, 都市間格差の拡大, そして民活＝規制緩和政策という諸条件のもと, アメリカ住宅市場は新たな局面を迎えた. しかも住宅市場は戦後の成長をへてすでに成熟段階に入っている. これらが住宅市場の

不安定性を強める要因として作用したのである．

　大量の住宅ストックが形成された結果，市場供給において新築住宅の販売よりも既存住宅の売却が極めて大きなウエイトを占めるようになった．1970年代後半には既存住宅の売却は総販売戸数の83％に達した．住宅ストックの所有移転は，一部は賃貸から持家へのテニュア転換をともない，また改修によるグレードアップ＝高価格化をともなっている．他方，既存住宅の売却によって市場を奪われた住宅産業は，いっそうの製品細分化・差別化を迫られる．量産によるコスト削減効果が制約される以上，収益確保のためには製品の高級化＝高価格化で対応せざるをえない．

　成熟期に入った住宅市場は，既存住宅所有者の売却あるいは買い替え行動に強く左右され，彼らの行動を活発化させる住宅価格の上昇に依存している．住宅建設も買い替え需要に対応した高価格帯に重点がシフトしていく．こうして所得および金利や住宅価格・家賃の変動に住宅供給が敏感に反応する市場となっていくのである．1970年代初めの住宅ブームはサンベルト地帯への人口流入と郊外住宅開発にリードされたものだったが，80年代のブームは東西海岸部の大都市，その成熟した住宅市場で発生した（ボール＝ハーロー＝マーテンス〔1994〕156-7頁）．

　住宅市場の環境も変化している．高度成長期とは異なって，都市と郊外の双方で衰退と成長の対照的な変動が発生する．限られた成長地域に開発需要が集中し，しかもその開発需要は，金融肥大化を背景とした企業・金融機関の活発な参入に支えられて，急激に膨張することが可能である．そこで土地所有の供給制限的性格が発揮されることにより，地価は容易に高騰する．これが土地・不動産価格の上昇期待に支えられた投機的ブームを引き起こすのである．

　だが，住宅市場の成長を支えるべき需要増大は所得格差の拡大という制約を抱えている．高所得層および持家買い替え（2次取得）層を中心とする住宅市場拡大は，低所得層および持家新規取得（1次取得）層にたいして排除的に作用せざるをえない．ブームは市場への参入者があいつぐことで持続し

うるのだが，所得格差の拡大と住宅価格・家賃の高騰は市場参入のハードルを高め，住宅需要の裾野を狭める．住宅ブームはこの制約にぶつかって失速し，一転して市場の急激な縮小を引き起こすことになる．

かくて住宅供給の高級化・高価格化がアフォーダビリティ問題を生み出し，金融肥大化のもとでの投機的ブームとその破綻が住宅市場の不安定性を強める．1970年代のインフレのもと，高金利にくわえて地価と建築資材価格そして賃金が急騰し，住宅価格を激しく押し上げた．これは低成長による所得増大の鈍化とあいまって，住宅のアフォーダビリティ問題をクローズアップさせた．1974-75年のリセッションの後は，住宅供給において既存住宅売却のウエイトが高まる．それは住宅着工戸数をはるかに上回る勢いを見せたのである．

レーガン政権発足後は，1981-82年のリセッションにつづき軍拡と減税，個人消費拡大に支えられた好景気が現れ，住宅建設は回復したが，それは1970年代前半の水準には及ばなかった．供給の増加をもたらしたのはむしろ，住宅価格騰貴に刺激された既存ストックの売却である．資産価格高騰によるキャピタルゲインを狙った住宅・不動産ブームが到来し，そして90年代初めに金利高騰をきっかけにブームは破綻する．後に残されたものは，大量の住宅ローン破産，そして投機的不動産融資にのめりこんでいた貯蓄貸付組合（S&L）など住宅金融専門機関の大規模な崩壊であった．

3-4 成長管理政策と住宅NPO

ところで，連邦政府の都市・住宅政策からの撤退で苦境に陥った都市自治体の側において，新たな政策対応が見られるようになったのも1980年代の特徴であった．都心部でのオフィス開発を抑制し，住宅供給を確保しようという「成長管理」政策の登場である．

オフィス建設にあわせて住宅供給を義務づけるリンケージ政策をはじめとして，低家賃住宅の供給，低所得層の雇用確保，都市環境の改善など自治体がめざす政策目標にそって民間企業投資を誘導する公共・民間パートナーシ

ップ手法が導入されていった．そこでは，不動産投資の抑制あるいは誘導の手段としてゾーニング制が活用されていく．まず制限容積率を切り下げたうえで（ダウン・ゾーニング），住宅やオープンスペースの確保などの条件をみたした場合に容積率の割増しを認める（インセンティブ・ゾーニング）などの手法である．これはゾーニングの機能としては，土地利用諸形態の分化と純化を追求する──と同時に住宅市場から低所得層を排除するものでもある──「排除的ゾーニング」から，異なる土地利用諸形態を意図的に並存させようとする──したがって低所得層向けの住宅供給を積極的に位置づけようとするものでもある──「包含的ゾーニング」への転換を意味していた（林〔1993〕191-204頁）．

また，コミュニティ・デベロップメント・コーポレーション（CDC）などの民間非営利組織（NPO）が，低家賃住宅の供給や荒廃したインナーシティ再生への取り組みに大きな役割を発揮しはじめた（遠州〔1996〕79頁；平山〔1999〕301-3頁）．民間自助努力への支援を基本的政策スタンスとする連邦・州政府，自治体にとって，NPO支援は切り詰められた補助金を都市・住宅問題への対策に振り向けるうえで効率的な方法でもある．レーガン政権につづくブッシュ政権のもとで成立した1990年全国アフォーダブル住宅法は，このNPO支援を住宅政策の柱にすえるものであった．

1980年代民活政策＝規制緩和は大都市に深刻な影響をもたらした．その破壊的な作用に対抗すべく自治体や住民が示した選択が成長管理政策であり住宅NPOの発展である．これらが都市・住宅政策のオルタナティヴとしてもつ意義と問題点に注目すべきであるが（それについては終章で論及する），そのためにも本章の最後に，現局面における住宅問題の特徴を総括しておかなければならない．住宅市場・住宅政策の特質，その歴史的な展開の帰結として，いまアメリカ住宅問題はいかなる相貌を現しているのだろうか．そしてそれは住宅政策にいかなる課題を提起しているのだろうか．

4. 現代アメリカの住宅問題:所得格差とアフォーダビリティ危機

本章は,土地所有の二重独占に根拠をおく土地・住宅市場の階層性=差別性そして不安定性をキイワードとして,それらのアメリカ的な様相を考察してきた.住宅市場と住宅政策にまたがる戦後アメリカ的な構造は,1970年代低成長および1980年代民活政策=規制緩和を画期として重大な転換を迫られている.今日の住宅問題はそれらの帰結として把握されるべきである.

4-1 現代住宅問題の諸相

ジェイ・ハウエンスティンは1980年代アメリカ住宅問題の諸相について簡明な指摘を提供している(Howenstine〔1993〕pp. 10-9).まず,これに従って現代アメリカの住宅問題にたいする具体的なイメージをえることにしよう.

第1に,「貧困ライン」以下の低所得世帯が増大しつづけ,これにたいし低家賃住宅の供給は減退している.そのため,80年代末には貧困世帯数は低家賃住宅の総戸数のおよそ3倍に達した.しかもこの供給不足は90年代にも増大をつづけ,1983年にはおよそ325万戸だったものが2000年には1030万戸に達すると推計されている.

第2に,住宅費の過重負担化が強まっている.住宅アフォーダビリティ(家計が許容しうる妥当な住宅費負担)の公式基準は家計収入の30%とされているが,1987年には全世帯の20%に相当する1810万世帯がこの30%ラインを超えていた.50%以上の負担を抱える世帯は10.2%,930万世帯にのぼる.また持家,借家の別で80年代における推移を見れば,持家世帯では,30%以上を負担する世帯の比率は81年の8.6%から87年の11.5%に,50%以上を負担する世帯の比率は同じく3.9%から4.4%に増加した.借家世帯では,30%以上負担の世帯は37.7%から43.3%に,50%以上負担の世

帯は18.7%から20.6%に増加した．しかもこうした過重負担は低所得層において顕著である．

　第3に，低水準な住宅，また狭小住宅ゆえの過密居住の存在である．劣悪な住宅が改善されないままに放置されている．1987年の全国住宅調査によれば，全住宅ストックの7.1%に相当する640万戸が，不完全な給排水設備や台所しか備えていない等のために最低居住水準を満たしていない老朽住宅である．また，住宅・都市開発省の基準では居室1つ当たり2人以上が居住する計算になる状態が過密居住と定義されるが，こうした過密居住世帯は全世帯の2%から7%程度存在すると見られている．

　第4はホームレスの増大である．ホームレスは1980年代初めにはまだ一部の限られた人々に見られる問題とされていた．だが80年代をつうじてその規模は著しく増大し，範囲も単身者世帯から家族世帯へと広がった．80年代末にはその数は300万人にものぼると言われている．

　第5に，住宅価格の高騰と住宅ローン金利の上昇である．これは，1次取得層とくに所得がさほど高くない若年世帯にとって大きな負担となった．持家世帯における住宅費負担の増大についてはさきにふれたが，1985年には，世帯主の平均年齢が30歳である若年持家層は，月収の44%を住宅ローン支払いに当てることを余儀なくされていた．こうした高負担は持家を志向する若年層およそ200万世帯を市場から閉め出したと言われ，結果として持家率は80年代を通じて低下を示し，1980年には全世帯の65.6%だったものが89年には63.8%まで減少した．持家率の低下は世帯主が45歳未満のすべての世帯で見られたが，とくに25歳未満の世帯で顕著だった．

　以上が，ハウエンスティンが指摘するアメリカ住宅問題の諸相である．これらのうち，劣悪住宅，過密居住そして過重負担という問題側面を総括した表5-2によれば，全国総世帯の29%が住宅問題を抱えている．しかも大都市圏の中心都市では総世帯の36.9%が，とくに借家世帯では55.4%が住宅問題を抱えているのである．貧困世帯ではこれらの比率は飛躍的に高くなる．同表では引用を省略しているが，大都市圏の中心都市に居住する貧困層では

表5-2 居住上の問題をかかえる住宅の戸数（アメリカ合衆国・1987年）
（単位：千戸，%）

	全世帯			大都市圏			大都市圏の中心都市		
	合計	持ち家	借家	合計	持ち家	借家	合計	持ち家	借家
居住住宅総計	90,884	58,161	32,723	70,776	43,549	27,227	29,984	14,577	15,407
不良住宅	6,408	2,719	3,690	4,631	1,734	2,898	2,712	707	2,005
（比率）	7.1	4.7	11.3	6.5	4	10.6	9	4.9	13
過密居住	1,849	780	1,069	1,536	598	939	823	233	590
（比率）	2	1.3	3.3	2.2	1.4	3.4	2.7	1.6	3.8
過重負担	18,115	6,120	11,995	14,751	4,456	10,295	7,534	1,588	5,946
（比率）	20	10.5	36.7	20.8	10.2	37.8	25.1	10.9	38.6
問題住宅総計	26,372	9,619	16,754	20,918	6,788	14,132	11,069	2,528	8,541
（比率）	29	16.5	51.2	29.6	15.6	51.9	36.9	17.3	55.4

出所：Howenstine〔1993〕p. 9.

これは持家世帯の56.2%（155万戸），借家世帯の82.1%（582万戸）に達するのである[5]．

4-2 繁栄のなかのアメリカ：住宅問題は解決されているか

　1991年をボトムとしてアメリカ経済は回復局面に入り，今日に至るまで史上最長の景気拡大を続けている．空前の繁栄のなかで住宅問題は改善の兆しを見せているのだろうか．1980年代に頭打ちとなった持家率は，90年代に入って再び上昇した．それは世帯収入の増加や住宅ローン金利低下というマクロ的条件に支えられているだけではない．通常20%の購入頭金を用意するという住宅ローンの融資条件が緩和され，高金利ではあるが頭金不要の住宅ローン利用が増加している．また，マイノリティへの融資差別にたいしては地域再投資法（Community Reinvestment Act）による規制が強化され，黒人やヒスパニック住民にたいする住宅ローンが増加している．これらは，低所得層とくに黒人，ヒスパニック世帯における持家保有の増加に寄与することで持家率の上昇をもたらしている（大統領経済諮問委員会報告〔1998〕63, 111-2頁）．

第5章　アメリカ住宅市場と住宅問題

だがアメリカにおける所得格差は拡大しつづけている．1980年代には，地域経済の不均等発展，大都市の産業・雇用構造の変化，それらによる所得分配の分極化が顕著となったが，こうした動向は90年代においても進行している．経済の繁栄はともかくも所得格差の拡大をくい止めたかに見えるが，実態はどうか．

2000年に入ってアメリカの失業率は一時4％を割った．高度成長期の1960年代後半に見られた低失業率にも匹敵する水準であり，失業率が最悪記録を更新しつづける日本とは対照的な姿となっている．だが失業率の記録的な低下にもかかわらず，1980年代に比べて賃金水準は低く，また家計所得の格差が広がっている．雇用増大の中心は低賃金業種であり，かつパートタイム・人材派遣・業務請負といった雇用形態が増えている．不安定・低賃金雇用の増大である．こうしたなか，世帯収入を維持する必要から仕事の掛け持ちや共稼ぎが増加している．中流世帯の家計収入は相当部分がこれによって支えられていると言われる（仲野〔2000〕46-59頁）．

大統領経済諮問委員会報告〔2000〕は，今日のアメリカ世帯が直面する問題を「マネー・クランチ」（収入不足による家計の制約）および「時間クランチ」（両親とくに母親の就業と労働時間増加による家庭生活時間の制約）という言葉で表現している（同上143，153-5，158-61頁）．これらはともに不安定・低賃金雇用の増大と密接に関わっていると言うべきであろう．「マネー・クランチ」にしても「時間クランチ」にしても問題は低所得層に限られるわけではない．むしろ同報告はこれらが極めて広範な世帯に影響を及ぼしていることを指摘している．

アメリカ経済の繁栄とは裏腹に，中産階級の大半が没落への危機感をつのらせる「不安階級（anxious class）」化しつつある．住宅需要が制約を抱える一方で，住宅費は一貫した上昇を示し，このことがアフォーダビリティ問題を激化させるとともに，住宅市場の不安定性を強めさせる．株価高騰に支えられた大都市の不動産・住宅ブームは薄氷のうえに展開しているにすぎない[6]．また，いわゆるIT革命がひきおこす雇用・所得格差＝「デジタル・

デバイド (digital divide)」は，アフォーダビリティ問題に新たな側面を加えている[7]．

　世帯構成の変化もまた住宅需要に大きな影響を及ぼす．アメリカは都市化にともなう核家族の増加という段階をとうに過ぎている．1950年には夫婦世帯は全世帯の78%を占めていたが，1998年には53%にまで低下している．これは，単身者世帯およびシングル・ペアレント世帯（とくにシングル・マザー世帯）が増加した結果である．このことは，すでに核家族＝持家という住宅需要パターンが市場で支配的なのではなく，住宅需要が多様化していること——しかもその多様な需要が支払能力の格差を抱えていること——を示している．

4-3　拡大するアフォーダビリティ危機

　グラハム・ハレットは，今日の欧米諸国の住宅問題を，戦後の絶対的住宅不足を解消した先進諸国が直面している「新しい住宅不足」と表現した．そしてそれは「ホームレスおよび住宅費の過重負担」の形態をとって現れていると言う（Hallett〔1993〕pp. 209-10）．同時にこの「新しい住宅不足」は，豊かな社会の裏面をなすものとして「3分の2社会」——3分の2の世帯は快適に生活しているが，残り3分の1は住宅難を抱えている——という表現と結びつけられている（*ibid.*, p. 7）．だが，事態はもはやその域を超えていると言うべきである．アフォーダビリティ危機とそれによる居住の不安定は，低所得層のみならず，いまや中産階級あるいは社会の多数者たる中流層にも及んでいる．

　戦後アメリカの住宅市場と住宅政策を特徴づけた社会的歴史的構造——中流化＝持家への吸収と排除の構造——は，三重の意味で転換を迫られている．第1に，市場と政策における民族的人種的差別の構造は，社会的同権化の前進によって解体されつつある．第2に，市場と政策のターゲットとされてきたのは中流・核家族世帯であるが，シングル・ペアレント世帯や単身者世帯の激増によってその社会的比重は大きく低下しつつある．世帯の多様化は住

宅需要をも多様化させる．第3に，持家保有への参入は住民にますます高負担を強いるものとなっている．これらがあいまって，中流化＝持家保有への吸収と排除の構造を突き崩すのである．

しかしながら，住宅市場はこれに替わる構造を持ちえていない．社会的差別・排除の解体と住民居住の安定化に向けて市場に要請されるものは，一方では大衆的持家保有の成長であり，他方では住宅需要の多様化に見合う賃貸住宅供給である．だがアフォーダブルな持家・貸家供給の実現は，ともに住宅市場の階層性＝差別性ならびに不安定性という本質的限界にぶつからざるをえない．この限界をのりこえる住宅政策の再構築が必要なのである．それなしにアメリカンドリームへの機会平等を強調したとしても，住民居住の安定は達成されえない．

しかも社会的差別・排除の構造は容易に克服されうるものではない．アメリカンドリームのゴールは「緑のサバービア」であった．だが，拡大する所得格差とアフォーダビリティ危機のなかでは，そのサバービアも矮小化，戯画化されざるをえない．その極致が，大都市やその郊外に急増する「ゲーテッド・コミュニティ」，すなわち外部を遮断する門とフェンスに囲まれた高級住宅地である[8]．これこそ貧富の格差によって引き裂かれた現代アメリカ社会の象徴である．

注
1) マルクス『資本論』第1部第25章「近代的植民理論」(新日本出版社版，第4分冊) 1308頁．「自由な植民地の本質は，大量の土地がまだ人民の所有であり，それゆえ移住者は誰でもその一部分を自分の私的所有にし個人的生産手段に転化することができ，なおかつ後から来る移住者が同じことをするのを妨げないという点にある」(1314頁)．また，「自己労働にもとづく私的所有」については，第24章第7節「資本主義的蓄積の歴史的傾向」(1303-5頁) を参照．
2) デトロイトをケースとした同様の考察として，遠州尋美〔1996〕72-4頁を参照．
3) ちなみに「貧困ライン」について連邦政府が採用する定義は，栄養摂取上の基準をみたす最低食料費を3倍した額をいう．これは，アメリカの典型的な世帯では所得の3分の1が食料費に支出されているからだという（大統領経済諮問委員会報告〔1998〕78頁）．

4) 1980年代の国際的不動産ブームを，各国大都市の経済構造および都市・住宅政策との関わりで考察したものとして，Ball〔1994〕を参照．
5) 鈴木浩〔1996〕106-7頁には，ニューヨーク市の低所得・中間所得世帯が抱える住宅問題について，同市が1994年に発表した資料が掲げられている．
6) 矢作弘「NY市，マネー偏重は危険」（日本経済新聞1999年8月31日）は，最近のニューヨークの経済状況について，つぎのような問題点を指摘し警鐘を鳴らしている．

　ニューヨーク市経済は金融部門一極集中の様相を呈している．同市における給与・事業者所得の過半が，ウォール・ストリートの金融・証券・保険業によって占められている（1998年には50.1%）．雇用拡大の牽引車も金融業そして関連ビジネス（法律，会計，コンサルタント，人材派遣業）であって，これが小売・サービス業にも波及しているという．しかし雇用拡大の裏側にあるものは所得格差の驚くべき拡大である．ニューヨークにおける証券業労働者の平均給与は同市の全産業平均給与額の3.7倍を超えており，他方，小売業労働者のそれは市全産業平均の42%に過ぎない．空前の株式ブームにわく経済の繁栄の裏側で進行しているのは「低賃金・不安定雇用の急増」と「中間所得層の空洞化」である．

　株高という資産効果を追い風に不動産市場は活況を呈している．マンハッタンの高級分譲マンション価格は急騰し，都心以外の区部でもアパートの空室率が低下し家賃が高騰している．製造業の空洞化を背景に，工場の取り壊しと住宅建設が活発化している．マンハッタンの対岸ニュージャージーはウォーターフロント開発にわきかえっている．1980年代不動産ブームの再来である．だが，すべては株式ブームに支えられている．その崩壊は金融部門に一極集中したニューヨーク経済に深刻な打撃を与えるであろう，と．

7) 「ホームレスに見るITの代償」日本経済新聞2000年4月25日．ワシントンDC郊外のフェアファックス郡（人口100万人）は全米一のIT関連企業集積地であり，2000年2月の失業率はわずか0.9%である．ところが同年1月の郡当局による調査では，ホームレス住民は2,013人で前年同期に比べ12.5%増加している．注目すべきことに，このうちフルタイムの定職を持つ人は750人である．住宅価格，家賃の高騰に一般労働者の賃金上昇が追いつかないのである．
8) 「増える米国のゲーテッドコミュニティ」朝日新聞1998年11月5日．1990年代に入ってゲーテッド・コミュニティの開発が急増した．それはロサンゼルス，マイアミ，シカゴ，ニューヨークなどの大都市とその近郊に集中している．いまや全米で2万カ所にのぼり，1997年には約300万世帯，800万人が居住すると推計されている．フェンスで街を囲い込む．犯罪防止と住宅資産価値の維持が目的である．大手不動産会社によると，新しい大型住宅開発プロジェクトの7割近くはゲートが設けられているという．「貧富の差で住み家はゲートの内と外に分けられる」．

第6章　アメリカの住宅市場と住宅政策の展開

はじめに

　1970年代における低成長への移行と財政危機の深化によって，いわゆる「福祉国家」の解体が叫ばれるもとで，先進諸国の住宅政策は著しい変容を遂げてきた．なかでも，レーガン政権期のアメリカは，サッチャー政権期のイギリスと並んで，住宅政策が劇的な転換を迫られた典型例として知られている．実際，新自由主義のイデオロギーにもとづき，住宅供給を基本的に市場原理に委ねようとしたレーガンの改革は，従来の住宅政策の否定ともいえるほど劇的なものであり，それがもたらした影響の大きさは，低所得者層向け住宅の絶対的な不足，ホームレスの急増など，今日のアメリカの住宅問題が基本的にこの時期の政策転換に根ざしているといっても過言ではないほどである．
　しかしながら，アメリカの住宅政策の展開過程を振り返ってみれば，住宅

供給における市場原理の活用それ自体は，けっしてレーガン政権期に独自のものではない．すでに前章で明らかにされているように，連邦政府の住宅政策は，その成立当初より中・高所得者層向けと低所得者層向けとに階層化され，そのうちの前者を対象とした政策，すなわち市場原理を基礎とする持家政策を常に政策の主軸としてきた．さらに，本章において明らかにするように，住宅政策の展開過程とは，これら中・高所得者層向けと低所得者層向けの両面において市場原理が徹底され，連邦政府の役割が間接化，限定化されてく過程なのである．その意味では，市場原理の活用はむしろアメリカの住宅政策の一貫した特徴をなしており，レーガン政権の独自性は，いわばその方向を徹底したことにあるといおう．

　本章の課題は，ニューディールから今日に至る住宅政策の展開過程を，このような市場原理の浸透過程としてとらえつつ，それが一方でいかなる住宅問題を引き起こしてきたのかを考察することにある．そもそも住宅政策の機能が，住宅市場の欠陥を補うことにあるとすれば，市場原理の徹底はそれだけ住宅政策の機能を低下させ，住宅市場の階層性と差別性，そして不安定性に起因するさまざまな住宅問題を招来せざるをえないからである．

　したがって，本章の考察においては，とりわけ住宅政策と住宅産業および住宅金融機関の動向との関連に焦点をあてている．なぜなら，市場原理の活用とは，とりもなおさずこれら民間部門によって住宅供給のあり方が規定されることを意味するからであり，またそれらの動向は，しばしば住宅政策の立案過程に対しても少なからぬ影響を及ぼしているからである．

　連邦政府の住宅政策は，大別すると，住宅モーゲージ（抵当融資）への信用保証や税制優遇措置など，直接的には財政支出を伴わない間接助成と，公営住宅の供給や民間賃貸住宅への利子補給，家賃補助など，財政支出を伴う直接助成とからなる．このうち，前者が主に中・高所得者層向け住宅助成を，後者が主に低所得者層向け住宅助成を構成する．そこで以下の考察では，これら助成措置の質的な変化を基本的な指標として，住宅政策の展開過程を大きく4つの時期に区分する．

まず第1期は，ニューディールから1950年代までの時期である．これは連邦政府による住宅政策の基本的枠組みが登場し，それが戦後の住宅ブームのもとで一定の制度的確立をみる時期である．次に第2期は，1960年代から1973年までの時期である．これは都市問題の激化に対応して住宅政策が拡充される一方で，低所得者層向け住宅助成において住宅供給の民活化が進展する時期である．つづいて第3期は，1973年から1981年までの時期であり，低所得者層および中・高所得者層向け住宅助成の両面において，連邦政府の役割が間接化する一方で，住宅問題が深刻化する時期である．そして最後は，連邦政府による住宅助成それ自体の大幅な縮小のもとで，住宅問題が新たな局面を迎える，1981年から今日までの時期である．

なお，アメリカの住宅政策は都市開発政策と不可分の関係にあり，とりわけ州・地方政府と連邦政府との関係を考えるうえでは，都市開発政策の考察は不可欠となっている．しかしながら，限られた紙幅のもとでこれらの問題を十分に論じ尽くすことはできない．したがって本章では，あくまで連邦政府の住宅政策，すなわち住宅供給政策に対象を限定していることを，あらかじめ断っておきたい．

1. 連邦住宅政策の形成と確立：ニューディール期～1950年代

1-1 連邦住宅政策の形成

連邦政府による本格的な住宅政策は，1930年代のいわゆるニューディール期に始まる．それ以前にも，例えば第1次大戦中に，連邦政府の助成によって軍事産業の労働者向け住宅の建設が行われたことはあったが，それはあくまで臨時的，一時的なものであり，ニューディール期以降のように恒久的な住宅政策を構成するものではなかった（HUD〔1973〕pp. 1-5）．

1930年代において連邦政府による住宅市場への介入を促したのは，いうまでもなく1929年の大恐慌と，それに続く未曾有の経済不況であった．1920年代以来の不動産ブームの崩壊は，住宅モーゲージに大量の債務不履

行と抵当流れを発生させ，農場向けを除く住宅モーゲージの残高は 1930 年から 1933 年にかけて約 47 億ドルの減少を示した．また住宅建設も激減し，ピーク時の 1925 年に 93 万 7000 戸に達していた新規住宅着工戸数は，1933 年には 9 万 3000 戸と約 10 分の 1 の水準にまで落ち込んだ．このような住宅市場の麻痺状態は，建設需要を減退させ，建設部門において大量の失業者を発生させることになった．

連邦政府の住宅政策は，何よりも，停滞した住宅市場を回復させ，それを通じて雇用の拡大を図ることを最大の目的としていた．いわば，国民諸階層に対する住宅供給という社会政策的な役割よりも，むしろ経済政策的な役割を期待されて成立したのが，アメリカの住宅政策の特徴であったといえる．その主たる政策手段は，民間住宅金融の回復を意図した住宅モーゲージ市場への助成と，雇用創出を目的とした公営住宅建設に対する助成との 2 つからなっていた．

第 1 の住宅モーゲージ市場に対する助成は，次のようなものであった．まず 1932 年に，連邦住宅貸付銀行理事会（Federal Home Loan Bank Board：FHLBB）と連邦住宅貸付銀行（Federal Home Loan Banks：FHLB）が創設され，住宅金融の中心的な担い手である貯蓄貸付組合（S&L）や貯蓄銀行などの貯蓄金融機関（thrift institution，スリフト）に対し，住宅モーゲージを担保として流動性資金を供与する制度が確立された．また 1934 年には，全国住宅法（National Housing Act of 1934）によって，S&L に対する独自の預金保険制度として連邦貯蓄貸付保険公社（Federal Savings and Loan Insurance Corporation：FSLIC）が創設され，さらに連邦住宅庁（Federal Housing Administration：FHA）の設立により，住宅モーゲージの貸し手に対し，貸し倒れリスクを軽減するための信用保険制度が開始された．

これらの制度のうち，最も積極的な意義を持ったのは FHA による信用保険制度であった．この制度以前には，住宅モーゲージの大半は，頭金 50%，満期 5 年，利子は年払いで元本は満期時に一括返済というものであり，このような条件の厳しさが 30 年代における大量の債務不履行や抵当流れの原因

ともなっていた．しかしFHAの信用保険が，低額の頭金，満期20年，元利を定期償還とするモーゲージを保険対象として標準化すると，長期の定期償還方式が住宅モーゲージの一般的な形態として普及することになった．これは住宅取得のコストを大幅に軽減し，アメリカの中所得者層に持家取得の可能性を切り開くことになった．

　もっとも，このような助成にもかかわらず，民間の住宅金融は容易には回復しなかった．1920年代における住宅の建築過剰と，大量の債務不履行，さらに20%を超える失業率という悪条件が金融機関による融資の拡大を妨げていた．1938年には，連邦抵当金庫（Federal National Mortgage Association：FNMA）の創設により，金融機関の保有するFHAの保険付きモーゲージを第2次市場（流通市場）で買い取る制度が開始され，貸付リスクをさらに軽減する措置がとられたが，それでも融資の回復は鈍く，新規住宅着工戸数は1938年時点でも40万戸程度にとどまった．

　結局のところ，住宅着工戸数が急速な回復をみせるのは，戦時体制への移行によって軍用住宅を対象とする国防住宅プログラムが開始されてからであった．1933年から1941年にかけての総住宅着工戸数は332万5000戸であったが，そのうち約40%は1940-41年の2年間に集中していた（Doan〔1997〕p. 43）．これは当時の住宅建設の回復が，主として軍事支出に依拠して達成されたことを意味していた．

　つづいて第2の公営住宅への助成としては，次のような制度が創設された．まず1933年の全国産業復興法（National Industrial Recovery Act）により，公共事業庁（Public Works Administration：PWA）が設立され，その住宅局によって低コスト住宅事業が開始された．この事業自体は数年で廃止されることになるが，同様の事業は継続され，1937年住宅法（Housing Act of 1937）によって新たに低家賃公営住宅プログラムとして制度化されることになった．これは，州法に基づいて設立される地方住宅公社（local housing authority）が，公営住宅の建設，所有，および管理を行い，その建設費用を連邦政府が負担するというもので，その入居者は民間市場において住宅を購

入できない低所得者層に限られていた．

しかしながら，公営住宅への助成も，その本来的な目的からすれば成果は乏しいものであった．そもそも PWA の事業として開始されたことからも明らかなように，この事業の第1の目的は，建設部門における雇用対策に置かれており，低所得者層への住宅供給という目的はあくまで二義的なものにすぎなかった．このため，アメリカの第2次大戦への参戦が濃厚になると，公営住宅事業に対する助成は，軍需産業の労働者向け住宅や軍事施設内の住宅建設へと振り替えられ，結果として，本来の低所得者層に対する住宅供給は著しく制限されることになった（Doan〔1997〕pp. 45-6）．

1-2 郊外化の進展とスラムクリアランス

第2次大戦が終結すると，住宅政策の課題は，軍用住宅の供給からふたたび民間住宅の供給へと転換した．住宅政策の目的も再確認され，1949年全国住宅法の第2条において，アメリカの住宅目標が「すべてのアメリカの家族に快適な住宅と適切な居住環境」を提供することであると宣言された．これは言い換えれば，国民諸階層に対する一定の居住水準の保障を国家の責任として規定したことを意味しており，少なくとも形式としては，アメリカの住宅政策にも欧州諸国と同様に社会政策的な位置づけが与えられたことを意味していた．

こうして，何よりも圧倒的な住宅不足を補うことが戦後の住宅政策の目標とされ，住宅助成については次のような拡充が行われた．まず住宅モーゲージへの助成としては，従来のFHA保険に加えて，1944年に退役軍人庁（Veteran's Administration：VA）によって復員兵の住宅取得を促すためのモーゲージ信用保証制度が開始された．これらはまとめてFHA・VA保証と呼ばれ，税制面で個人持家所有者に認められていたモーゲージ利子および財産税の所得控除とあわせて，中・高所得者層の持家取得を促進することになった[1]．一方，低所得者層に対する助成としては，公営住宅の建設を促すため，地方住宅公社に対して，6年間で81万戸，年間平均13万5000戸の建

設権限が与えられることになった．

　もっとも，これらの住宅助成は同列に置かれていたのではなく，政策的な重点が置かれていたのはあくまで前者であった．1949 年全国住宅法は，住宅目標を規定した同じ第 2 条において，完全雇用経済を達成するうえでの住宅産業の役割を強調し，住宅目標の実現にあたっては，住宅需要の大部分が民間企業によってまかなわれるべきであると規定していた．このため，住宅供給の基本は民間部門による市場供給に置かれ，間接助成による持家取得の促進が戦後の住宅政策の中心とされることになった．

　間接助成に支えられた民間住宅需要の急増によって，戦後アメリカでは未曾有の住宅ブームが発生した．戦時中に抑圧されてきた住宅需要と，復員兵の帰国に伴う住宅需要とが重なり，新規住宅着工戸数は，1945 年の 32 万6000 戸から 1950 年の 195 万 2000 戸へと，5 年間で約 60 倍という驚異的な伸びを示した．また，民間住宅金融も急激に拡大し，戦時中に 250 億ドル前後で停滞していた住宅モーゲージ残高は，1950 年には約 550 億ドル，1955 年には約 1000 億ドルへと飛躍的な増加を示した．なお，1951 年には，1～4 世帯住宅に対するモーゲージ残高のうち，FHA・VA 保証の占める割合は 44.3% にまで達していた．

　ところで，このような住宅ブームの中心となったのは，とりわけ郊外における 1 戸建住宅の建設であった．郊外化を促したのは，アメリカン・ドリームの実現としての，郊外の庭付き 1 戸建住宅の取得に対する強い憧れであったが，B. チェッコウェイが強調しているように，このような人々の郊外志向はまた，連邦政府によって意図的に誘導されたものでもあった（Checkoway〔1986〕pp. 131-4）．

　そもそも戦後の郊外開発の前提条件を整備したのは，連邦政府による高速道路網の整備であったが，当時の住宅政策それ自体にも，郊外開発を誘導する構造が形成されていた．それは，FHA の信用保険における審査基準の特性である．すなわち，FHA が住宅モーゲージに信用保険を与える場合，当時その審査基準とされていたのが，当該事業の経済的健全性（economic soundness）であった．このため，低所得者層の集中するリスクの高い都心部の事業は排除され，安全な郊外の事業のみが保険対象として優先される傾向が生じた．しかも当時は，事業リスクの高い地域にはレッド・ライニング（red lining）と呼ばれる線引きが行われ，その地域内に住む人々はFHAの保険対象から公然と排除されていた（Hays〔1985〕pp. 81, 84）．こうして，危険な都心部と安全な郊外というイメージが醸成され，新たに住宅を取得しようとする人々は競ってその場所を郊外に求めたのである．いわば，当時の住宅政策は，住宅市場の階層化，差別化を自ら促進する役割を果たしていたといえよう．

　一方，このような郊外開発の中心的な担い手となったのが，戦後新たに登場した merchant builder と呼ばれる住宅建設業者であった．これは，土地の造成から住宅の建設・販売までを一貫して行う建売業者のことで，その収益の大半が土地の値上がり益にあったことから，投機的建設業者（speculative builder）とも呼ばれていた．大都市の周辺に開発の容易な遊休地が大量に存在していたことと，戦後の農業部門における生産性の上昇によって，劣等農地における転用への抵抗が少なかったことが，このような業態を可能にした条件であったが（Eichler〔1982〕p. 10），さらに，郊外開発であれば容易にFHAの信用保険を受けられたことが，それらの急速な成長を促した．そのなかには，大規模な土地区画を購入し，そこで住宅の大量生産を行うことによって年間数千戸の生産規模を実現する建設業者まで出現したが，このような大規模建設業者はまた，優先的にFHAの信用保険を受けることが可能であった．

　こうして，郊外開発が優先される一方で，開発から取り残された都心部においてはスラム化が深刻となり，低所得者層の居住環境は悪化の一途をたどった．1949年全国住宅法では，都心部のスラムを除去するために，新たに都市再開発事業が創設されたが，これは低所得者層の居住環境の改善に資するどころか，逆にその悪化を招くことになった．というのも，当時の都市再開発事業は，低所得者層への住宅供給よりも，むしろ当該地域の不動産の資

産価値を高め，都市の税収基盤を強化することに主眼が置かれていたからである．このため，再開発によって低所得者層向け住宅が高級アパートや商業不動産に転換される場合が多く，立ち退きを強制された人々が移転先で再び新たなスラムを形成するといった事態が繰り返されることになった（Anderson〔1964〕）．

一方，低所得者層に対する住宅供給を担うべき公営住宅事業も，その役割を十分に果たすことはなかった．というのも，政府による直接的な住宅供給である公営住宅事業に対しては，1937年の成立当初より，次のような根強い抵抗が存在していたからである．第1に，住宅建設業者や不動産業者，金融機関などは，公営住宅は民間部門の事業領域を侵すものであるとして，同事業の実施に対して強固に反対した．なかでも不動産業者の業界団体である全米不動産協会連合会（National Association of Real Estate Board: NAREB）や，そこから1942年に独立した全米住宅建設業者協会（National Association of Home Builders: NAHB）などは，公営住宅事業の縮小に向けて積極的なロビー活動を展開した．第2に，実際に公営住宅を管理する地方自治体のレベルでは，政治的には白人中産階級の意向が強く反映されることになり，黒人層を中心とする低所得者層向け住宅の建設は容易には認可されなかった（平山〔1999〕268-75頁）．その結果，FHA保険に対する予算が増額される一方で，公営住宅事業は縮小の一途をたどり，その建設計画は，1950年には7万5000戸，51年には5万戸，53年には3万5000戸と年を経るごとに縮小した（Checkoway〔1986〕p. 128）．図6-1に見られるように，公営住宅の新規着工戸数は，50年代を通じて減少し，1957年には約1万戸にまで落ち込むことになった．

以上のように，戦後初期の住宅政策は，すべての国民に対する一定の居住水準の保障という政策目標を確立しつつも，その実質においては，住宅市場の階層化と差別化を推し進め，政策目標の事実上の形骸化をもたらすことになった．国民の持家取得が進み，1940年に43.6%であった持家比率は1950年には55%にまで上昇したものの，その大半は中・高所得者層による郊外

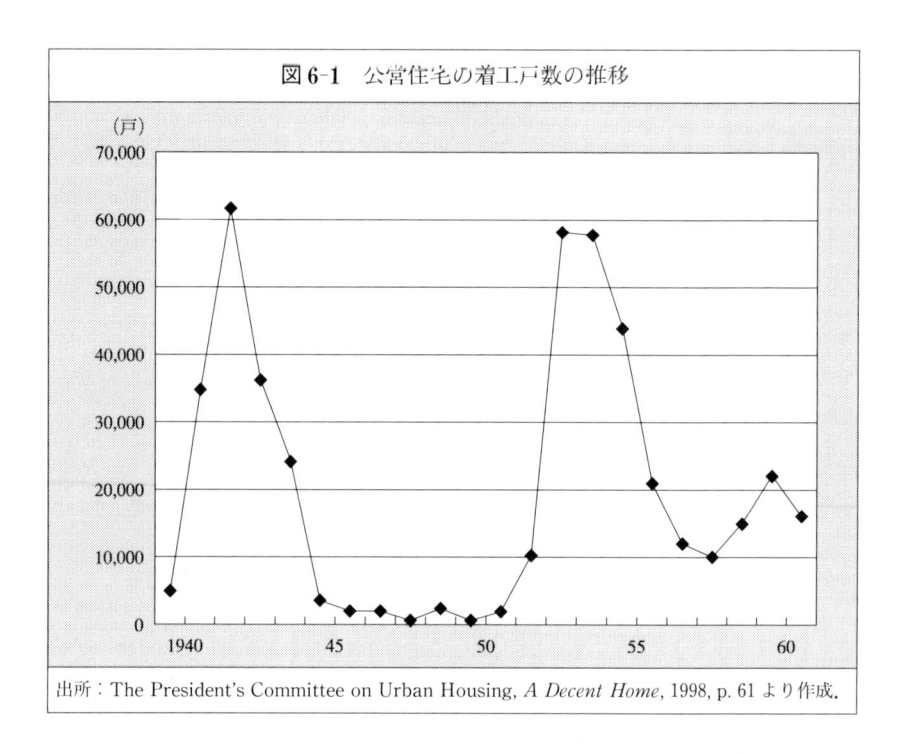

図 6-1 公営住宅の着工戸数の推移

出所：The President's Committee on Urban Housing, *A Decent Home*, 1998, p. 61 より作成.

の持家取得によるものであり，都心部に取り残された低所得者層の居住環境は一向に改善されることはなかった．

2. 都市問題の深刻化と連邦住宅政策の拡大：1960 年代〜1973 年

2-1 都市問題の深刻化と住宅市場の不安定化

1960 年代に入ると，郊外開発と中・高所得者層を優先してきた住宅政策の矛盾が拡大し，都市における荒廃と貧困の集中はもはや無視できないものとなってきた．とりわけ，1962 年に M. ハーリントンが『もう一つのアメリカ』を著し，アメリカに広く存在する貧困の実態を告発すると，貧困問題への社会的関心はにわかに高まりを見せるようになり，さらに黒人層自身による公民権運動が全国的な盛り上がりを見せると，人種差別の撤廃と貧困の

撲滅は，連邦政府にとって中心的な政治的課題となっていった．それは必然的に，従来の住宅政策のあり方にも再考を促すものとなった．

このような政策課題への取り組みは，ケネディ政権のもとで開始され，つづくジョンソン政権のもとで急速に具体化された．ジョンソン政権は，1964年に公民権法を成立させると，つづいて「貧困戦争」および「偉大な社会」計画を打ち出し，貧困問題の一掃を連邦政府の政策課題として掲げた．当時実施された政策は多岐に渡るが，とりわけ住宅政策において画期となったのが，1965年住宅・都市開発法（Housing and Urban Development Act of 1965）の制定とそれによる住宅・都市開発省（Department of Housing and Urban Development : HUD）の創設であった．これらは「偉大な社会」計画の一環として位置づけられており，住宅政策の社会政策的な位置づけを高める契機となることが期待されていた．

しかしながら，同省の設立を定める法案の審議過程においては，当初定められていた設立目的に対してさまざまな修正が行われた．なかでもとくに重要なのは，設立目的の1つとして民間部門の最大限の活用とそれに対する政府の支援の必要性とが加えられたことである．これは同省の設立が，従来の住宅政策の延長線上にとどまり，経済政策的な役割を重視すべきことを規定したものに他ならなかった．しかし，それは一方で，住宅政策の内部における社会政策的な目的と経済政策的な目的との対立を招く可能性をはらんでいた（豊福〔2000〕）．

このような対立は，60年代においては，社会政策的な住宅供給に民間部門を活用するという方法で解決が図られることになった．すなわち，低所得者層に対する住宅助成を，公営住宅のような直接供給によって行うのではなく，直接的な住宅供給は民間部門に委ねつつ，それに対して利子補給や家賃補助などを行うという，いわば間接供給型の直接助成方式が採用された．具体的には，1961年に新設された低・中所得世帯向け賃貸住宅プログラム（住宅法の第221条(d)項(3)によって規定されることから，セクション221(d)(3)と呼ばれる．以下同様の表現はこの条項番号をさす）や，1965年

に開始された家賃補給プログラム（セクション101）などがそれにあたる．前者は，民間金融機関が市場金利以下での低利融資を行い，その市場金利との差額を連邦政府が負担するものであり，後者は，民間賃貸住宅に入居する低所得者層に対し，その家賃の一部を連邦政府が負担するものであった．

一方，従来の低家賃公営住宅プログラムそれ自体についても，次第に民間部門の活用が図られるようになった．1965年には，民間賃貸住宅を公営住宅として借り上げるリース方式が新たに導入され，さらに1967年には，地方住宅公社が民間の住宅の提案を募集して最良のプロジェクトを選択し，完成後それを公営住宅として買い上げるというターンキー方式が導入された．こうして60年代を通じて，低所得層向け住宅の供給は次第に民間部門によって担われるようになっていった．

一方，戦後の住宅ブームを主導してきた中・高所得層向けの間接助成も，60年代に入るとその役割の低下が目立つようになった．FHA・VA保証が，その手続きの煩雑さや事業に対する制約等から，次第に建設業者や金融機関によって敬遠されるようになり，代わって政府保証のないモーゲージ（＝コンベンショナル・モーゲージ）の比重が拡大したためである．とりわけS&Lではこの傾向が強く，60年代中頃には，その融資残高の9割近くがコンベンショナル・モーゲージで占められるようになった．

ところが，このような政府保証の比重の低下は，60年代後半に金利が大きく変動するようになると，住宅市場の不安定化をもたらした．なぜなら，市場金利の高騰は，S&Lを流動性危機に陥らせ，その結果モーゲージ貸付の減少によって住宅建設の減少をもたらすことになるからである．これはS&Lの資産の大半が長期固定金利のモーゲージで占められる一方，その負債は上限金利規制のある預金に依存しているために，市場金利が高騰すると，資産・負債満期のアンバランスによる収益の低下と，市場金利商品への預金の流出とが生じるためであるが（井村〔1988〕30-7頁），一方では，S&Lの保有するモーゲージの大半がコンベンショナル・モーゲージであったこともその大きな要因となっていた．というのも，FNMAによるモーゲージの

買い取り制度を利用して流動性を確保しようにも，買い取りの対象は政府保証モーゲージに限定されていたため，当時のS&Lにはその方法が取り得なかったからである．このため，1966年に実際に市場金利が高騰すると，S&Lからのモーゲージ貸付は大幅に減少し，同年の新規民間住宅着工戸数は116万5000戸という戦後最低の水準となった．こうした経験は政策当局者に対し，S&Lを規制していた金融制度の改革を住宅政策の重要課題として認識させることになった．

2-2 大統領委員会と1968年住宅・都市開発法

公民権運動の高揚は，1964年の公民権法と翌1965年の投票権法に帰結し，南部に根強く存在していた人種隔離制は概ね解消されるにいたった．しかしながら，あからさまな人種隔離制の存在しなかった北部では，これらの立法によっても低所得者層の生活は一向に改善されず，その鬱積した不満は都市暴動となって爆発した．「長く暑い夏」と呼ばれた1967年の夏を頂点として，1968年までの間に，北部の諸都市を中心に各地で都市暴動が繰り返された（有賀・大下・志邨・平野編〔1993〕408頁）．

このような都市暴動の発生を直接的な契機として，ジョンソン政権は1967年に都市問題に関する2つの委員会を設置した．全米都市問題委員会（National Commission on Urban Problems，通称ダグラス委員会）と，大統領都市住宅委員会（President's Committee on Urban Housing，通称カイザー委員会）がそれである．これらの目的は，都市・住宅問題の解決に向けた新たな立法を準備すべく，そのための政策提言を行うことにあった．

両委員会は，検討すべき対象分野は若干異なっていたが，その背景となる考え方については共通性を持っていた．すなわち，今日の都市・住宅問題の原因は，低所得者層向け住宅の絶対的な不足にあり，その供給を増加させるためには，民間部門の資源と能力を活用しなければならないという認識である．実際，60年代の後半には，社会問題の解決に貢献することは，民間企業の社会的責任であるとする雰囲気が醸成され，企業自身もまた，社会的事

表6-1 主要企業による不動産開発・住宅建設への進出状況

社名	主要業種	活動状況
GE	電機	1965年にサンフランシスコの再開発業者を買収．自社のシンクタンクTEMPOを通じて輸送・通信・照明などモデル都市の開発調査を行う．1968年に国防総省から軍事用住宅建設受注．
ウェスチングハウス	電機	1967運動にフロリダ最大のディベロッパーを買収後，同州に人口6万のニュータウンを建設．1968年にプレハブメーカーのアーバン・システムズ・デベロップメント社を設立．国防総省の研究をGEとともに受注．
ロッキード	航空宇宙	ミサイルズ・スペース社によりシステム工法住宅パネル・ロックを開発．
エアロジェット	航空機	ミシガン大学との共同研究により国防省向け低コスト住宅を開発．
フォード	自動車	1969年にプレハブメーカーのコンセプト社買収．デアボーンで土地開発．
クライスラー	自動車	1967年に不動産会社クライスラー・リアルティ社を設立．
グッドイヤー・タイヤ	タイヤ	リッチフィールド・パーク土地開発会社を買収．アリゾナ州でニュータウン建設．
USスチール	鉄鋼	1968年に建売建設業者カウフマン&ブロード社を買収．1969年3月に不動産部門を設置．
ベスレヘム・スチール	鉄鋼	1970年に建売建設業者マルチコン・コンストラクション社を買収．
インランド・スチール	鉄鋼	1970年にモジュラー住宅製造業者ショルツ・ホームズ社を買収．
カイザー・インダストリーズ	鉄鋼・アルミ等	国防総省からコンクリート・パネル組立住宅の研究を受注．カイザー・アルミ社はカリフォルニア州でニュータウン開発業者を1966年に買収．エトナ保険と合弁で総合建設会社を設立．
アルコア	アルミ	都市開発と住宅建設に進出．ニューヨークやロサンゼルスで都市開発を行う．
レイノルズ・メタル	アルミ	都市開発と住宅建設に進出．フィラデルフィアなどで都市開発を行う．
インターナショナル・ペーパー	製紙	1968年に土地開発会社アメリカン・セントラル社．1970年に南カリフォルニアの建設業者を買収．
USプライウッド・チャンピオン	製紙・木材	全米8州で35の住宅建設計画を実施．
ボイス・カスケード	合板	1964年以降，プレハブメーカーや建売建設業者6社を買収．
ウェイアーハウザー	合板	1969年以降，カリフォルニアやテキサス，ノースカロライナの住宅建設業者を買収．

US ジプサム	石こう	1969年住宅建設会社ベーリング・プロパティーズ社を買収。鉄鋼メーカーのジョーンズ社と共同で高層プレハブ住宅を開発。
オーリン・マシーソン	化学	1969年に住宅建設会社ヨーナス・オーガニゼーションを買収。
ガルフ石油	石油	1967年にワシントン郊外のニュータウン・デベロッパーを買収。
ハンブル石油	石油	建売建設業者デル・E・ウェッブ社と共同でヒューストン郊外でニュータウンを建設。
オクシデンタル石油	石油	1964年以降、カリフォルニアの住宅建設会社2社を買収。
マックロック石油	石油	アリゾナやコロラド、ネバタ、アーカンソーなどで土地開発。
シグナル	石油	子会社のシグナル・プロパティー社を通じた南カリフォルニアやハワイでの不動産開発。
ペン・セントラル	鉄道	1966年と1968年に土地開発業者を買収。
イリノイ・セントラル	鉄道	ニューオーリンズその他で土地開発。
ユニオン・パシフィック	鉄道	1969年にカリフォルニアの土地開発業者を買収。
ノーフォーク・ウェスタン	鉄道	1968年に不動産事業に進出。
ITT	コングロマリット	1967年にアメリカ最大の住宅建設会社レビット&サンズ社を買収。
ガルフ・アンド・ウェスタン	コングロマリット	1968年に不動産会社を設立。
シティ・インベスティング	コングロマリット	1966年以降、土地開発業者やモービルホーム製造業者、住宅建設業者などを買収。
エトナ保険	保険	1969年カイザー・インダストリーズ社などと合弁で総合建設会社(カイザー・エトナ社)を設立。
CNAフィナンシャル	保険	1969年にカリフォルニアの住宅建設業者ラーウィン社を買収。
プルーデンシャル保険	保険	不動産子会社を設立。
ハンコック	保険	1965年土地開発会社コミュニティ・リサーチ・デベロップメント社買収。
オクシテンダル保険	保険	1970年に完全子会社のトランスアメリカ開発会社を設立。

出所:石川博友『巨大システム産業』,1970年,130-1頁,水田喜一郎『住宅産業』,1970年,132-3頁,Leo. Grebler, *Large Scale Housing and Real Estate Firms*, 1973, pp. 7-15, 167-77, により作成。

業への参加を積極的な利潤追求の機会として位置づけるようになっていた[2]。

　表6-1は、この時期の主な企業による不動産開発・住宅建設部門への進出状況を示したものである。それによると、60年代半ば以降、アメリカを代

表する大企業がこの分野に進出していることが見てとれる．カイザー委員会はこれら大企業の代表を主要メンバーとして構成されたものであり，その委員には，カイザー・インダストリーズ社の会長である議長のカイザーをはじめ，ボイス・カスケード社，USジプサム社の会長などが名を連ねていた．「都市のスラムの回復に，いかにして民間産業の資源と能力を振り向けることができるか」を検討するというのが，この委員会の設立目的であった (The President's Committee on Urban Housing〔1967〕p. 222).

こうして，都市・住宅問題の解消に向けた住宅政策の課題は，住宅の増産を民間部門の活用によっていかに達成するかという問題に収斂していき，そのための民間部門の産業構造の変革が，政策的課題として意識されるようになった．というのも，当時の住宅産業は，中小・零細企業が圧倒的多数を占める分散的構造を特徴としており[3]，また住宅金融機関も，上述のように「短期借り・長期貸し」の財務構造を抱え，金利高騰時における脆弱性が問題視されていたからである．これは，とりわけカイザー委員会における主要な検討課題の1つとなっていた．

以上のような認識にもとづいて，1968年に新たに住宅・都市開発法 (Housing and Urban Development Act of 1968) が成立した．その内容は多岐にわたるが，その特徴として主に以下の3点をあげることができる．

第1は，向こう10年間で2600万戸を建設するという住宅建設目標の設定である．これは，ベビーブーム世代の成人に伴う膨大な住宅需要に応えると同時に，貧困層の居住する荒廃した住宅を10年間で良質な住宅に置き換えようというものであった．その実現にあたっては民間部門の活用が強調され，目標の2600万戸のうち，既存住宅の修復は低所得者層向けの100万戸のみで，残りはすべて新築でまかなうものとされた．これは，実現すれば毎年平均250万戸の新規住宅需要が発生することを意味していた．

第2は，600万戸という目標を達成するための連邦補助金の拡大である．これは，間接供給型の直接助成の拡大によって行われた．利子補給プログラムと呼ばれるこの新たな補助事業は，低所得者層による民間住宅の購入ない

し賃借に対し,モーゲージ負担を金利1%分にまで引き下げ,その市場金利との差額を連邦政府が負担するものである.具体的には,持家事業としてのセクション235と,賃貸住宅事業としてのセクション236とがそれである.セクション235は,それまで賃貸住宅を中心としてきた直接助成に新たに持家という形態を取り入れたものであったが,そこには,低所得者層に「持家に伴う所有の誇りを経験させ」,「個人の責任と社会的安定とを促進する」という政策的な意図も含まれていた(HUD〔1973〕pp. 4-41).

　第3は,住宅モーゲージ市場への助成制度の改革である.まず,FNMAの有していた機能のうち,リスクの高いモーゲージを買い取る「特別助成機能」と,抵当流れのモーゲージおよび資産を処理する「管理・清算機能」は,新設の政府抵当金庫(Government National Mortgage Association : GNMA)に引き継がれ,FNMAは通常のモーゲージを売買する「第2次市場機能」のみを担う機関として民営化された.この民営化はもっぱら財政上の理由によるものであったが,これによってFNMAは,中・高所得層向け住宅助成のみに特化する機関となった.一方,新設のGNMAに対しては,新たに住宅モーゲージを担保とする証券の発行に対して信用保証を行う機能が付与された.これは,住宅金融市場に年金基金等の機関投資家の資金を導入する道を開くことで,信用逼迫時のスリフトからの融資の減少に対応しようとするものであった(井村〔1988〕46-9頁).

　このように,1968年法では,直接助成,間接助成の両面における改革および拡充が行われたが,民間部門の産業構造それ自体については踏み込んだ改革は行われなかった.スリフトの構造的問題の解消には,金利規制や業務規制の緩和など,金融制度全体の改革を伴うため,この時点での実現は困難であったためである.また住宅産業についても,既存の産業構造をどう転換するかについて明確な方向性は定まらず,1968年法では,住宅および都市開発における新技術の研究に対し,一定の予算が認可されるにとどまった.

表 6-2 連邦補助による民間住宅着工戸数の推移

(単位:万戸, %)

	1965	1966	1967	1968	1969	1970	1971	1972	1973
公営住宅(ターンキー及びリース)	0.0	0.1	0.5	2.7	4.0	6.4	5.0	2.7	2.0
セクション202	0.5	0.6	0.7	0.7	0.7	0.3	0.1	0.0	
セクション221(d)(3)	1.1	1.2	2.3	4.5	3.3	1.7	0.5	0.1	0.1
家賃補給(セクション101)	0.0	0.0	0.3	1.7	1.8	2.3	1.1	0.9	0.6
セクション235				0.1	2.8	11.6	13.3	8.3	2.6
セクション236					1.0	10.5	10.8	8.1	4.8
連邦補助住宅計(A)	1.6	1.9	3.8	9.7	13.7	32.8	30.8	20.1	10.0
全民間住宅着工戸数(B)	147.3	116.5	129.2	150.8	146.7	143.4	205.2	235.7	204.5
補助住宅の比率(A/B)	1.1	1.7	2.9	6.4	9.4	22.8	15.0	8.5	4.9

出所:補助住宅は, U.S. Congress, Hearing before the Joint Economic Committee, *Current Economic Situation and Outlook for the housing Industry*, 94 th Congress 1 st Session., 民間住宅着工戸数は, U.S. Bureau of the Census, *Construction Report*
原資料:Division of Research and Statistics, Housing Production and Mortgage Credit-FHA, U.S. Department of Housing and Urban Development, "HUD-Subsized Housing Production," series RR:300 S, より NAHB 経済部が集計.

2-3 連邦補助事業の拡大と住宅ブーム

1968年住宅・都市開発法は,ケネディ,ジョンソンと続いた民主党政権による住宅政策の集大成といえるものであったが,ジョンソンの退陣によって,その実行はニクソン共和党政権に委ねられることになった.ニクソン政権は,「貧困戦争」に直接関連したプログラムについてはその縮小を図ったものの,それ以外の住宅助成については基本的に前政権の政策を継承した.

まず,1968年法によって拡充された低所得者層向け住宅助成についてみると,それはニクソン政権のもとで顕著な増加傾向を示した.表6-2は,主な補助プログラムによる住宅着工戸数の推移を示したものであるが,それによると,1968年から70年にかけて補助プログラムによる着工戸数が増加し,1970年にはその割合が総民間住宅着工戸数の22.8%にまで達したことがわかる.なかでもセクション235と236の割合は大きく,1970年には,両者だけで補助プログラムの67%を占めるに至った.

このような補助プログラムの割合の上昇には,1969年から70年にかけて

生じた信用逼迫が大きな影響を与えていた．というのも，市場金利の高騰に伴ってモーゲージ金利が上昇した結果，連邦政府が1％を超える金利部分を負担する利子補給プログラムが，モーゲージの借り手にとって魅力的なものとなったからである．その結果，金利の高止まりにもかかわらず，セクション235と236への需要は継続的に拡大し，1965-66年の信用逼迫時に20.9％の減少を示した民間住宅着工戸数は，1968-70年にかけては4.9％の減少にとどまった．

一方，中・高所得層向け住宅助成については，再び生じた信用逼迫に対応して一層の拡充が行われた．1970年に成立した緊急住宅金融法（Emergency Home Finance Act of 1970）では，スリフトの流動性危機への対応として，FHLBによる融資枠が拡大され，さらにFNMAに対しコンベンショナル・モーゲージの購入権限が認可された．また，新たに民営機関として連邦住宅金融抵当金庫（Federal Home Loan Mortgage Corporation：FHLMC）が創設され，コンベンショナル・モーゲージの購入権限と，コンベンショナル・モーゲージを担保とした証券への信用保証の権限とが与えられた．これらの措置は，それまで政府保証モーゲージに限定されていた第2次市場の限界を補おうとするものであったが，それは一方で，住宅モーゲージ市場における政府保証モーゲージの比重を低下させ，間接助成における連邦政府の役割を後退させる可能性を持っていた．

このような住宅助成の拡大に伴い，住宅産業の構造にも一定の変化が生じた．その第1は，住宅産業に関連したM&Aの増加と，それを契機とした住宅産業における上位企業の成長である．先の表6-1でも示したように，60年代の後半から70年代初頭にかけて，アメリカの大企業による住宅建設および不動産開発業者の大手企業のM&Aが相次いだが，特にそれは1969年と70年の2年間に集中していた[4]．これは，1968年法による住宅建設目標の設定によって，将来的な住宅需要の拡大が予想されたことと，当時の信用逼迫によって資金調達難に陥った住宅建設業者が，潤沢な資金を有する大企業との合併を望んだことによるものだった．なかには，大企業の傘下に入る

ことを嫌い，自ら株式公開する住宅建設業者もあったが，いずれにせよ，この時期の資金調達力の相違が住宅産業の階層分化を促すことになった．他の製造業と比べればその市場集中度は依然として低位ではあったが，1969年から72年にかけて，年間200戸以上を生産する上位約500社の住宅着工戸数に占めるシェアは，17.2％から28％にまで上昇した（HUD〔1973〕pp. 7-9）．

　第2の変化は，住宅生産における工場生産化（industrialization）[5]の推進である．これは主に連邦政府の主導によって進められた．ニクソン政権のHUD長官に就任したG．ロムニーは，都市・住宅問題の解決手段として住宅産業の構造転換の意義を強調し，1969年5月に突破計画（Operation Breakthrough）を発表した．これは，伝統的な住宅生産技術と地域ごとに分断された諸規制とが，住宅価格の上昇の原因になっているとの認識に立ち，連邦政府の助成による新たな生産技術の開発と，建築規準，輸送規制等の規制緩和により，住宅の大量生産・大量販売体制とを確立し，住宅の低廉化を実現しようとするものであった[6]．この計画には，GE社，アルコア社，ボイス・カスケード社など，先の表6-1に登場した大企業が多数参加していた．

　以上のような連邦政府による住宅助成の拡充と民間部門における投資の拡大とは，1971年から1972年にかけて，未曾有の住宅ブームをもたらした．民間住宅着工戸数は，1971年には200万戸を超え，1972年には236万戸という戦後最高の水準に達した．なかでも，賃貸住宅やコンドミニアムなどの集合住宅の伸びは著しく，1966年から1972年にかけて，1戸建住宅の着工戸数が，77万9000戸から130万9000戸へと，68％の増加を示したのに対し，5戸以上の集合住宅は，32万5000戸から90万6000戸へと，実に179％の増加を示した．60年代における1戸建住宅価格の高騰に伴い，若年層の賃貸住宅需要が増加したことと，レジャー用の別荘の需要が増加したことが，需要面においてこのブームを支えていた．

　一方，1969年に導入された賃貸住宅に対する投資優遇措置も，集合住宅ブームの促進要因として働いた．1969年の税制改正が，低所得者層向け住

宅の供給促進を目的として，賃貸住宅に対する加速償却制度とともに，低所得者層向け賃貸住宅に対する特別な加速償却制度を導入すると，賃貸料収入よりもむしろ節税効果を目的として，個人投資家による賃貸住宅への投資が拡大した．

　以上のように，60年代の住宅政策は，貧困問題への社会的関心の高まりを背景として，社会政策あるいは福祉政策としての性格を強めていった．アメリカの住宅政策史上，「すべてのアメリカの家族に快適な住宅と適切な居住環境」を保障するという目標が最も追求されたのがこの時期であったといえる．しかし一方では，住宅供給における民間部門の活用が著しく進んだのもまたこの時期であった．利子補給や家賃補助などの直接助成の拡大によって低所得者層向け住宅の供給は増大したものの，それによって住宅供給主体としての連邦政府の役割は明らかに後退していった．

3. 連邦住宅政策の再編とアフォーダビリティ危機：1973-81年

3-1 モラトリアムと住宅政策の再編

　戦後最大の住宅ブームも，ピークの1972年を過ぎると次第に陰りが見えるようになった．賃貸住宅では次第に建築過剰の傾向が明らかとなり，1970年から73年にかけて，賃貸住宅の空室率は全国平均で5.3％から5.8％へ上昇し，1974年には6.2％にまで達した（HUD〔1980〕p. 365）．また，インフレの進行によって建築資材費や労賃の上昇が顕著となり，地価上昇と相まって住宅価格が高騰した．こうして1973年秋に第1次オイルショックが発生し，物価上昇に拍車がかかると，金利の上昇によって建設業者の資金調達も困難となり，住宅ブームは一転して終息に向かった．新規民間住宅着工戸数は，1973年から74年にかけて34.6％の減少となり，1975年には116万戸という戦後最低水準にまで落ち込んだ．

　ところで，このブームの終焉には，上記のような要因に加えて，連邦政府による政策転換も無視できない影響を与えていた．すなわち，1973年3月

にニクソンによって実施された，すべての連邦補助事業の中断措置（moratorium）である．その目的は，新規の補助事業の認可を一時中断し，既存の補助事業の効率性や公正などについて再検討を加えるというものであったが，事実上これによって多くの補助事業が廃止に追い込まれることになった．

中断措置の背景として，補助事業には以下のような問題が生じていた．第1に，連邦政府の補助金や税制優遇措置の金額はその事業のコストに比例するため，民間開発業者の側にコストを上積みしようとする傾向が生じ，全体として補助事業のコストが増大したことである．第2に，政府保証による保護がいわゆるモラルハザードを発生させ，リスクの高い事業が増加した結果，補助事業における債務不履行や抵当流れが頻発したことである．第3に，第1の要因によって事業がより高額になった結果，補助金の受給対象者も比較的補助の必要性の薄い中所得層に偏る傾向が生じ，事業自体の不公正が増大したことである．そして最後に，投資家にとっての補助事業の魅力は賃貸料収入ではなく節税効果にあったため，物件の維持・管理がずさんになり，建物の荒廃が進んだことである．これらはいずれも，低所得者層に対する住宅供給という事業目的と，利潤追求という民間部門の参加動機との間のギャップによって生じたものであった（Hays〔1985〕pp. 112-29）．

こうして，一部に成功事例はあったものの，補助事業は低所得者層よりも一部の企業や投資家を利するものであるとの批判が強まった．NAHBをはじめ，抵当銀行協会（Mortgage Bankers Association），AFL-CIOなどの諸団体が連合して中断措置に反対したものの，功を奏することなく，連邦補助事業は1974年の住宅・コミュニティ開発法（Housing and Community Development Act of 1974）によって大幅に再編されることになった．

1974年法では，第1に，従来のセクション101，セクション236などの補助事業は廃止され，一部の事業を除いてセクション8と呼ばれる家賃補助事業に一本化されることになった．これは，地域における中間所得の80％以下の世帯に対し，実勢家賃と借家人の家賃支払額（収入の25％）との差額を連邦政府が負担するというものである．その点では従来の家賃補助と大き

な違いはないが，セクション8の特徴は，それが新築住宅に加えて，中古住宅とその修復にまで補助の対象を拡大した点にあった．借家人の選択肢の拡大というのが直接的な理由であったが，その背景としては，新築住宅の重視を求める NAHB および民主党と，中古住宅の活用を求める全米不動産業者協会（National Association of Realtors：NAR）および共和党との妥協があったといわれている．ここで共和党が代表していたイデオロギーは，都市・住宅問題の原因は，もはや住宅の絶対的な不足にあるのではなく，むしろ既存の住宅ストックへの入居費用と低所得者層の所得とのギャップにあり，したがって政府の役割は，住宅の供給を増やすことではなく，そのギャップを埋めることにあるというものであった．

　第2に，従来の都市再開発事業も廃止され，新たにコミュニティ開発総合補助金（Community Development Block Grant：CDBG）が創設された．これは従来の補助金が，連邦政府によって事業目的および使途が限定された特定補助金方式であったのに対し，包括補助金（block grant）という形態で補助金を与え，その配分については各地方政府に一定の裁量を与えようとしたものである．これは，連邦政府から州および地方政府に対して権限を委譲しようとする，ニクソンの「新連邦主義（New Federalism）」の考え方に沿ったものであった．

　このような住宅政策の転換と，住宅ブームの終焉によって，1968年法による2600万戸の建設計画は当初の目標を大幅に下回ることになった．図6-2に示されるように，連邦政府の補助のない2000万戸については，ブーム期の建築過剰と，70年代後半における住宅投資の回復によって9割以上の達成率となったものの，補助の必要な600万戸については，その実績は半数にも満たない270万戸にとどまった（HUD〔1980〕p. 341）．

　一方，鳴り物入りで登場した突破計画も，建築規準や輸送規制等の緩和という面では一定の成果を上げたものの，住宅生産システムの開発という面では，在来工法に優る効率的な生産方法を確立できず，目立った成果をあげることはできなかった．不動産ブームの終焉と，経済全体の低成長への移行と

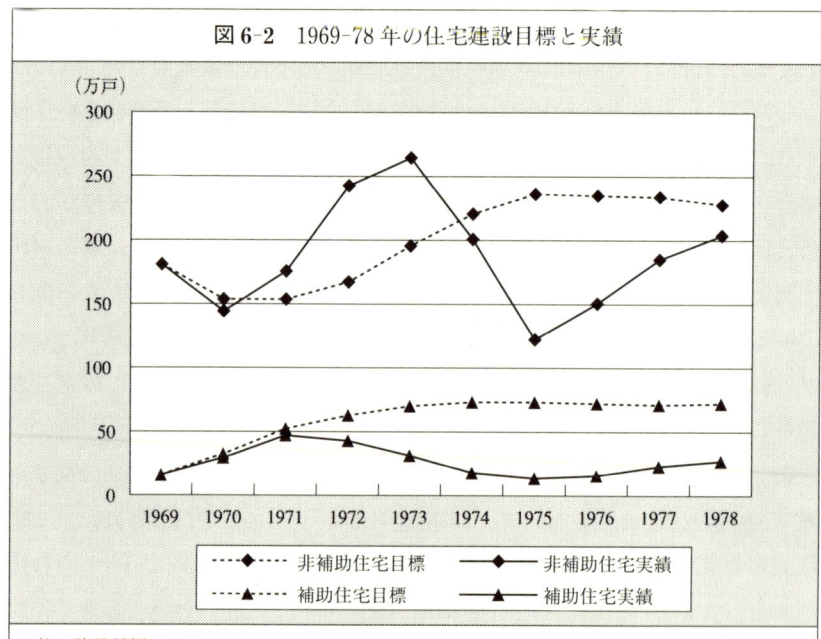

図 6-2　1969-78 年の住宅建設目標と実績

注：建設目標は，Second Annual Report on the National Housing Goal により改訂されたもの．
出所：HUD, Statistical Yearbook of 1977 より作成．

ともに，大企業の都市・住宅問題への関心は急速に後退し，工場生産化への取り組みも立ち消えとなった．工場生産の手法自体は，その後住宅建設業者によって積極的に採用されることになるが，大企業自身がその分野で成功した事例は少なく，一部の企業を除いて，多くは不動産開発や住宅建設部門から撤退していった．

3-2　住宅価格の高騰とアフォーダビリティ危機

セクション 8 家賃補助プログラムの創設は，低所得者層向け住宅に対する直接助成のあり方として，新築住宅から既存住宅への助成対象の転換を打ち出したものであったが，このような方向転換は必ずしも単線的には進まなかった．フォード政権に代わって登場したカーター民主党政権のもとでは，公

営住宅事業が再開され,セクション235も条件を厳しくして再開されるなど,従来型の直接助成の方向へと一定の揺り戻しが生じた.

もっとも,70年代の後半においては,連邦政府の直接助成による住宅建設は建設総数から見ればわずかなものであった.1974年から80年にかけて,新築の公営住宅は15万8000戸,セクション235は8万2000戸にとどまり,セクション8についても,助成対象となった102万8000戸のうち,新築によるものは31.2%の32万1000戸にすぎなかった(Doan〔1997〕p. 191).

むしろこの時期の住宅建設の中心となったのは,連邦政府の助成によらない民間の1戸建住宅であった.70年代初頭の過剰建築の影響から,集合住宅の建設が70年代を通じて低迷を続けたのに対し,1戸建住宅の建設は急速な回復を示した.その着工戸数は1977年に145万1000戸に達し,1戸建住宅に限ってみれば,かつてのブーム期の1972年をも上回る水準となった.

ところで,こうしたブームを支えた最大の要因は,70年代後半におけるインフレーションの高進であった.インフレによってモーゲージの借り入れが容易になったこと,さらにインフレヘッジのための資産として住宅の魅力が高まったことが,1戸建住宅への投資を促進したのである.実際,この時期の住宅価格はインフレ率を上回って上昇しており,1975年から79年にかけて,消費者物価指数の平均上昇率が8.1%であったのに対し,住宅価格の平均上昇率は11.9%を示した[7].住宅価格は住宅の規模や質の向上にも左右されるため単純な比較はできないが,それを考慮に入れたとしても,住宅価格の一般的な上昇傾向は明らかであった.

しかしながら,インフレに対処するためFRBが厳しい金融引き締め政策に転じ,1979年にモーゲージ金利が2桁を超えるようになると,高騰した住宅価格は一転して深刻なアフォーダビリティ危機を引き起こすことになった.従来,所得の25%という割合が一般に住宅の維持費用に充当しうる許容水準であるとされてきたが,1979年には,アメリカの平均的な所得階層でも所得の25%で標準的な1戸建住宅を購入することは困難となった.

一方,低所得者層のアフォーダビリティ危機もさらに深刻なものとなった.

住宅産業による低所得者層向け賃貸住宅の新たな供給が減少したのに加え，70年代後半には既存ストックの減少が目立つようになったためである．これは，民間賃貸住宅が高級アパートや商業不動産，あるいはコンドミニアムや協同組合住宅へと転換され，その結果，借家および持家コストの上昇に耐えられなくなった旧居住者が住居の移転を迫られるという，いわゆるジェントリフィケーション（gentrification）の進展によるものであった．

1970年代以前にも，都市再開発事業などによって低所得者層が移転を迫られるケースは存在したが，この時期の現象は，その大半が連邦政府の事業とは無関係な民間の活動によって生じたことに特徴を持っていた．ジェントリフィケーションが低所得者層に与えた影響を正確に把握することは困難であるが，HUDの報告書によると，1979年には，民間の再開発によって全世帯の0.8～1.1%，すなわち170～240万人が移転を余儀なくされたと推計されている（HUD〔1981〕pp. 24-6）．

以上のように，1973年以降の時期においては，それまでの住宅政策の限界が露呈するもとで，新たな政策に対する模索が続いた．その一方で，住宅供給についてはさらに市場原理に委ねる傾向が強まり，70年代の後半には，持家，賃貸の両面において深刻なアフォーダビリティ危機が発生した．このことは，従来もっぱら低所得者層の問題であるとされてきた住宅問題が，今や中間層をも巻き込んだ普遍的な問題に発展したことを意味していた．

4. 連邦住宅政策の縮小と今日の都市・住宅問題：1981-90年代

4-1 レーガン政権期の住宅政策

カーターに代わって大統領に就任したレーガンは，「小さな政府」への転換をスローガンにかかげ，住宅問題に対してもその理念に沿って対処する姿勢を鮮明にした．国防費を除く連邦支出の大幅削減が打ち出されるなかで，住宅助成もその例外とはされず，むしろ一般の社会福祉支出と比べて政治的抵抗が少ないと考えられたことから，低所得者層に対する直接助成は予算削

減の格好の対象とされることになった（Hays〔1995〕p. 235）．

ところで，このようなレーガン政権の住宅政策への態度を代弁していたのが，1982年に創設された大統領住宅委員会（The President's Commission on Housing）であった．同委員会は，かつての大統領委員会すなわちカイザー委員会が，「政府が正しい目標を設定し，正しい政策を実行しさえすれば，あらゆる問題は解決できるという共通の信念」に基づいていたとすれば，自らは，「政府の住宅政策と規制のゆがみから解放された市場経済の能力こそが，連邦プログラムよりもはるかに上手く住宅を供給できる，という正反対の信念」に基づいているとし，連邦政府の役割の縮小と，市場原理の徹底とを掲げた（The President's Commission on Housing〔1982〕p. xvii）．このような委員会の提言を受けて，レーガン政権は主として以下のような改革を推進した．

その第1は，直接助成に対する予算の大幅な削減である．これは低所得者層向け住宅助成と，コミュニティ開発助成の両面に及んでいたが，とりわけ前者において顕著であった．その内容は，公営住宅事業やセクション8などによる新規事業の中止，セクション8による家賃補助額の削減（借家人の家賃負担割合の25％から30％への引き上げ），既存の公営住宅の維持・管理費用への補助の削減，公営住宅の売却の促進など，従来の低所得者層向け助成のあらゆる側面に及んでいた．レーガンも就任2年目以降になると，議会の抵抗が強くなり，直接助成に対する予算は一定確保されるようになるが，それでも1981年以降の住宅関連予算の減少は顕著であった．住宅助成に対する予算権限は，1980年の279億3200万ドルから，1983年の104億9800万ドルへと，3年間で62.4％もの減少を示した．

第2は，新たな家賃補助としての住宅バウチャープログラムの導入である．これは低所得世帯に対し，一定の支払基準と所得の30％との差額を政府が補助するという点では，従来のセクション8既存住宅プログラムと大差はないが，次のような点では全く性格を異にしていた．それは，助成対象となる物件の家賃に制限がなく，高い家賃の物件を選んで30％以上の負担をする

か，低い家賃の物件を選んで余剰金を取得するかは借家人の自由に任されている点と，政府の補助金が，家主に対してではなくバウチャーという形態で直接借家人に支給される点である．これは，従来のセクション 8 が多少なりとも賃貸住宅の供給増加へのインセンティブと，家賃水準の制限とを有していたのに対し，事実上，賃貸住宅の供給量や家賃水準が全くの市場原理に委ねられたことを意味していた．バウチャープログラムは，1983 年に実験的に導入され，1987 年に恒久的な制度とされるが，代わって 1983 年には，セクション 8 の新築および修復プログラムが廃止されることになった．

　第 3 は，住宅金融の改革である．大統領住宅委員会は，「現在の住宅危機は，主要には住宅金融の危機である」とし，その改革を優先課題として掲げた（The President's Commission on Housing〔1982〕p. xxix）．これは直接的には，1979 年以降の「歴史的高金利」によってスリフトの多くが経営破綻に陥り，再び住宅建設が激減したことを背景としていた．委員会は，モーゲージ資金の供給源におけるスリフトへの依存の解消と，スリフト自身のモーゲージ貸付への依存の解消を目標とし，年金基金，生命保険会社，商業銀行等によるモーゲージ融資を促進するための規制緩和と，スリフトの調達・運用両面での業務権限の拡充とを提案した．すでに 1980 年の預金金融機関規制緩和・通貨管理法（Depository Institutions Deregulation and Monetary Control Act of 1980）によって，預金金利規制の段階的廃止，スリフトに対する商業不動産融資や消費者貸付等の業務の認可が行われていたが，1982 年には，新たに預金金融機関法（Deposit Institutions Act of 1982）が成立し，それらの融資権限の拡大と新たに商工業貸付の認可等が行われた．こうして，60 年代以来懸案となってきた金融制度改革がようやく実現し，スリフトと他の金融機関との同質化が進むことになった．

4-2　住宅政策の縮小と今日の住宅問題

　レーガン政権の住宅政策は，ニクソン政権期に現れた政策転換の方向を徹底し，住宅供給をできるだけ市場原理に委ねようとしたものであったが，80

年代の後半になると,その改革の歪みがさまざまな側面で目立つようになってきた.その1つが,低所得者層向け住宅の絶対的不足と,ホームレスの急増であり,もう1つは,スリフトの大量の経営破綻である.

第1の低所得者層向け住宅の不足は,新規供給と,既存ストックの両面における減少によって生じた.まず前者については,レーガンによる新築プログラムの廃止と予算の削減に加えて,家賃補助のバウチャー方式への転換によって,低家賃賃貸住宅の供給増加へのインセンティブが失われたことで,住宅供給量の絶対的な不足が顕著となった.また後者については,70年代後半に増加した賃貸住宅の高級化への動きが,80年代に入って一層加速したのに加え,80年代末には,かつての連邦補助プログラムによって建設された低所得者層向け賃貸住宅の多くが,モーゲージの期限前償還によって補助対象ではなくなり,通常のより高収益の不動産に転換するというケースが増加した[8].

こうした新築・既存両面における低所得者層向け住宅の減少の影響は,80年代後半になるとホームレスの急増となって現れた.ホームレスそれ自体は,80年代を通じた貧富の格差の拡大に起因するところが大きいが,安価な住宅の不足がその一因となっていることは明らかだった.このため,ホームレスの顕著な増加は,連邦政府の住宅政策の欠陥を社会的に印象づけることになった.

第2のスリフトの経営破綻は,レーガン政権による規制緩和とともに,80年代における住宅金融の証券化の進展を背景としていた.80年代に入ると,モーゲージ担保証券の発行が増加し,証券の担保に組み入れられたモーゲージの割合は,1970年にはモーゲージ残高の1.1%にすぎなかったものが,1980年には10%,1985年には19%へと上昇した.その結果,モーゲージの流動化が容易となり,商業銀行や,モーゲージの転売や証券化を前提に融資を行うモーゲージ・カンパニーと呼ばれる金融機関のシェアが上昇する一方で,住宅金融におけるスリフトの独自の意義は失われ,そのシェアは低下の一途をたどった.

第6章 アメリカの住宅市場と住宅政策の展開

こうして，80年代初頭の規制緩和によってこれらの金融機関との競争を強いられると，スリフトは次第に住宅モーゲージ融資の比重を低下させ，商業不動産融資などのハイリスク業務に傾斜していった．その帰結が，商業不動産ブームの崩壊によるスリフトの大量の経営破綻である．1988年から90年の3年間だけで，経営破綻に陥ったスリフトは593社にのぼり，自発的合併を含めると728社が消滅するに至った（井村〔1993〕81頁）．スリフトからの新規融資は，ピーク時の2087億ドルから1990年には1390億ドルにまで減少し，それは再び住宅建設の大幅な減少を招くことになった．

　住宅問題の深刻化は，1986年の選挙による上院での民主党の増勢とも相まって，議会において連邦政府の役割を再評価しようとする動きを生み出した．その結果，1987年にはマッキニー・ホームレス支援法（Stewart B. McKinney Homeless Assistance Act）が成立し，さらに1990年には，全国アフォーダブル住宅法（National Affordable Housing Act of 1990）が成立した．

　しかしながら，80年代以来の包括的な住宅立法となった1990年法も，連邦政府の役割を大幅に拡大するには至らず，むしろ既定の路線を踏襲するものとなった．80年代の連邦政府および民間市場の低所得者層向け住宅供給からの撤退は，それに代わる供給主体として，州および地方政府とコミュニティ開発公社（Community-based Development Corporation：CDC）などの非営利セクターの役割を増大させることになり[9]，1990年法では，むしろこれらに積極的に依拠した政策が採用された．連邦政府の補助プログラムとしては，家賃補助の増額が行われたものの，バウチャー方式そのものは転換されず，住宅供給に関しては，新たにHOMEプログラムが創設されるにとどまった．これはCDBGと同様の包括補助金で，その配分および活用については，州・地方政府とともに，CDCの役割が強調された．また，HOPEプログラムが新設され，公営住宅の非営利セクターへの売却が促進された．

　一方，住宅金融に関しては，1989年に金融機関改革・再建・執行法（Financial Institutions Reform, Recovery, Enforcement Act）が成立し，破綻したFSLICに代わった整理信託公社（Resolution Trust Corporation：RTC）

のもとで，破綻スリフトの処理が進められた．その結果，破綻スリフトの多くは商業銀行などに吸収され，スリフトの業態自体の縮小によって住宅金融に占めるスリフトの地位は大幅に後退した．代わってシェアを拡大したのがモーゲージ・カンパニーであり，80年代後半から90年代を通じて，その新規融資に占めるシェアは6割近くにまで達した．モーゲージ・カンパニーの融資が証券化を前提にしていることを考えると，このことは，いまやモーゲージ資金の大半が，証券化を通じて資本市場から調達されるようになったことを意味していた．

さらに90年代に入ると，証券化の内容自体にも変化が生じた．80年代にはGNMAによるモーゲージ担保証券が主流であったが，90年代には，FNMAやFHLMCなどの民営機関による，コンベンショナル・モーゲージを担保とした証券が証券化の中心となっていった．このことは，住宅モーゲージ市場に対する間接助成それ自体の役割が薄れ，それゆえ中・高所得者層向けの住宅供給における住宅政策そのものの存在意義が限りなく低下したことを意味していた．

このような住宅政策における市場原理の徹底と連邦政府の役割の間接化の方向は，クリントン民主党政権の登場によっても基本的には変わらなかった．80年代を通じて定着したイデオロギーを転換することは容易ではなく，また何よりも，膨大な財政赤字の存在が，拡張的な住宅政策の実施を妨げていたからである．こうして90年代の後半には，HUDの解体すら議論されるようになり，連邦政府の住宅政策は存亡の危機に立たされることになった．

もっとも，ごく最近になって住宅関連予算は再び増額の方向に転じつつある．2001年度のHUDの予算によると，予算額は過去20年ほどで最大となり，バウチャープログラムやホームレスへの支援などあらゆる項目において予算が増額されることになっている．それを可能にした直接的な契機は，堅調な経済成長に支えられた財政収支の黒字基調への転換であるが，再び住宅政策の拡充が要請された根本的な要因は，まれにみる好景気にもかかわらず，依然として多くの人々が貧困な居住環境を余儀なくされているという，アメ

リカ経済の厳しい現実である．HUDはこの予算の特徴を'Back in Business'と表現し，同省の本来の役割，すなわち「快適な住宅と適切な居住環境」の提供という役割への回帰をうたっているが，このような，好景気のさなかに住宅政策の拡充を叫ばざるをえないという現実こそ，今日のアメリカの住宅問題の根深さを象徴的に示しているといえよう．

おわりに

アメリカの連邦政府による住宅政策の展開過程は，低所得者層向け住宅助成，中・高所得者層向け住宅助成の両面において市場原理が浸透し，連邦政府の役割が間接化，限定化されていく過程であった．すなわち，低所得者層向け住宅助成においては，直接助成による公営住宅の供給が，60年代に民間部門を通じた間接供給によって代替され，さらに70年代には，直接助成と住宅の追加的な供給とを切り離す方向が打ち出された．この方向は80年代に徹底され，直接助成が所得補償としての性格を強める一方，住宅供給は限りなく市場原理に委ねられることになった．一方，中・高所得者層向け住宅助成においては，住宅モーゲージに対する信用保証に始まった間接助成が，70年代以降，モーゲージ担保証券への信用保証へと重点を移す一方，助成機関の民営化に伴って間接助成それ自体の比重の低下が進んだ．この傾向は80年代における住宅金融の自由化と証券化によってさらに促進され，90年代には，住宅供給はほぼ資本市場と住宅市場における自由な競争に委ねられることになった．

しかしながら，このような市場原理の徹底は，住宅市場の階層性，差別性と不安定性に由来するさまざまな住宅問題を引き起こさざるをえなかった．これまでの考察によって明らかなように，住宅政策の歴史において，低所得者層向け住宅の十分な供給が保証されたことは1度もなく，直接助成の拡大した60年代もその例外ではなかった．低所得者層に対する「快適な住宅と適切な居住環境」の提供という社会政策的な目的と，民間部門における利潤

動機とのギャップを埋めることは容易ではなく，その試みが失敗に終わると，連邦政府は，住宅供給を市場原理に委ねる方針に転換した．しかしそもそも市場原理になじまない低所得者層向け住宅の供給がそれによって達成されるはずもなく，今日では，その供給の大半は非営利セクターに依存せざるをえなくなっている．

一方，中・高所得者層においては，住宅供給が基本的に市場原理に委ねられた結果，70年代末に住宅価格と金利の高騰による深刻なアフォーダビリティ危機が発生した．90年代以降の金利の低下と，証券化の進展によるモーゲージ金利の安定によって，すでにアフォーダビリティ危機は去ったとも言われるが，果たしてそうであろうか．むしろ，アメリカの住宅価格は90年代以降も一貫して上昇しており，図6-3に見られるように，1982年に比べれば，1997年の持家比率は，55歳未満の世帯で軒並み低下しているのである．また，住宅金融の証券化の進展も，けっして住宅金融の安定化をもた

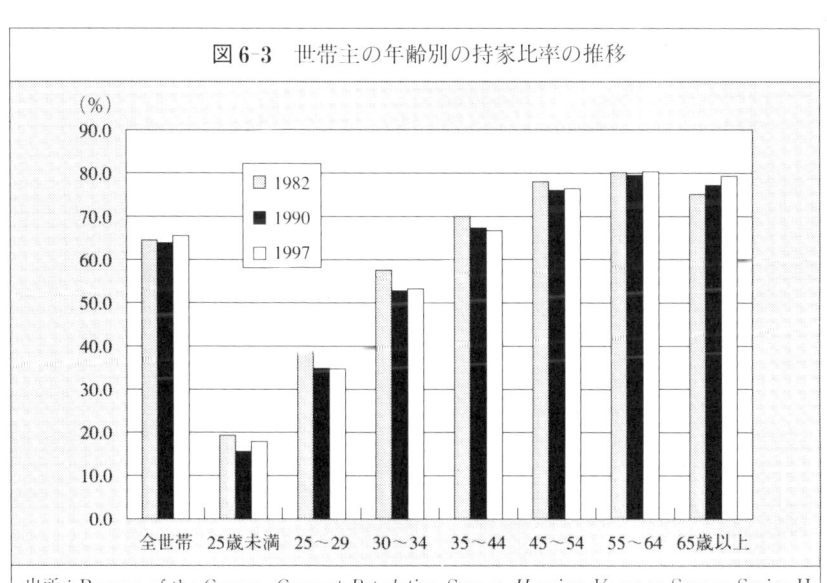

図6-3 世帯主の年齢別の持家比率の推移

出所：Bureau of the Census, *Current Population Survey, Housing Vacancy Survey*, Series H-111.

らすものではない．G. ディムスキらが指摘しているように，証券化の進展は，マイノリティ居住地域への融資など，証券化に適さないモーゲージを融資から排除することによって，社会的不公正を拡大させるとともに，住宅金融と一般の金融・資本市場との連動性を強めることによって，むしろ住宅金融の不安定性を拡大させる可能性を持っているのである（ディムスキ＝アイゼンバーグ〔1997〕187-96 頁）．

アメリカの住宅政策は，しばしば市場原理の活用に成功している典型例とされ，これからの日本の住宅政策のあり方をめぐっても，参考にすべき政策として引き合いに出されることが多い．しかし見過ごしはならないのは，それが一方で，住宅市場の差別性に伴う低所得者層の劣悪な居住環境と，住宅市場の不安定性という問題を常に内包しているということである．アメリカの住宅政策のたどった道をたんに後追いするのではなく，むしろ好景気のさなかに住宅政策の拡充へと回帰せざるをえなかったアメリカの現実からこそ，われわれは教訓を引き出さなければならないのである．

注
1) このような税制優遇措置は，1864 年および 1865 年の税法によって創設され，1913 年の連邦税法において確立されたものである．
2) 「民間企業，特に大企業は社会の状況を積極的に向上させていく責任があるという考えは，戦後を通じて論争の的となってきた．1960 年代末には企業の社会的責任は，都市問題解決への企業参加を呼びかけ，それに正当性を与えるものとして明示的に利用された．」Barnekov, Boyle and Rich〔1989〕（深海・中井訳〔1992 年〕67 頁）．
3) 建設業センサスによれば，1967 年の時点で，住宅建設業者のうち約 3 分の 1 は給与支払のない（without payroll）企業であり，また給与支払のある企業約 11 万社のうち，83.1% は従業員数 10 名未満の企業であった．U.S. Department of Commerce, Bureau of the Census〔1975〕pp. 1-11.
4) 1964 年から 1972 年初頭にかけて，同部門における M&A のうち，被買収企業の年間売上が 1000 万ドル以上のケースは 47 件あり，うち約半数にあたる 22 件は 1969 年と 1970 年の 2 年間に集中していた．Grebler〔1973〕pp. 8-9.
5) 通常，industrialization は「工業化」と訳されるが，この時期に推進されたものは，部品やパーツ等のプレハブ化にとどまらず，建設工程自体を限りなく工場

生産に置き換えようとするものであったため，本章では区別して「工場生産化」とした．
6) 「突破計画」は，大きく分けて，①市場集成（market aggregation）——建築規制，輸送規制等を緩和し，より広く統一的な市場を形成する，②住宅生産システムの開発——連邦政府の助成により新しい住宅量産技術を開発する，の2つの系列からなり，後者はさらに，コンペ方式で生産システムの提案を募集し，認定生産者を決める第1段階，いくつかの実験区画で試作を行う第2段階，量産に移行する第3段階，の3つの段階からなる．以上の点について詳しくは，『建築生産』1971年5月号，11-15頁を参照．また，第1段階で採用された技術については，鈴木一〔1971-73〕に詳しい．
7) 住宅価格は，新築民間1戸建住宅の販売価格中央値の全国平均．
8) セクション221(d)(3)や236などの連邦補助プログラムでは，建設から20年が経過すれば，モーゲージを満期前に償還することが認められていた．この点については，Hays〔1995〕p.248を参照．
9) このようなCDCの成長について，詳しくは，平山〔1993〕を参照されたい．

第7章 アメリカの賃貸住宅市場
―アフォーダビリティ問題と賃貸住宅経営―

はじめに

　アメリカの住宅政策は国民の持家取得の促進を目的とし，もっぱら中高所得層を対象とした住宅モーゲージ制度や優遇税制の整備が行われた．一方で持家取得が困難な低所得層に対しては，補助的な位置づけとして公営住宅の供給や家賃補助が実施された．その結果，持家率は66％を越える水準にまで達したものの，他方ではスラム等の劣悪な住宅・住環境がいまだ残存している．

　その理由は借家層に対する住宅政策の予算規模が小さく，ごく一部の階層しか対象とされなかったためである．公営住宅を与えられない世帯は民間賃貸住宅に居住することとなる．家賃補助を受けることができなければ，当然のことながら家賃全額を負担せねばならない．しかし借家層の多くが低所得世帯であるため，彼らは良好で，かつ高額な住宅には居住できず，劣悪な住

宅に残留せざるをえない状況にある.

　本章の目的は賃貸住宅市場の構造的問題を明らかにすることにある. 具体的にはアメリカの賃貸住宅市場について, 借家層の住宅アフォーダビリティと賃貸住宅経営の動向という2つの側面から考察していく. 住宅アフォーダビリティ問題は世帯の住居費負担や住宅取得能力を対象とするものであり, 1980年代以降の住宅問題の中核として位置づけられている. 本章では, 一方で借家層の住居費負担の実態をみることによって, 需要側の特徴を把握する. 他方で賃貸住宅を供給する家主や経営者の特徴についても考察する. なぜなら, アメリカの賃貸住宅経営の零細性や採算性の悪化が借家層の住環境に影響を及ぼしているためである. 後者の側面の研究は, 住宅アフォーダビリティ問題と比較してこれまであまり進んでいない. これらの考察に入る前に, まずアメリカの賃貸住宅政策の変遷と賃貸住宅市場の現状についてみておこう.

1. 賃貸住宅政策の変遷と1990年代の賃貸住宅市場

1-1　賃貸住宅政策の変遷
●連邦政府の賃貸住宅政策

　アメリカの賃貸住宅政策は1937年の住宅法によって初めて制度化される[1]. 同法は永続的な公営住宅プログラムを通じて, 国民の住環境を改善することを目的としていた. その後, 公営住宅開発が積極的に行われたものの, しだいに当初の目的から逸脱し, 景気・失業対策として位置づけられるようになった. 公営住宅の入居世帯も貧困層を対象としていたものの, 実際の入居者は破産した白人婚姻世帯が多数を占めた. これは, 公営住宅とはいっても, その維持費を家賃でまかなう必要があったため, 黒人等の貧困世帯では入居できないような高額な家賃が設定されていたためである.

　第2次世界大戦後は, 上記の反省から1949年の住宅法で「すべてのアメリカの家族に適切な住宅と居住環境を保証する」ことを目標とし, スラムク

リアランスと再開発事業プログラムのための支援が実施された．具体的には都市再開発プロジェクトに対する助成金・利子補給やモーゲージ保険保証等のプログラムが行われたものの，賃貸住宅市場は持家市場の好調さと比較して低調であった．民間賃貸住宅の建設戸数は1925年の約365,000戸から1955年の約113,000戸へ約3分の1程度にまで減少し，住宅建設戸数における民間賃貸住宅の割合も1927年の44%から1956年には8%まで低下した．

　1960年代に入っても公営住宅の建設は増加せず，また郊外型住宅開発の進展が中流階級の都市流出を促進させたために都市部には貧困層が残存し，インナーシティの荒廃が社会問題となった．再度，スラムクリアランスを目的とした都市再開発事業を積極的に行うために住宅・都市開発法が1968年に制定される．賃貸住宅開発に対する利子補給，免税債の発行，不動産税の軽減・免除等の施策が行われ，公営住宅は1960年の約60万戸から10年後には約140万戸にまで増加した．

　1971-73年にかけて公営住宅の開発戸数は過去最高を記録するが，一方で居住環境の悪化や非効率性が問題視される．一般的に公営住宅は都市部から離れ，しかも構造的にも粗悪，かつアメニティが十分に整備されていないものが多数存在していた．そのため，入居を希望する借家層は少なく，黒人等のマイノリティを中心にゲットーが形成された．同時に，ジョンソン政権期の莫大な財政赤字，ベトナム戦争やオイルショック等の影響により公営住宅の維持費は地方政府にとって大きな負担になっていた．

　このような状況から賃貸住宅政策は公営住宅の直接供給から家賃補助へと転換される．1974年に住宅・コミュニティ開発法が制定され，セクション8を中心とした家賃補助事業が中心となる．セクション8は支給方法や条件の差異によってサーティフィケート（Certificate）とバウチャー（Voucher）に分類される．サーティフィケートとは，住宅都市開発省（Department of Housing and Urban Development）が定める公正市場家賃（Fair Market Rent）以下で，かつ一定水準以上の住宅を民間市場で探して入居した場合，収入に応じて決められる入居者の負担額と契約家賃の差額を，連邦政府が補助する

制度である．対象となるのは，当該地域の所得中央値の50%未満である低所得世帯で，このプログラムを運営する地域の公営住宅庁（Public Housing Association）が証書を発行した世帯に限定される．

一方，バウチャーは1983年にレーガン政権によって創設された．その仕組みは世帯の実際の支払家賃とは無関係に，収入と世帯規模によって決まる一定額を援助するものである．補助額は収入に応じた負担額（調整後所得の30%）と公正市場家賃以下の基準家賃との差額となる．

バウチャーの対象は，サーティフィケートと同様，当該地域で所得中央値の50%未満の所得を有し，同時に公営住宅庁が証書を発行した世帯に限られる．また対象世帯は住宅都市開発省の定める質の基準を満たした賃貸住宅に居住しなければならないが，その家賃額にはサーティフィケートと違って上限はない．

つまり補助額は常に一定であることから，対象世帯は家賃額が公正市場家賃以上の賃貸住宅に居住し，その超過分の家賃を自分で支払うことも可能となる．逆に家賃額が公正市場家賃以下であれば，その差額を節約することもできる．このようにバウチャーはあくまでも公正市場家賃をベースとした家賃補助制度であり，補助額が一定なので，世帯に対し最適な住宅を選択し，より低家賃で契約しようとするインセンティブを与える効果を目的としたものである．

1970年代後半には供給過剰で頓挫したプロジェクトが低所得層向けの賃貸住宅として転用されることになり，家賃補助は一定の貢献をもたらした．1980年にはセクション8全体で受給世帯は約115万世帯にまで達した．しかし，借家層全体からすれば約10%，さらに所得金額が貧困ライン以下の世帯に限れば，約22%しか対象とされていなかった[2]．

1980年代になって，レーガン政権が誕生すると，大統領委員会の「基本的にアメリカの住宅問題は解決しており，一部の低所得層のみに存在しているにすぎない」という報告を受け，連邦政府は住宅政策からの撤退を強める．新保守主義政策のもと，セクション8の受給世帯の所得に占める家賃の負担

割合を従来の 25% から 30% へ引き上げ，賃貸住宅開発への低利融資の縮小，住宅関連予算の削減等が行われた．その結果，予算の規模は 1980-88 年で約 78% 減少する．加えて公営住宅の払い下げや開発事業の延期・変更が実施された．その一方で，投資減税や金融規制の緩和を通じて，民間活力による賃貸住宅投資を増加させ，住宅問題の解決を図ろうとした．しかし，1980 年代にはベビーブーマー層による住宅需要の増加が見込まれていたにもかかわらず，それらの階層を対象とした住宅開発は政策的に行われなかった．

その結果，住宅市場の状況は持家層と借家層のいずれにとっても悪化の一途をたどる．まず，1980 年代前半の好景気により，住宅価格は高騰し，国民のマイホームの取得が困難な状況を迎えた．持家率は第 2 次世界大戦以後初めて低下する．1980 年の 65.8% から 1992 年には 65% まで下落した．特に世帯主の年齢が 30 歳以下の世帯の持家率は 1981 年の 63% から 1988 年には 52% まで減少し，若年層の住宅取得に多大な影響を及ぼした．その結果，本来ならマイホームを所有するはずであった借家層が賃貸住宅市場に残留した．

1981 年に投資減税が認められ，賃貸住宅開発が行われたものの，それらは主に高額所得者を対象としたものであり，新規借家層や貧困層を対象とするものではなかった．加えて既存の低家賃住宅が再開発の対象となり，高額のコンドミニアムや商業不動産に転用されることとなった．つまり，低所得者向け賃貸住宅は増加するどころか，逆に減少した．

従来の賃貸住宅政策は低所得層を中心としていたが，その範囲が中流階級にまで拡大する．公営住宅の順番待ちリストは急激に増加し，大都市の約 3 分の 2 がその受付を停止せざるをえない状況に追い込まれた．住宅を自力で見つけることができない世帯や個人を中心にホームレスが増加し，新たなスラムが生まれ，都市環境はますます悪化した．

上記のように，レーガン政権による 1980 年代の連邦賃貸住宅政策は，新保守主義のもと，民間活力によって住環境を改善することを目的としたが，その目的は達成されることはなかった．それとは逆に投資減税や金融緩和が

アフォーダブル賃貸住宅を減少させただけでなく，アメリカの住宅市場におけるフィルタリング機能[3]を停滞させた．これは弱者である借家層に多大な影響をもたらした．こうした状況を受けて，連邦政府は1990年に全国アフォーダブル住宅法を制定する．主に低所得層向け賃貸住宅の供給，住宅取得の支援，低家賃住宅の所有者への補助などが中心となっている．

● **地方政府の賃貸住宅政策**

連邦政府は住宅法を根拠に，持家の促進と，すべての人が最低居住水準を確保することを基本とした住宅政策を行い，その内容は住宅取得促進税制や住宅モーゲージ金融制度の整備を中心としている．しかし，連邦政府は住宅政策の基本的なコンセプトを打ち出すものの，実際のプログラムの計画や管理は地方政府に委任している．この傾向はクリントン政権においても継続している．

例えば，1990年の全国アフォーダブル住宅法では，州・地方政府に対して包括的住宅アフォーダビリティ戦略（Comprehensive Housing Affordability Strategy）の策定を義務づけている．地方政府は住宅政策を実施するためには，まずプログラムを策定しなければならない．それが連邦政府によって承認されれば，一定の予算が授与されることになる．現在ではこのようなプロセスのもと，コミュニティ・ベースト・ハウジング（Community Based-Housing）等の非営利組織と協調して，低所得者向け賃貸住宅を供給している．

地方政府の主な役割は上記のようなプログラムの策定・運営と差別行動の禁止があげられるが，一部の大都市では，家賃統制を通じて借家層の保護を実現しようとした．アメリカの家賃統制において代表的な都市はニューヨーク市である．ここではその変遷についてみていく．

ニューヨーク市で本格的に家賃統制が実施されたのは1943年である[4]．これは1942年の緊急物価管理法（Emergency Price Control Act）の制定を受け，全国的に導入されたものである．それによってニューヨーク市では家賃を1943年3月の水準に据え置かなければならなかった．

第2次世界大戦が終結すると，1947年に連邦住宅・家賃法（Federal Housing and Rent Act）が制定された．それにもとづき，多くの都市で家賃統制が解除されることになったが，ニューヨーク市では家賃統制が継続される．その目的は戦時中から続いていたインフレの抑制策であり，対象物件は1947年2月1日以前に建設された賃貸住宅であった．

　その後，いくたびかの法改正を通じて規制緩和が進められた．1958年には高額物件が家賃統制の対象外となり，さらに1969年の家賃安定化制度では利回りが8.5％に満たない物件の家賃額の引き上げが認められた．1971年の空家家賃統制解除法（Vacancy Decontrol Law）の制定によって，賃貸住宅が空家になった場合には家賃統制の対象外となり，新入居者に対しては新たな家賃額の設定が可能になった．その結果，1970-73年にかけて，家賃額の市場価値と契約価格のギャップは8億700万ドルから3億2,600万ドルに減少したと推定されている．

　しかし，オイルショック以後の高インフレのなか，1974年に緊急借家保護法（Emergency Tenant Protection Act）が制定されると，従来の規制緩和を転換し，再び家賃統制を強化する．その結果，家賃の上昇率が規制されたため，賃貸住宅の供給は減少し，また管理活動や所有権の放棄，建物の破壊や放火事件が発生した．当然のことながら都市環境は悪化し，不動産税の滞納も年間6％に達した．

　その後，1980年代も家賃統制が継続される．1993年になって，高額借家の家賃規制適用除外制度が導入され，新規家賃が2,000ドル以上に達した賃貸住宅は，自動的に家賃統制の対象外になった．1990年代後半になると，好景気の影響で再びニューヨーク市の賃貸住宅の家賃が高騰してきたことから，家賃規制改正法（Rent Regulation Reform Act 1997）で家賃統制の期限を6年間延長し，2003年までとした．ただし，空家になった賃貸住宅の家賃上昇率を最高20％まで認めている．

図7-1 住宅ストックの状況

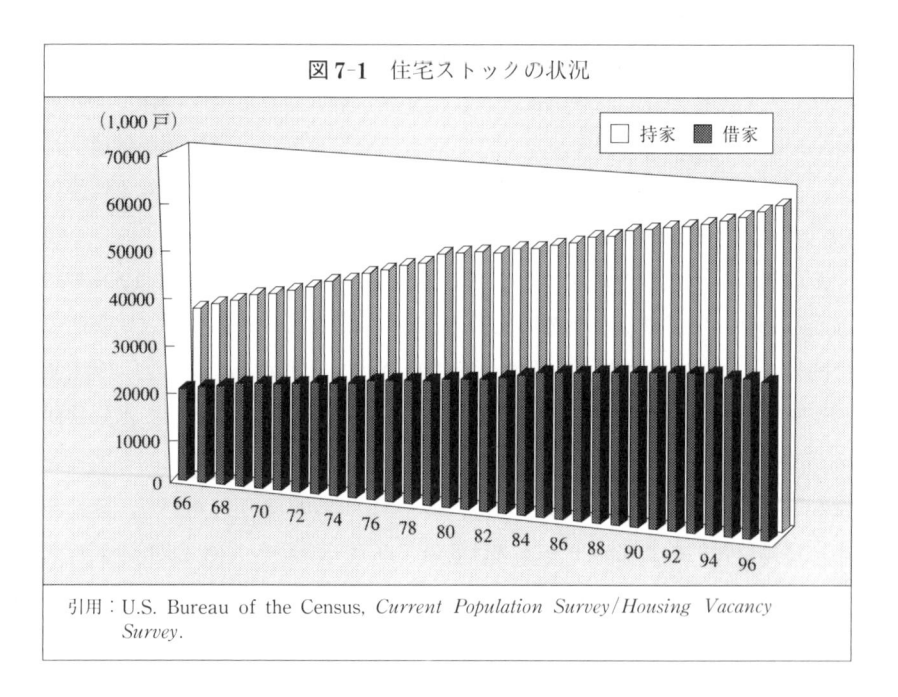

引用:U.S. Bureau of the Census, *Current Population Survey/Housing Vacancy Survey*.

1-2 1990年代の賃貸住宅市場

前項でアメリカの賃貸住宅政策の変遷について連邦政府と地方政府の2つの立場からみてきたが,ここでは現在の賃貸住宅市場を概観する.まず,図7-1は住宅ストックの状況を持家と借家の両方についてみている.アメリカの賃貸住宅は1997年で約3506万戸存在し,その内訳は1戸建住宅が3分の1を越え,他方,家屋数が20戸以上である集合住宅の割合も6分の1に達する.1966年の約2138万戸から約30年間で約64%増加しているが,持家住宅も同時期に約81%増加している.住宅総数にしめる賃貸住宅の割合はおおむね35%前後で推移している.

最近の賃貸住宅の建設量は1997・98年よりは減少傾向にあるものの,1999年には30万戸を超えた.その内訳は1戸建住宅が40,000戸,集合住宅267,000戸である.特に郊外での住宅開発の割合は1997年には54%に達する.1990-97年で集合住宅の床面積(中央値)は100平方フィート(約9.2

図 7-2 1,000世帯当たりの着工戸数の推移

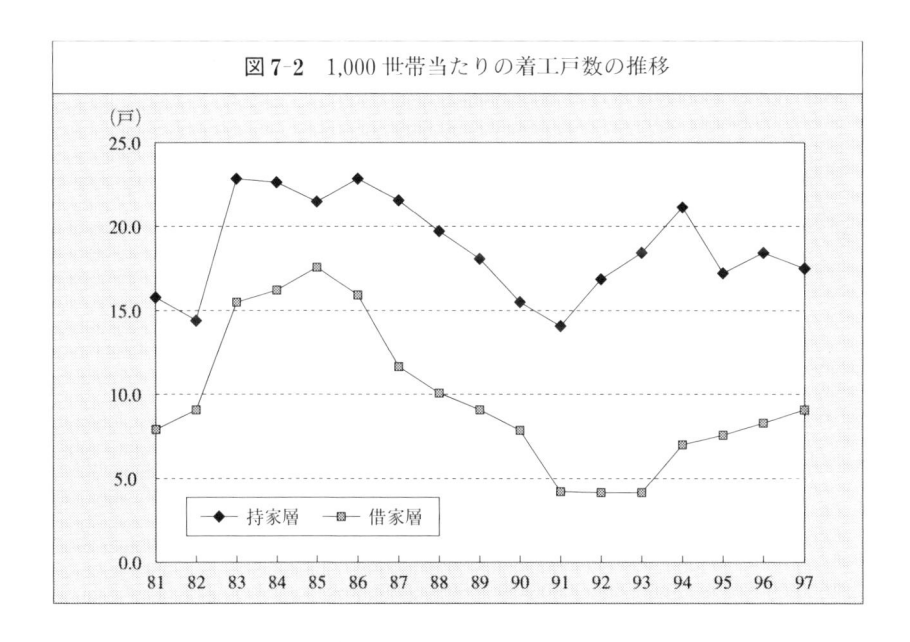

(凡例: ◆ 持家層 □ 借家層)

m²）増加し，寝室数2以上の家屋の割合は65%から71%に増加した．

1,000世帯当たりの着工戸数を1981年から1997年までの期間についてみたのが図7-2である．これによると，持家市場の方が着工戸数でも高水準にある．テニュア別の居住水準をみると，持家層の場合，部屋数は6.1室，寝室数は3室に対し，借家層の場合，それぞれ4.1室，1.9室であり，持家と借家では居住環境に大きな格差が存在している（いずれも中央値）．

新築アパートの家賃額（中央値）も1993年の576ドルから1998年の738ドルへと，年平均で5%増加している．しかも，家賃の上昇率は消費者物価指数のそれを超えている．例えば1998年9月～1999年9月では家賃の上昇率が2.9%であるのに対し，消費者物価指数のそれは2.6%であった．ただし，その差はここ数年減少傾向にある．

賃貸住宅市場の空家率は1999年には8.2%（全米平均）で，持家市場（1.7%）よりも高い．持家市場の空家率は1990年代の中期に1.4%まで減少したが，最近は再び増加傾向にある．一方，賃貸住宅市場も1990年の7.2%

から1999年の8.2%へと,緩やかではあるが増加している.さらに地域別にみた場合,西部6.2%,北東部6.3%,中西部8.6%,南部10.3%と地域格差が存在する.

賃貸住宅市場全体の空家率は増加しているが,多くの大都市の賃貸住宅市場では供給不足が続いている.家賃の上昇率でみれば,1998年6月-1999年6月で最も高かったのはサンディアゴやサンフランシスコで7.2%である.ヒューストン,デンバー,シアトルがそれらの都市に続く.サンフランシスコの賃貸住宅市場の空家率は2.5%であり,全米では最も住宅が借りにくい都市の1つである.特に集合賃貸住宅の需要が強く,1998年にはその建設許可戸数は34%増加した.これはサンフランシスコの住宅開発全体の66%に達する.

最近の賃貸住宅市場の特徴としては,まず移民とマイノリティである借家世帯の増加があげられる.1990-98年で,借家世帯のうち,世帯主が外国で出生した世帯の割合は13%から16%へと増加した.移民の流入が顕著な地域で賃貸住宅の需要が増加している.特に西部では若年層の増加や外国人の移入等の影響により借家需要は依然として大きく,借家層は約7%増加している.逆に中西部では住宅購入の進展により借家層の人口は約4%減少している.

つぎに単身世帯の増加も顕著で,その割合は借家層の33%にまで増加した.単身世帯は家屋数が2～4戸の集合住宅で21%,さらに5戸以上で42%をしめている.その結果,5戸以上の集合賃貸住宅の空家率は1990年代前半には10%を超えていたが,1999年には8.7%まで減少している.これは1985年並みの水準(8.8%)である.失業率の低さと実質所得の増加を背景として,単身世帯だけでなく,若年世帯の独立も促され,それらの世帯が集合住宅に居住し始めたことを要因としている.1999年上半期では約165万世帯(年換算)の借家層が増加し,当初の予測値である約110～120万世帯を約50万世帯も上回った.

単身世帯の増加とは逆に,家族世帯は伸び悩んでいる.その結果,空家状

態にある1戸建借家が空家全体（戸建・集合）にしめる割合は1996年の24％から1999年には34％まで増加し，過去最悪の水準にある．

　最近の住宅開発の好調さにもかかわらず，賃貸住宅の環境が全般的に改善されたとは言えない．建設される住宅の多くが高額所得者向け賃貸住宅への需要増大を当てこんだもので，低所得者向け住宅の供給に必ずしも結びついてはいない．住宅都市開発省によれば，1995年には200万世帯が不適格住宅に居住し，さらに280万世帯が過密居住問題（1部屋につき1人超が居住している状態）を抱えている．特に都市中心部の貧困借家層の多くがこれに該当している．多くのマイノリティは劣悪な住宅に居住し，28％の世帯が，台所設備が十分でなく，しかも過密感のある住宅に居住している．

　セクション8による家賃補助を受けている賃貸住宅戸数は1980年代から伸び悩み，1996年には予算削減の影響を受けて，初めて減少した．取り壊しと転用により，1996年下半期以後，3万戸以上の補助住宅が消失した．1998年だけでその数は17,000戸にも達する．

　これは1996年に住宅政策の権限が連邦政府から地方政府へと大幅に委譲されたためである．これによって一部の地方政府は事業を継続するための莫大な費用負担に耐えきれず，既存の連邦補助住宅プログラムの見直しを行った．地方政府が策定した新プログラムでは対象世帯の所得基準が引き下げられたため，低所得層と彼らが居住する低家賃住宅の家主に大きな影響を与えた．低家賃住宅の新規供給が阻害されただけでなく，家賃補助をうちきられる家主が増大し，修繕・管理活動が行われない劣悪な賃貸住宅が増加した．その結果，所有者は賃貸住宅を売却するか，あるいは低所得層向け賃貸住宅からの撤退を迫られることになった．行政サービスの効率性追求によって，全国アフォーダブル住宅法が掲げる低所得層向け賃貸住宅の供給という目標は，実現困難な状況に陥っている．

　過去20年間でみれば低家賃住宅は確実に減少しており，北東部だけでも百万単位もの戸数が消滅している．この低家賃住宅の減少を埋めてきたのが住宅補助の存在であったが，上記のような住宅政策の転換により今後は縮小

傾向をたどることが予想される．今後5年間でセクション8の補助住宅の約66％が契約満了を迎え，44の州で助成金が支給されている14,000区画の住宅地と100万戸のアパートのうち，約半分が消失，または転用される可能性が指摘されている．

賃貸住宅市場の2010年までの見通しとしては，ベビーブーマーの次世代が20～30歳台になり，この年齢層で借家需要が増大すること，またマイノリティと移民の子孫が新しい借家層として急激に増加することが予測されている．他方で，ベビーブーマーの持家化はほぼ完了することから，30～44歳台の借家層の数は減少傾向となるが，高齢化の進展で50～64歳台の借家世帯が増加すると予測されている．

住宅補助を必要とする世帯数が増加傾向にあるにもかかわらず，現在でも賃貸住宅，特に低家賃住宅の絶対的な不足感は否めない．今後，大量の新規供給も見込めないとすれば，借家層は住環境，経済負担，居住機会のすべての面で危機的な状況を迎えるであろう．

2. 借家層の住宅アフォーダビリティ問題

2-1 住宅アフォーダビリティ問題をめぐる経緯

住宅アフォーダビリティという言葉は，住居費負担や住宅取得能力と訳されるように，適正な経費負担で良好な居住水準のマイホーム，または賃貸住宅に居住できることを基本としている．アメリカでこのような問題が積極的に議論されるようになったのは1970年代後半以降である．

しかし，それ以前にも，所得と住居費負担の関係については多くの先行研究が存在する．ヨーロッパでは19世紀後半からエンゲル（Engel）やシュワーベ（Schwabe）などの研究者によって適正な住居費負担割合に関する研究が行われた．アメリカでも20世紀初頭から幅広い議論が展開され，1920年代から30年代にかけて，所得にしめる住居費の割合としての25％や住宅価格の所得倍率比の2.0～2.5倍という基準が確立された．また1960年代には，

住宅モーゲージの融資量の不足が問題となっている．

こうした経緯の後，1970年代後半になって住宅アフォーダビリティ問題が強調されたわけだが，これは当時のインフレーションによる住宅価格の高騰を原因としている．さらに1980年代になって，再び住宅価格が高騰すると，持家層だけでなく，借家層も家賃上昇の影響を受け，賃貸住宅を確保することが困難な状況となった．住宅アフォーダビリティ問題の解決は重大な課題として位置づけられ，これが1990年の全国アフォーダブル住宅法の制定につながったのである．

2-2 借家層の住居費負担

本節では住居費負担や住宅取得能力に注目して，借家層の住宅アフォーダビリティの状況についてみていく．表7-1に1975-98年の所得と住宅費の推移をとりあげている．借家層の実質所得は1996-98年で，平均で0.3％しか増加していない．一方，同時期の総家賃額の伸びが1.6％であることから，借家層の所得にしめる住宅費の割合は上昇している．1987-96年の実質家賃の減少によって，現在は1980年代や1990年代前半ほどではないにせよ，1970年代後半よりは負担が増大している．

民間賃貸住宅と公営住宅の入居世帯を比較すると，後者の方が住居費負担が重いことがわかる．年間所得額（1997年，中央値）は民間賃貸住宅の借家層が22,860ドルであるのに対し，公営住宅のそれは8,156ドルであり，所得にしめる住宅費の割合は33％と，民間賃貸住宅の居住者の29％よりも高い．公営住宅の入居資格は，世帯所得がその地域の中央値の80％に満たないことが要件となる[5]．

1990年代中期の経済好況は，低所得層の住宅アフォーダビリティの改善には貢献していない．好況は家賃の水準を引き上げるが，所得の伸びは家賃のそれよりも低いため住居費負担は悪化している．

このような現象はとくに貧困借家層に当てはまる．収入が地域中央値の50％以下で，その30％を住宅費に支払っている世帯数は1991年の190万

表 7-1　1975-98 年の所得と住宅費の推移

	月々の所得 ($)		持家取得費用 ($)		家賃 ($)		所得にしめる住宅費の割合 (%)			
							持家層		借家層	
	持家層	借家層	モーゲージ支払額	税引後モーゲージ支払額	契約家賃額	総家賃額	税引前モーゲージ支払額	税引後モーゲージ支払額	契約家賃額の場合	総家賃額の場合
1975	3,287	1,909	728	600	407	468	22.1	18.2	21.3	24.5
1976	3,316	1,875	740	610	407	471	22.3	18.4	21.7	25.1
1977	3,439	1,891	769	680	408	475	22.4	19.8	21.5	25.1
1978	3,381	1,871	865	744	409	477	25.6	22.0	21.8	25.5
1979	3,359	1,836	985	837	401	470	29.3	24.9	21.9	25.6
1980	3,268	1,733	1,109	919	394	466	33.9	28.1	22.7	26.9
1981	3,287	1,719	1,217	991	392	467	37.0	30.2	22.8	27.2
1982	3,296	1,677	1,208	999	399	479	36.6	30.3	23.8	28.6
1983	3,328	1,691	1,012	840	406	490	30.4	25.2	24.0	29.0
1984	3,412	1,739	990	827	411	494	29.0	24.2	23.6	28.4
1985	3,509	1,767	943	790	423	505	26.9	22.5	23.9	28.6
1986	3,631	1,797	885	745	440	521	24.4	20.5	24.5	29.0
1987	3,671	1,782	848	741	442	519	23.1	20.2	24.8	29.1
1988	3,674	1,826	868	777	441	515	23.6	21.1	24.2	28.2
1989	3,724	1,895	945	840	437	510	25.4	22.6	23.1	26.9
1990	3,617	1,819	920	819	432	503	25.4	22.6	23.8	27.6
1991	3,560	1,735	849	760	429	499	23.9	21.4	24.7	28.8
1992	3,534	1,694	756	685	427	496	21.4	19.4	25.2	29.3
1993	3,488	1,692	686	628	424	494	19.7	18.0	25.1	29.2
1994	3,575	1,732	715	655	424	492	20.0	18.3	24.5	28.4
1995	3,617	1,758	746	681	422	489	20.6	18.8	24.0	27.8
1996	3,657	1,781	746	681	421	487	20.4	18.6	23.7	27.4
1997	3,748	1,784	756	690	424	490	20.2	18.4	23.8	27.5
1998	3,819	1,787	743	681	431	495	19.5	17.8	24.1	27.7

引用：Joint Center for Housing Studies of Harvard University, *The State of the Nation's Housing 1999*, p. 35.

世帯から 1995 年には 150 万世帯と減少した．逆に負担が 30% 超の世帯が増加し，全般的に住居費負担割合は悪化している．これは所得分布で最下部の階層の所得は 1995-97 年で 2.9% 減少しているのに対し，家賃分布で最下部の階層の家賃は 4.5% 上昇しているためである．1995 年には，補助を受けていない 580 万世帯のうち，390 万世帯が所得の半分以上を家賃に負担してい

る.さらに,この390万世帯のうち約4分の1は水道光熱費,管理費等に25％以上支払っている[6].

上述のように借家層の住居費負担がさらに悪化しているなか,1998年に行われたファニー・メイ(Fannie Mae)の全国住宅調査(National Housing Survey)は,借家層の住宅購入意欲が1990年代のいかなる時よりも強くなっていることを示した.アメリカ経済の好調さを背景に,住宅購入を一番の優先項目とした借家層は60％にのぼり,1992年の調査開始以来,過去最高を記録した.

だが,各世帯の住宅取得能力に関する報告書(Who Can Afford to Buy a House in 1995?)によると,借家層の場合,1995年の時点で住宅購入が可能な世帯の割合は9.9％で,1993年の11.7％と比較して減少している[7].また,借家層でも所得金額が中央値よりも高い世帯は購入可能割合が18％まで上昇するのに対し,中央値より低い世帯でのそれは2％まで減少する.借家層がマイホームを所有できない理由として,頭金の不足,過剰債務,所得金額の少なさ,という3つの要因が報告書で指摘されており,所有できないと回答した世帯の48％が過剰債務とモーゲージ返済のための所得が十分でないという複合的な要因を抱えている.

3. 賃貸住宅経営の実態と不安定化要因

3-1 賃貸住宅経営の実態

アメリカの賃貸住宅経営の動向について,1995-96年に行われた賃貸住宅所有者ならびに経営者に対する実態調査(Property Owners and Managers Survey)を通じてみていく[8].この調査はセンサス局が作成機関となり,アメリカの民間賃貸住宅経営の動向をとらえることを目的としたものである.調査対象として約16,300に及ぶ賃貸住宅の所有者と経営者を標本として抽出し,具体的な調査項目として経営主体,管理内容,収支動向,資金繰りの状況等があげられる.

まず所有類型については，個人投資家とリミテッドパートナーシップ[9]の割合は60％に達している．個人投資家の所有割合は全体では半数近くに達しているものの，家屋数50戸以上の賃貸住宅に限れば，20％にも満たない．つまり，小規模経営主体が圧倒的な割合を占めており，そのほとんどは所有家屋が5戸以下の零細経営である．

賃貸住宅の個人所有者の年齢は45～64歳の階層が約70％を占めている．他方，家主の所得全体にしめる家賃収入の割合をみれば，25％以下の階層が最も多く，全体の4割にも達する．したがって小規模経営者の多くが他に職業を有しているか，あるいは年金や社会保障給付によって生計を立てていることがわかる．つぎに，賃貸住宅経営を始めてから現在までの年数をみると，一番多いのは「10年以上」で，全体の約42.6％であった．特に小規模住宅ほど長期にわたっている傾向を示している．

集合住宅の収支状況は表7-2で取り上げている．全体のうち，賃貸住宅経営の収支が黒字となっている割合は約61.5％で，逆に4割近くが赤字経営である．建築年代別にみると，1970年以前に建設された家屋で黒字経営の割合が低く（55.6％），また戸数別にみても小規模家屋ほど経営状態は悪化している．完成後の年数が短期であるほど利益率が高い傾向にあり，さらに設備が充実している家屋も同様の傾向にある．

財務状況をみると，1戸当たりの年間平均家賃収入額は5,152ドルであるのに対し，営業経費は2,849ドルであり，営業利益率は約37.9％である．またモーゲージ返済平均額は1,139ドルで，総費用は3,988ドルとなり，利益率（税引前）は22.6％となっている．所有賃貸住宅の価値（時価）の平均は45,461ドルであることから，資本利回りは5.1％となる．しかしこれは収支が黒字であった場合の計算であり，当然のことながら賃貸住宅経営全体でみれば，利回りはより低い数値となる．

上記の調査結果から，アメリカの賃貸住宅は総じて小規模零細経営で，高齢者の個人経営を中心としていることがわかる．加えて経営状態も悪化傾向にあり，その特徴として，管理能力は備わっていても経営能力が低いことが

表7-2 集合住宅の収支状況 (1995/96年)

	1家屋当たりの平均 ($)					利益発生割合 (%)
	一般経費	モーゲージ支払額	総経費	家賃収入	価値	
全体	2,849	1,139	3,988	5,152	45,461	61.5
建築年						
1970年以前	2,787	907	3,694	4,703	43,694	55.6
970~1979年	2,659	1,066	3,725	5,018	44,863	70.3
1980~1989年	3,308	2,008	5,316	6,888	47,262	70.1
1990年以後	3,192	1,908	5,101	7,076	56,382	63.8
戸数別						
2戸	2,417	1,206	3,623	4,433	56.700	49.2
3~4戸	2,622	1,071	3,693	4,546	43,917	46.6
5~19戸	2,777	933	3,709	4,930	37,908	58.1
20~49戸	2,592	936	3,528	5,166	43,376	64.9
50~99戸	3,643	1,331	4,974	5,989	59,844	67.2
100戸~	3,334	1,342	4,676	6,122	39,648	75.3

引用: Paul Emrath, "Property Owners and Managers Survey", *Housing Economics*, July 1997, pp. 6-9.

指摘される.また,空室をできるだけ埋めようとするため家賃の割引は恒常的に行われている.

3-2 賃貸住宅経営の不安定化要因

上記のような実態は1990年代特有のものではなく,賃貸住宅経営は戦後一貫して悪化している.その要因としては,賃貸不動産投資の特性,家賃統制,不動産税制,家賃補助の4つが指摘できる.以下,それぞれの要因が賃貸住宅経営の悪化にどのような影響を及ぼしてきたのかを検討しよう.

● **賃貸不動産投資の特性**

賃貸住宅経営は他の投資手段よりもリスクが大きく,初期投資が多額で,それを回収するのに長期間を要する.また株式市場のような取引市場がないため流動性も低く,国民・地域経済の状況により収入の変動も大きい.さら

に顧客の多くは支払い能力が低い所得層であるため，家賃を増額することは容易ではない．これらのことから，収益性に基づいた賃貸不動産の価値総額（実質）は，1960年と比較して，1980年代後半には約半分にまで下落しているという見解もある．

● 家賃統制

家賃統制は既存住宅の家賃額の安定化という面では成功したものの，その弊害として次の5点が指摘されている．(1)新規賃貸住宅建設の減少，(2)管理活動の放棄による住宅の劣化，(3)テナントと家主の関係の悪化，(4)同じような環境の賃貸住宅に居住していても，入居時期によって家賃額が異なるという世帯間の不平等の強まり，(5)既存借家層の残留傾向によるフィルタリング機能の低下である．その結果，新規借家層にとっては賃貸住宅を探す上で競争が激化する一方，都市部の賃貸住宅の環境悪化がさらに進み，スラムが拡大したことも事実である．

● 不動産税制

アメリカの不動産税制は基本的に，優遇税制を実施してはその数年後に行き過ぎた政策を元に戻すということの繰り返しである．その典型的な事例として1981年の経済再建租税法（Economic Recovery Tax Act）と1986年の税制改革法（Tax Reform Act）があげられる．

経済再建租税法では1970年代から続いた経済不況を克服するために大規模な投資減税を実施した．具体的には，不動産投資から生じた費用や損失を他の一般所得と相殺することができる損益通算の容認，減価償却期間の短縮（15～35年），キャピタルゲインの税率の削減（28%から20%へ）等が行われた．その結果，1970年代後半の資金不足は解消され，個人投資家だけでなく，年金基金や保険会社等の機関投資家が不動産市場に積極的に参入した．

しかし，この行き過ぎた投資減税は不動産ブームを生み出し，住宅・不動産価格の高騰を招いた．その反省から，税制改革法によって優遇制度は見直されることになった．その内容は逆に損益通算の廃止，減価償却期間の長期化，キャピタルゲイン税率の上昇である．以後，一部の不動産金融商品を除

いてほとんどの節税効果が失われたため，一般投資家を中心に不動産市場からの撤退がみられた．

つまり，優遇税制を実施すれば，節税効果を目的とした住宅建設は増加するが，逆に廃止されると住宅建設は減少する．つまり税制改革の動向によって経営状態が大きく左右されるのである．しかも，すでにみたように優遇税制によって建設されるのは高額な賃貸住宅が中心であって，必ずしもアフォーダブル賃貸住宅が供給されるわけではない．

● 家賃補助

セクション8の実施後，収入の安定化を期待した家主が中心となって補助住宅が増加した．その結果，家主は空家率の削減や安定収入を確保できただけでなく，低所得層への貸家供給を通じて社会への貢献を意識できた．

他方，問題も少なくなかった．具体的には補助住宅の入居者のうち，少なくとも10％以上が低所得層でなければならなかったので，周囲の住民との軋轢が生まれた．家主の管理能力が低いため，家賃の支払が滞る事例もみられた．

また，セクション8の対象住宅であり続けるためには，住宅都市開発省の定期検査に合格する必要があった．具体的には，検査は衛生設備，空調設備，照明，建物の構造等12項目に及び，同時に煩雑な事務手続きを伴った．当然のことながら，それらの品質を維持するためには継続的な管理活動が要求された．

このように賃貸住宅経営が低収益事業となった要因として，賃貸不動産投資の低利回り，家賃統制による収入の抑制，不動産税制による収入の変動，家賃補助による管理上の負担増大があげられる．それにもかかわらず，過去，賃貸住宅投資が積極的に行われた理由としては次の2点が指摘できる．第1は不動産価格の騰貴によるキャピタルゲインの享受である．不動産価格は戦後から1980年代中期までおおむね右肩上がりで推移してきた．したがって，不動産投資のリバレッジ効果[10]を通じて多額の利益を得ることができた．第2に上述のように損益通算による節税効果で，高額納税者が中心となって

節税対策の一環として不動産開発が行われた．その場合，投資家の多くは家賃収入というインカムゲインには関心がなく，後々には多くの物件が売却された．

現在，住宅都市開発省は高家賃住宅にまで施策の範囲を広げ，または古い低家賃住宅の保持を可能とするバウチャー改革を進めている[11]．これらにより借家層の経済負担を軽減するだけでなく，賃貸住宅の収益性を向上させることを図っている．しかし，依然として以下のような問題点が存在している．

①経済の活況により，一部の取引の活発な賃貸住宅市場では住宅・不動産価格が高騰し，相対的に補助住宅は投資物件として魅力的ではなくなっている．そのため，高額物件への転用が進んでいる．

②低家賃住宅の供給に社会的意義を感じる家主・経営者が減少している．

③家賃補助が少額であり，かつ補助要件も厳しいため，そのことが家主にとっては経営に対する規制の強化と受けとめられ，低家賃住宅の供給へのインセンティブを損なう結果となっている．

こうした問題点により，契約を更新せず，転用を進めている家主が増加傾向にある．特に家賃水準の高い地域で，家賃補助プログラムに参与する家主が減少している．また家賃補助プログラム自体の問題点が低家賃住宅の減少に拍車をかけており，借家人が条件を満たす賃貸住宅を見つけることができないため，家賃補助を返還せざるをえない状況も生まれている．

4. 賃貸住宅市場の構造的問題

アメリカの賃貸住宅政策は，1937年の住宅法から1970年代前半までは公営住宅の開発を推進してきた．しかし，財政上の理由から，1974年以後，セクション8を中心とした家賃補助政策に転換した．1980年代の規制緩和以後は家賃補助を中心としながらも，住宅供給の増加を目的とした優遇税制を実施した．しかし，1980年代後半には再び住宅事情が悪化したため，1990年の全国住宅アフォーダブル法が制定され，貧困層の救済の必要性が

再認識された．

　連邦政府の賃貸住宅市場での役割は減退しつづけ，相対的に地方政府の役割が高まっている．しかしながら，権限と責任は地方政府に委譲されたが，行政改革という大義名分のもと，逆に住宅予算額は減少傾向にある．それゆえ，地方政府はコミュニティ・ベースト・ハウジング等の非営利組織とパートナーシップを結んで，アフォーダブル賃貸住宅の供給に取り組んでいる．

　最近の賃貸住宅市場は好調ではあるが，その実態は，経済活況を受けて高額所得者向け物件の供給が増加しているにすぎない．低所得層向けの賃貸住宅の供給は増加しておらず，しかも既存住宅の転用が進んでいるため，そのストックは減少傾向にある．こうした流れを受けて借家層の住宅アフォーダビリティの状況は悪化している．所得の伸びが家賃のそれに比較して低率であり，しかも住宅予算削減の影響を受け，低家賃住宅および補助住宅が減少している．

　以上のようにアメリカの賃貸住宅市場は，一方では借家層，特に貧困層の住居費負担の増大，他方では賃貸住宅経営の小規模零細性という，二重の構造的問題を抱えている．また，賃貸住宅経営が不安定化せざるをえない要因として，賃貸不動産投資の特性，家賃統制による収入の抑制，不動産税制による収入の変動，家賃補助上の制約による管理負担の増加，の4つが指摘できる．

　賃貸住宅市場における基本的関係は，家賃負担を減らしたい借家人と家賃収入を増やしたい所有者・経営者との利害対立であり競争である．借家層の多くが実態として低所得層である以上，この競争は借家人にとって圧倒的に不利であり，彼らの居住条件は劣悪かつ不安定なものとならざるをえない．こうした状況のなかで家賃補助が削減されていくことは，賃貸住宅経営にとっても問題を深刻化させる．借家人の家賃負担の増加が，賃貸住宅経営にとって家賃収入の不安定化や家賃の貸し倒れなどのリスクを高める．借家層の過重負担と貸家経営の困難という，賃貸住宅市場の抱える悪循環がますますエスカレートするのである．

この悪循環を克服しうる賃貸住宅政策の再構築が求められている．全国アフォーダブル住宅法が掲げる低所得層向け賃貸住宅の供給の増加という目標に向けた政策転換が必要なのである．

　注
1) 20世紀初頭には都市化が進んだことにより，一部の地域で貧困層を中心としたスラム街が形成されていた．その対策として低所得層を対象とした住宅供給が行われている．
2) それ以後，家賃補助の受給世帯はほぼ横這いに推移している．1993年ではサーティフィケートとバウチャーの受給世帯は120万世帯で，借家層にしめる割合はわずか3.5%にすぎない．
3) 日本と同様，アメリカでも多くの世帯は賃貸住宅からマイホームへと住み替えを行うのが一般的である．このような住み替えによって，空家となった良質な賃貸住宅に貧困層が居住でき，住宅環境が改善されることになる．
4) 第1次世界大戦中に一時的に行われたが，1920年代になって廃止されている．
5) 1997年6月1日時点での公営住宅の戸数は1,321,717戸で，賃貸住宅総数にしめる割合は4%に満たない．主な居住者はマイノリティ，高齢者，障害者等である．
6) 最後の数値については家賃額と水道光熱費，管理費等を別々に支払う世帯に限定している．
7) 各世帯の購入可能住宅価額を算定し，それと基準住宅の価値との判定を行う．購入可能住宅価額が基準住宅の価値よりも高ければ，購入可能世帯と判定し，その世帯の割合を算定したものを意味する．住宅の価値については第1四分位値を採用としている．つまり，被調査者が回答した住宅の価値の分布の下位25%に相当する価額と比較している．
8) 1995年に初めて調査が行われ，全米の賃貸住宅経営の実態がまとめられた．賃貸住宅経営の実態については不動産管理協会（Institute of Real Estate Management）等の機関で会員を対象とした調査が行われていたが，全国的な統計調査は今までに存在しなかった．しかし，経営実態に関する詳細な項目まで調査対象としているため，回答率の低さが指摘されている．具体的には5,754物件のうち，完全回答したのは1,437にすぎない．
9) 合資会社と訳され，経営活動に全責任を有するジェネラルパートナーと，出資額を上限とした有限責任を担うリミテッドパートナーに分類される．ジェネラルパートナーは経営者となり，経営方針を策定するが，リミテッドパートナーは主に配当を受け取ることを目的としている．その多くが小規模形態である．
10) 全額を自己資金でまかなうのではなく，資金を借り入れて不動産投資を行うこ

とをいう．それによって，自己資本利回りを増加させることができる．
11) 現在ではバウチャーとサーティフィケートを一本化し，「居住選択プログラム」とでも呼ぶべき，テナントベースの単一プログラムとして再編されることが決定されている．

終章　現代住宅政策の基本課題

　はじめに

　現代の住宅市場はいかなる問題を抱えているか．そしてそのことは住宅政策にいかなる課題を提起しているのか．日本とアメリカの住宅市場と住宅政策，住宅問題を考察してきたわれわれの問題意識はそこに集約される．終章では，本書各章の論述を踏まえつつ，さらにもう一歩踏み込んで現代住宅政策の基本的課題を展望したい．その場合われわれの関心がとくに日本におけるそれに向けられることは言うまでもない．

　本章は第1に，日本とアメリカの住宅市場を比較し，今日の住宅市場が抱える基本的な問題の所在を指摘する．

　第2に，最近，政府サイドでは住宅政策にセーフティネットならびに住宅NPOを組み込もうという新しい動きが見られるが，これを欧米の歴史的経験と対比しながら検討する．

　そして第3に，土地所有＝二重独占の規制にもとづく規制改革・市場改革という視点から，住宅政策が担うべき基本的課題を展望する．土地所有＝二重独占の規制は，住宅ないし住宅市場に固有の問題性は土地所有・土地市場との一体性にあるというわれわれの理解から導き出される結論であると同時に，住宅市場と住宅政策の特殊日本的な文脈に照らしても重要な理論的・政策的意義を持つものである．

1. 日米住宅市場の歴史的位相

　住宅市場の特殊性と問題性にたいするわれわれの基本的視点は，住宅市場の階層的差別的構成ならびに住宅市場の不安定性に置かれた．したがってここでの比較考察の論点は，まず，①戦後住宅市場の階層性＝差別性，②住宅市場の成熟化と不安定性，の2つである．そしてさらに，③住宅市場の需要サイドをなす住宅ニーズとその変化——それは市場供給の今後を考えるうえで重要な意味を持つ——，という論点を加える．これらの考察によって，両国における土地・住宅市場の歴史的位相，その相違を明らかにしよう．

1-1　市場の階層性＝差別性

　アメリカにおいては，成長する都市中産階級の住宅ニーズに応えて住宅地市場で土地利用規制が発達し，個々の住宅のみならず，住宅相互の関係，オープンスペース，生活インフラ等において良好な高級住宅市場が形成されてきた．しかもそれは，戦後経済成長の過程でいっそう大衆的なレベルに拡大して，中流化＝持家保有の社会的上昇プロセスを確立し，社会統合の機能を発揮した．

　だがそのことは住宅市場の階層性＝差別性が緩和されたことを意味しない．良好な居住水準への住民のニーズは住宅資産価値の保全要求と結びつけられ，資産所有者としての共同利害をともに担いえない低所得層にたいする排除的性格をおびたのである．ここでは利用独占は，個別の土地・住宅所有におけるそれを超えて，コミュニティあるいは一定の地域空間という広がりのなかでの土地・住宅の利用独占へと転化している．

　排除された低所得層は低級住宅市場あるいはインナーシティ・スラムに堆積したが，一面では貧困と社会差別ゆえに彼らの住意識・居住要求の発達は抑えられ，他面では中流化への機会均等イデオロギーそして持家保有の大衆化ゆえに，排除が排除としてではなくむしろ自己の責任とみなされたのであ

る．差別と排除の社会構造にたいする低所得層・マイノリティの反抗はしばしば噴出したが，高度経済成長が持続するかぎり中流化＝持家保有の社会的上昇プロセスとその社会統合機能は揺らぐことはなかった．

　他方，戦後の日本においても中流化＝持家保有の社会的上昇プロセスは作動した．居住条件改善と資産保有への欲求は都市住民のなかに持家保有を拡大させていった．だが日本に固有の問題は，「建築自由」の都市空間において土地所有＝二重独占が事実上無制約に機能したことである．それは日本の住宅問題を土地問題＝地価問題として現象させ，地価騰貴が住民の住宅ニーズにたいする決定的な障害として作用した．

　建築自由の原則と地価高騰は日本における住宅市場の発展をつよく制約した．賃貸住宅供給における質的水準の低位，狭小さは言うまでもなく，持家市場としての郊外もまた「緑のサバービア」とはほど遠いものであった．戦前期に富裕層・中産階級向けに建設された一部の高級住宅地は別として，戦後の日本で形成された中流層向け住宅市場の質的水準はアメリカやヨーロッパ諸国のそれとは比較にならない程度のものでしかなかった．住宅の公共財的側面とコミュニティにたいする意識を欠くという意味で都市住民の居住要求がさしあたり未発達であったことが，日本の住宅市場が抱えるこうした問題性を表面化させなかったのである．

　したがって住宅市場の階層性＝差別性は，本質的には住宅地市場のそれとしてしか成立しなかった．建設される個々の住宅が統一的な街並みを構成する諸要素としては意識されない以上，また，建設される住宅の狭小・低質性にくわえ，スクラップ＆ビルドが住宅の急速な社会的減価を促す以上，住民の資産保持要求は住宅そのものではなく土地に向けられざるをえない．いわゆる土地神話は急激な都市化と土地転用そして膨大な建設投資が生み出したものであるが，住宅地市場はこの経済関係のなかに組み込まれ，建設される住宅の質とは無関係に地価のみが高騰していった．このことはまた，とくに大都市中心部の賃貸住宅市場で住民居住の著しい不安定化をもたらしたのであった．

1-2 市場の成熟化と不安定性

　1970年代低成長期以降，アメリカ住宅市場は新規建設の増大が鈍化し既存ストックの流通が支配的となる段階に入った．住宅市場は成熟期に到達したのである．

　既存持家ストックの供給では，土地・住宅所有者の所有独占＝供給制限性が強く発揮される．他方，需要サイドも買替え需要が中心となる．したがって，供給・需要ともに価格変動への感応性が強まるのである．都市経済間の顕著な不均等発展，住宅金融の自由化という市場環境の変化もあいまって，住宅市場はブームと停滞を繰り返すことになった．賃貸住宅市場では，既存ストックの改修による高級化＝高家賃化が進む一方，政府助成の削減による零細貸家経営の困難が低家賃住宅の減少をひきおこした．大都市住宅市場における変動リスクの増大と住宅価格・家賃の高騰が，低所得層のみならず中流層にもアフォーダビリティ危機を広げている．

　日本においても，1970年代以降，住宅市場は一定の成熟化段階を迎えた．持家供給が本格的な成長を開始したこと，住宅戸数が世帯数を超えたという意味で住宅不足は解消されたことがその指標である．しかし，形成された住宅ストックはあまりにも貧弱であった．そしてそれは戸数優先の住宅政策の帰結でもあった．

　したがって成熟期住宅市場の不安定化メカニズムは，既存住宅ストック取引の増大なしに作動する．住宅スクラップ＆ビルトの持続ゆえに，既存ストック流通は成長の条件を持たない．住み替え・買い替え市場は事実上住宅取引ではなく土地取引の場である．既存持家所有者の売買にリードされる住宅市場は，土地所有＝二重独占の作用がいっそう強く，かつ直接に発現することでブームとその収縮を繰り返すことになった．

　1980年代バブル経済とその破綻，そして90年代長期不況は，持家市場を二様のアフォーダビリティ危機に直面させた．ブーム下の地価高騰は一次取得層を市場から閉め出し，一転して地価下落が住宅ローン債務との関係でネガティブ・エクィティ問題を生み出した．市場の変動は，住民がかつて経験

しなかったような形で持家保有のリスクを強めている．他方，賃貸住宅市場も大きな問題点を抱えている．公営・公団住宅の供給は縮小され，しかも他方で民間借家助成制度の整備は遅れている．そのため大都市圏では，地価高騰期はもちろんのこと，地価下落のなかでも，建設される賃貸住宅は狭小であって持家住宅との格差は縮まらない．こうした民間賃貸住宅投資の問題点を端的に象徴するものは，ブーム期に都心部で大量に建設されたワンルーム・マンションであって，今やその多くが新たなスラムを形成しつつある．

住宅スクラップ＆ビルトが優等地で選別的に進行するなか，劣位住宅ストックの一部は荒廃するままに放置され，市場から脱落していく．住宅ストックの二極化である．これは同時に都市空間の二極化でもある．居住空間のみならず業務空間の衰退が進行し，大都市は今や本格的なインナーシティ問題を抱え込んでいる．地方都市でも中心市街地の空洞化が進行している．

住宅ストックの二極化にせよ都市空間の二極化にせよ，これらはアメリカではすでに1970年代に現れた現象である．雇用不安や所得格差の広がりともあいまって，日本における住宅市場の階層性＝差別性と不安定性はむしろこれからさらに深刻化することが予想される．規制緩和と土地高度利用の推進はそれを加速するであろう．経済戦略会議の「日本経済再生」戦略は，大都市において「都市化抑制」ならぬ「都市への集積誘導」への転換を主張している．景気回復を最優先した大型開発偏重の都市政策が推進されることによって，都市住民の居住はいっそう不安定化せざるをえない．

以上のように，住宅市場の階層性＝差別性と不安定性をめぐる両国の状況を比較すれば，日本における住民居住の不安定性は，土地所有＝二重独占の無制約な発現そして住宅ストックの低水準につよく規定されたものであることが指摘できるであろう．

1-3 住宅ニーズの変化と市場供給

両国の住宅市場はともに持家住宅供給を中心に発展してきた．これは都市化の進展と住民の所得水準向上にともなう住宅ニーズの成長を背景としたも

のであった．都市化の進展は，農村社会の大家族世帯にかわって核家族世帯を社会の多数者にした．そしてこの核家族世帯こそが中流化＝持家ニーズの担い手となったのである．だが現代社会における世帯と家族のありかたの変容は，同時に住宅ニーズの大きな変化を生み出している．

アメリカでは，核家族の解体，シングル・ペアレント世帯ならびに単身世帯の増加，つまり世帯構成の多様化が顕著となっている．1970年には全世帯に占める核家族（法律婚夫婦とその子供）世帯の割合は40％だった．1998年にはそれは25％にまで低下している．他方，シングル・ペアレント世帯の割合は16％，単身世帯は31％である．これら非・核家族世帯の居住ニーズはもはや無視しうる少数者のそれではない．

人種差別の撤廃を含む社会的同権化は，この多様な——しかも現実には支払能力の格差をかかえた——住宅ニーズの成長に住宅供給が応えることを求める．ここでは，中流化＝持家保有という上昇プロセスは相対化されざるをえない．そして，こうした住宅ニーズの多様化は，戦後のアメリカがつくりあげた，成長する中流層の住宅ニーズにターゲットをおく住宅の規格化とプレファブ化，工場生産化にもとづいた大量生産の住宅供給システムに転換を迫るものでもある．

日本の場合，今日でも核家族世帯の比率はなお60％近くにのぼる．だが，急速に進む少子化・高齢化によって，若年の単身・家族世帯は減少傾向にあり，他方で高齢の単身・家族世帯が増加している．これらは中長期的には住宅総需要の減退という形で借家需要と持家需要の双方に強く作用し，住宅市場の成長を制約するであろう．

結婚年齢の高齢化や非婚人口の増大という要因も含めて言えば，高齢世帯そして単身世帯の増加が進んでいるのである．当然のことながら，市場経済においては財にたいするニーズは支払能力に裏づけられて初めて意味をもつ．人口減少による住宅総需要の増大の制約，そのなかでのニーズの多様化と支払能力格差の広がりが予想される．

低水準ストックしか達成しえなかったことのツケとはいえ，こうした需要

サイドの変化に，スクラップ＆ビルトの大量生産方式で市場供給が対応することは極めて困難である．右肩上がりの住宅市場成長が終焉を迎えたなかで供給サイドの競争が強まっている．それは零細建築業者の淘汰，大手住宅メーカーへの市場集中を促すことになる．大手メーカーは，多様化するニーズに住宅の多品種少量生産システムで対応している．だがこのシステムは，大量生産＝大量販売と結びつかないかぎり，かえって産業の非効率性と高コスト体質を生み出してしまうであろう．

　地域経済の発展にとって住宅市場が占める意味は大きい．多様な住宅ニーズに対応した高水準の住宅ストックの形成に向けて，地域の資源や投資を住宅市場に投入し，そこで中小零細建築業者の力を活用していくことは，住宅問題のみならず地域の産業と雇用の発展にとって大きな役割を発揮するであろう．住宅需要の変化は供給システムの改革を求めるものでもある．これを地域産業政策の一環として構想していくことが必要なのである．

2．新しい政策動向の検討

　1970年代低成長そして80年代規制緩和という環境変化のなかで日本の住宅市場は新たな局面を迎えた．これに対応して住宅政策においても重要な変化が見られる．1つは住宅政策へのセーフティネット論の導入である．もう1つは，NPOの発展を新たな「民間活力」と見立てて，これを住宅政策のなかに組み込もうとする動きである．その代表的な事例が住宅宅地審議会2000年答申である．他方では，セーフティネットやNPOの発展に新自由主義と対抗する制度改革，市場改革への新たな可能性を見出そうとする論調も台頭しており，ともに注目される．そこで本節では，欧米の歴史的経験とも対比しながら，セーフティネットならびにNPOを住宅政策のなかに位置づけることの意味と問題点を検討しよう．

2-1 セーフティネットとナショナル・ミニマム

住宅政策は戦後福祉国家の重要な柱であった．社会保障政策を支える理念はナショナル・ミニマムの確立にあり，住宅政策はこれを実現する重要な手段の1つとみなされた．ナショナル・ミニマムとは，国民生活における最低限度の諸条件をさし，その保障を国民の権利，国家の義務として規定するものであった．

ところが最近，経済政策においてセーフティネットと呼ばれる考え方が有力となってきており，社会保障政策の分野でもナショナル・ミニマム論に取って代わる勢いを見せている．こうした状況は住宅政策にとってどういう意味を持つのかを検討する必要があろう．

セーフティネットという言葉はもともと保険論の分野で使われてきたもので，リスクを回避あるいは補償する仕組みという意味である．企業・金融機関と国家のグローバル競争が激化するなかで，規制緩和が支配的な傾向となり，それが市場の不安定性とリスクを経済社会のあらゆる部面でむきだしに発現させている．経済政策さらに社会保障政策におけるセーフティネット論の台頭はこのことに根拠をおいていると見ることもできる．

だが今日の日本の政策的文脈においては，セーフティネット論が極めて矮小化された形で利用されていることに注意しなければならない．金子勝〔1999〕が批判するように，自由な市場競争こそが最適な資源配分を達成するという信念を前提に，セーフティネットは極力最小化されるべきであり，また弱者救済に限定すべきであると主張するセーフティネット「例外論」が強く押し出されているのである．

住宅宅地審議会2000年答申「21世紀の豊かな生活を支える住宅・宅地政策について」は，新たな住宅政策の役割を，①市場の環境整備，②市場の誘導，③市場の補完，の3つに定式化したうえで，公営住宅について「市場を補完し，居住に関するセーフティネットとしての役割を担うことが基本」と規定している．これがその一例である．公営住宅供給を「社会的弱者に対するセーフティネットの整備」という役割に限定しようというのである．ここ

ではセーフティネット論は，ナショナル・ミニマムという理念の普遍的性格を否定し，社会保障を弱者救済に矮小化する論理に転化させられている．

ところで，一方で「市場重視」を掲げ，他方で「弱者のためのセーフティネット整備」をうたう住宅政策の登場は，日本のみならず先進諸国に普遍的な傾向と見ることができる．それは，序章で論じた住宅市場・住宅問題の歴史的発展における第III期の一特徴と言ってよい．

ヨーロッパ福祉国家におけるナショナル・ミニマムの理念は，社会的弱者の救済にとどまらず，国民全般の福祉と生活水準の向上を目標としたものであった．住宅政策とくに公共住宅政策はこうした理念を実現する重要な手段であった．だが低成長への移行と福祉国家の危機によって，序章で指摘されたように先進諸国の住宅政策は大きな転換を示してきた．そしてそれは政策理念としてのナショナル・ミニマムの後退でもあったのである．

住宅政策の転換は，一方では民間市場供給の活用，他方では公共住宅供給の貧困層およびマイノリティへの限定化として現れた．1970年代以降こうした傾向が，大量の公共住宅供給の体制をつくりあげたヨーロッパ諸国においても進んでいる（ボール=ハーロー=マーテンス〔1994〕；Kleinman〔1998〕）．この点に関わって，そもそもナショナル・ミニマムが政策理念としては定着しなかったアメリカでは，当初から公営住宅は市場供給と競合しない低級住宅として建設され，低所得層を社会的に隔離する手段となって，ついにはスティグマ化していったことが想起されるべきである．

ではヨーロッパ諸国の住宅市場と住宅政策は，第III期にいたって，徹底的な民間投資主導の途をたどったアメリカ的なパターンに収斂しつつあるのだろうか．必ずしもそうではないだろう．各国において戦後の住宅市場発展を支えた制度と政策は，住宅問題が中流層をも巻き込んで深刻化する現段階において，一定の再編は迫られつつも維持されていくとするのがリアルな見方であろう．本書で考察されたかぎりで言えば，住宅政策の劇的な転換を図った1980年代イギリスにおいても全国レベルの家賃補助制度は堅持されていたことがその証左である．

ヨーロッパそしてアメリカがそれぞれに示す歴史的経験と比較するならば，日本における住宅政策の転換がもつ問題性は明らかである．戦後の日本では「福祉国家」という言葉はあっても，現実の社会保障政策がナショナル・ミニマムの確立を目標としたことはなかった．また住宅政策は建設戸数拡大を最優先して民間市場供給の促進に終始し，かつその市場を適切にコントロールする制度・政策を欠いてきた．かかる歴史的状況のなかで「市場重視」そして最小化されたセーフティネットを住宅政策が掲げることは，日本の住宅問題をいっそう深刻化させるものとなるであろう．

2-2 住宅NPOの成長と問題点

NPO，あるいは協同組合等を含む非営利セクターは，今日の先進国社会で民間企業セクターと並ぶ経済主体に成長している．そのなかで政府・自治体サイドではこれを新たな「民間活力」と見立てて経済政策や社会保障政策のなかに組み込もうとする動きが出てきている．また他方では，NPOを市場競争に替わる新たな経済原則の担い手とみなし，NPOの発展を新自由主義に対抗する市場改革への可能性と結びつけて重要視する動きも広がってきている．

住宅市場・政策の分野ではどうか．アメリカには都市住民のコミュニティ組織を基盤としたCDC（Community Development Corporation）等のNPOが多数存在し，荒廃したインナーシティで低家賃住宅の供給，低所得層の持家取得支援などに大きな役割を発揮している．日本では，住宅供給・改修事業そのものに従事しているNPOはまだ一部の消費生協や住宅生協など少数にとどまる．だが，居住条件・居住環境の改善そして街づくりに関する調査や提言，居住関連サービスの提供に取り組むNPOが各地で生まれてきている．

住宅宅地審議会2000年答申は「NPOを，住宅宅地政策を担う新たな主体として積極的に位置付け，その連携，支援策について検討を行っていく必要がある」としている．NPOを活用する具体的な局面としては，①零細地

権者が多く権利関係も複雑な既成住宅市街地整備において，NPOに「再開発に必要な権利調整に関わるコーディネーター」としての役割を期待する．②1998年施行の中心市街地活性化法と関わって，市街地整備・中小商業活性化事業において，NPOに「地方公共団体，営業者，居住者間のコーディネーターとしての役割」を期待する．③郊外ニュータウンの再整備事業において，「地方公共団体，開発事業者，公共施設の管理者，住民をベースにしたNPO等の調整，協力」体制の構築，といったことがあげられている．

それでは，住宅政策と住宅市場の改革にとって住宅NPOの成長がもつ可能性はどのように判断されるべきだろうか．住宅NPOが発展しうる条件，そして住宅NPOが抱えている問題点について考察しよう．

非営利と協同を基本理念とするNPOおよび協同組合が，先進資本主義諸国において成長をとげてきた理由は，何よりもまず労働運動や社会主義運動そして市民運動の歴史的発展に求められるが，とくに戦後の住宅NPOの成長に関してはつぎのような条件が大きく作用していた．

NPO先進国と言われるアメリカでは，NPOは個人の自助努力そして個人や企業の自発的な社会貢献という規範にもとづいて発達してきた．それは民間自助努力への支援を基本とするアメリカ福祉国家政策にとっても適合的な存在であり，とくに1960年代貧困戦争期いらい連邦政府はNPO支援・活用政策を導入し，政府の補助金支給がNPOの成長を促してきた．CDCの誕生と成長は，政府と自治体の都市開発政策が解決しえないインナーシティ問題にたいして住民みずからがこれに取り組み，政府の住宅補助制度を活用しながら低家賃住宅の供給を担う姿であった（平山〔1996〕）．

またヨーロッパ諸国における公共住宅（社会住宅）供給は，一定水準の住宅を大量供給するための方策として，家賃や住宅価格等にたいする規制を条件に，民間企業や個人の賃貸・持家住宅供給に建設費および金利を補助するものであった．そのことがこうした社会住宅の供給を担うNPO，非営利セクターを発展させてきたのである．

ところがサラモン〔1999〕によれば，アメリカのNPOは財政運営と市場

競争そして市民にとっての信頼性という3つの側面で危機に直面している．第1に，NPOの多くは政府補助金を最も重要な財源としており，その削減がNPOの財政危機をもたらしている．1980年代レーガン政権は補助金支出の全般的削減に乗り出し，これはNPOにも及んだ．NPOにたいする補助金削減はコミュニティ開発の分野で最も顕著であり，それは今日に至っても克服されていない．第2に，NPOの活動分野で営利企業の参入が活発となり，それによる競争の激化がNPOの営利的事業形態への転換を促している．第3にNPOの活動にたいする信頼性の危機である．NPO専従者の官僚化，組織の閉鎖性とアカウンタビリティの欠如が問題視されている．

また平山〔1996〕は，低所得層向け住宅供給を担うCDCの多くがそれぞれ独自な活動を展開する一方，相互の連携・協同には無関心であること，そして組織と活動自体においても様々なジレンマを抱えていることを指摘する．それは非営利の運動理念と事業運営の実際，外部からの支援への依存と組織的自立性，市民参加とプロフェッショナリズムとの間に存在するジレンマである．

こうしたサラモン，平山の指摘から示唆される住宅NPOの問題点は何か．NPOにたいする政府補助の後退はNPOの財政難をもたらし，これがNPOの組織的ジレンマや市場競争もあいまって事業の停滞あるいは営利化を促している．ヨーロッパにおける公共住宅供給の減退，社会住宅ストックの民間市場への移転についても同様の事情が作用している．また，組織運営の官僚化とアカウンタビリティの欠如がNPOにたいする市民の信頼性を動揺させる．これはわが国の協同組合（信組，農協，生協等）でも，深刻な経営危機を伴いながら現れている問題である．

日本における住宅NPOの成長を展望するとき，欧米NPOが抱える問題点をどう克服するかが問われることになる．ポイントは2つある．1つは住宅NPOと政府・自治体の住宅政策との関係のあり方であり，もう1つはNPOの組織と事業運営のあり方である．後者は非営利・協同という理念に照応すべき民主主義的運営の形骸化であり，NPOおよび協同組合全般が事

業と組織の拡大，市場競争の激化のなかで直面している問題である．ここではむしろ，住宅NPOの発展やその役割に関わる前者の論点について若干の事柄を指摘しておこう．

住宅NPOの発展のためには政府・自治体など公共部門との連携，強力な助成が必要である．したがって政府・自治体の都市政策，住宅政策そのものの改革が決定的に重要である．規制緩和と「有効・高度利用」推進の都市開発政策を転換すること．自治体の財政自主権を確立し，政府が補助金政策によって事実上自治体の都市・住宅政策をコントロールする体制を廃棄すること．政府は住宅・居住環境についてのナショナル・ミニマムを保障し，自治体が地域の特性に応じてこれを具体化する，そのための開発・建築不自由の原則を確立すること．これらは日本で必要な市場規制改革の内容であり，土地・住宅市場改革に向けた条件であるが，これらは同時に住宅NPOの発展にとっても必須の条件なのである．

住宅宅地審議会2000年答申はNPOに「コーディネーター」としての役割を期待している．また，日本における住宅供給の歴史と現状からして，NPOおよび協同組合が公共住宅や民間市場住宅に対抗する非営利住宅の供給主体として大きく成長するとは考えにくい．むしろNPOは，公共部門ならびに民間企業との連携，そこにおける住民サイドからのリーダーシップの発揮をめざすことが現実的であろう．そのことによってNPOは，住宅ストックの修復・更新や街並みの保存・整備を住民サイドから推進する組織たりうるし，市場供給と住民の住宅ニーズとの調整を支援あるいは監視するシステムづくりや，地域資源を極力活用した住宅生産・流通・消費の経済循環をめざす民間事業者と住民そして行政の連携づくりにも役割を発揮するであろう．

3. 土地所有＝二重独占の規制と市民的土地所有の確立

第1節では今日の住宅市場が抱える問題点を指摘した．それは規制改革と

住宅市場改革が何を課題とすべきかを示唆するものでもあった．第2節ではセーフティネット論や住宅NPOの検討をつうじて，今日の住宅政策が抱える問題点を指摘した．最後に，住宅市場を改革し現代住宅問題を克服するための政策論理，住宅政策が担うべき基本的課題はどのようなものであるかを考察しよう．

3-1　土地所有＝二重独占の規制

　住宅という消費財の特質は，それが特定の土地空間と一体のものとしてしか存在しえないことにあった．住宅市場の問題性は土地所有・土地市場の特殊性にもとづいている．したがって土地所有＝二重独占の規制が住宅政策の根幹に据えられなければならない．このことは日本における土地・住宅市場の特殊性に照らせば，とりわけ決定的な意味を持っている．

　●**所有独占の規制**

　土地の所有独占ゆえに土地供給は恣意的なものとならざるをえない．そして土地所有が資産所有としての性格を強めるほど，土地供給は地価変動にたいして硬直的となるのが現実である．土地所有者の地価上昇期待にもとづく供給抑制は，土地需要増大局面では地価を押し上げ，需要減退局面では地価下落阻止に働く．

　バブル崩壊と長期不況の今日，地価は下落をつづけ，「土地の過剰」が言われている．土地神話や土地投機はもはや過去のものになったのだろうか．そうではない．都市の競争力強化と土地の「有効・高度利用」を目標に，選別的な土地・不動産投資が行われている．「土地の過剰」とは，土地転用や土地投資が収益性を基準として選別的に追及されていることの裏返しにすぎない．選別され限定された空間においてであれ，そこで土地需要が増大するならば，土地所有独占による供給抑制は威力を発揮し地価の高騰をまねく．そのことが地価負担能力の低い居住的土地利用を排除する．また，開発対象から外された「過剰」な土地といえども，それが低価格で住宅用地として大量に供給される必然性は存在しない．

土地所有独占による供給制限機能は,私的土地所有が存在し土地が商品化されている以上は排除できない.しかし少なくともその規制は必要である.それなしに住宅問題は解決しない.

　供給制限が発動されるのは,将来のインカムゲインあるいはキャピタルゲイン増大への期待がはたらくからである.とくにその弊害はキャピタルゲイン狙いの投機的土地保有において甚だしい.少なくとも住宅地に関するかぎり,土地取引におけるキャピタルゲインは排除されなければならない.価格監視制度の必要性はなにも地価高騰期に限られるものではない.土地キャピタルゲイン課税も整備されなければならない.

●**利用独占の規制**

　土地所有独占による供給制限は将来のインカムゲインあるいはキャピタルゲイン増大への期待に支えられている.それは何らかの土地利用にもとづく収益増加(その期待)に支えられているのである.したがって所有独占の規制は,利用独占の規制＝土地利用規制と結びついてこそ意味をもつ.

　土地の利用独占ゆえに,土地市場は優等・劣等の序列にしたがった階層的な構造をもたざるをえない.しかもこの優等・劣等の格差は,都市における資本蓄積の発展につれて拡大していく.土地利用をめぐる無秩序な競争が展開していくならば,優等地は高収益の土地利用によって占拠され,地代＝地価負担力の低い居住的土地利用はそこから排除されていくのである.

　土地利用規制の意義は,都市空間を用途別土地市場に区分・整序し,支払能力に格差をもった企業・市民間の土地利用競争を調整するところにある.そのうえで都市空間に居住的土地利用を適切に確保し,住宅市場を円滑に機能させるための施策が講じられるべきである.

　第1に,都市において住宅地と農地を適切に共存させる都市計画,都市政策が確立さるべきである.本書第4章ではそれに向けた当面の方策を提起した.

　第2に,住宅地市場の階層性を解消しうるインフラ整備が行われるべきである.住宅市場内部および住宅市場間における優等・劣等の格差は,土地の

経済的機能を左右する産業・生活関連インフラの適切な投資配分によって縮小することができる．

　第3に，住宅地市場への安定的な土地供給を確保して，地価を安定化させることである．居住土地利用を中心にすえた都市の土地利用秩序を確立したうえで，土地所有独占の供給制限機能を規制する．企業や個人が所有する未利用地に重課して市場への供給を促す．自治体などが積極的に土地を買い上げ，もしくは借り上げて公共住宅供給につなげることは地価の安定化にも効果がある．

3-2　賃貸住宅政策と持家政策への視点

　土地所有＝二重独占の規制によって住宅地市場の安定的な発展の条件を確立したうえで，つぎに問われるのは，住宅市場をどう整備していくかということである．持家・借家ともに低位な居住水準，そしてアフォーダビリティ危機の深刻化という日本の現状を見るとき，必要なことは，持家保有と公共・民間借家保有の総合的な発展を視野においた住宅政策の確立である．住宅地市場と地価の安定はこれらの住宅保有諸形態の安定に等しく作用するであろうが，そのうえで持家政策と賃貸住宅政策がともに整備されなければならない．

　第1に，公共住宅・民間市場の双方を視野においた賃貸住宅政策の確立である．角橋徹也・船越康亘は，老朽住宅密集地の整備・町づくり事業と一体化させた，土地・住宅の借上げ・買取りによる公共賃貸住宅供給を提起している．また竹山清明は，民間地主への建設費補給・利子補給，建設・経営上の支援と入居者への家賃補助を組み合わせて民間賃貸住宅を公共住宅化する日本型社会住宅制度の導入を提起している（ともに，塩崎・竹山〔1992〕）．これらは低所得層から中位所得層までの広範な階層を対象とした複合的な賃貸市場政策である．

　第2に持家政策の再構築である．戦後の住宅政策は持家主義と言われながらも，その内実は，高地価問題を狭小・低質住宅と住宅ローン高負担という

形で住民にシワ寄せするものであった．こうした持家政策はもはや破綻している．所得低迷・雇用不安と土地・住宅価格下落によって，住宅ローン負担は持家需要の大きな制約要因となっている．欠陥住宅，分譲マンション管理などの問題が持家市場で新たにクローズアップされている．持家ストックの維持・更新という課題は，持家住民の自助努力のみにゆだねて達成しうるものではないし，またそこでは土地・住宅所有における私的自由を超えた公共的規制の整備が必要である．これらを見据えた持家政策の再構築が求められている．

総合的な住宅政策は，持家・賃貸住宅保有にたいする支援と同時に，これら住宅・土地所有を１つの公共空間のなかにおき，住民居住の安定を基本原則とした都市計画によってこれらを制御する．それなしに住宅ストックの改善と街並み，居住環境の整備という課題は達成しえない．

3-3 市民的土地所有の確立

このように論じてくるとき，われわれはあらためて土地所有，住宅所有とは何かを問い直さざるをえない．

私的土地所有は私有財産制の根幹であるがゆえに，強くイデオロギー性をおびている．資産所有意識はその１つであり，アメリカではこれが公共性意識にまで高められ，土地市場にたいする公共的介入を受容する根拠にまでなった．日本では逆に公共的介入を拒否する「絶対的所有権」，あたかも土地それ自体が具体的な利用を離れて価値増殖するかのような土地神話を生んだ．

しかし，こうしたイデオロギー的外皮を取り除いて観察するとき，土地は一方では私的に利用される財でありながら，他方で非排除的に多数が利用する財でもある．土地・住宅市場の歴史的発展は，土地および住宅という財の，この両面の性格（私的性格と公共的性格）が発展する過程でもあったのである．そして，強固な資産所有意識については共通としても，土地利用の公共性を意識するという点では，アメリカと日本の間には決定的な違いが存在したのであった．

土地所有（権）は，土地の私的利用をもっとも安定的に保障する社会規範（法規範）である．したがって土地所有，その二重独占性は土地利用の公共的性格と鋭く対立せざるをえない．アメリカにせよヨーロッパ諸国にせよ土地所有・土地市場にたいする公共的介入を発展させることで，ともかくもこの対立を調整するシステムをつくりあげたのであった．この点で日本は決定的に異なることが，この国の住宅問題をきわめて深刻なものにしたのである．
　だが戦後の日本における大衆的持家保有の発展は，居住のための安定的な土地利用を確保しようという都市住民の要求を反映するものであった．そして公営・公団住宅供給も借地借家法による賃借権保護も，同様に居住のための土地利用を安定的に保障することをめざすものだった．今日の住宅問題を克服するためには，この土地利用の安定化と並んで土地利用にたいする公共的規制の発展が必要である．そのさい，持家保有者の土地所有であれ地主・家主の土地所有であれ，私的土地所有はこの必要に適合した新たな社会規範に服さなければならない．土地所有＝二重独占の規制はこうした意義を担っているのである．われわれはこれを「居住的土地利用のための市民的土地所有の確立」と定義したい．
　市民的土地所有は私的土地所有の廃絶を意味しないし，土地の商品化を排除するものでもないが，土地所有（権）を土地利用の私的にして公共的な性格にヨリ適合的な規範形態へと接近させる意味をもつであろう．もとよりこの規範とそれを実体化する制度は，政府や自治体が上から画一的に押しつけるものではなく，市民みずからの公共性意識の発展に裏づけられた民主主義的なものでなければならない．

おわりに

　土地所有＝二重独占の規制と住宅政策の発展は，地域あるいは都市レベルでの土地・住宅市場改革にとどまらず，さらに国土レベルでの土地利用秩序の改革をも課題にのぼらせるであろう．都市・住宅問題の解決という課題は，

国土政策の改革へと視野の拡大を求めるのである．

　1980年代のアメリカでは，レーガニズム民活＝規制緩和政策に対抗して自治体の成長管理政策とゾーニング規制改革という動きが現れた．だが，これをもって大都市インナーシティの荒廃と貧困問題の解決に向けた展望が大きく開かれたと見ることはできない．都市――郊外の二元的構造，そこでの自治体間の対立の構図は克服されていないからである．成長管理政策の導入は，都市・住宅問題の深刻化に対処しようとする大都市自治体の選択であると同時に，低所得層と低級住宅の浸透をあくまで排除し，良質な住宅市場を維持しようという郊外自治体の対応を反映するものでもあったのである．分権国家アメリカにおいても，都市・住宅問題を解決するためには「都市と郊外の分離」ではなく「都市と郊外の統合と協力」をめざす広域的な地域政策の確立が課題となっている（ウィルソン〔1999〕318-20頁）．自治体間の連携と協力のみならず，州政府さらに連邦政府の産業政策や都市・住宅政策の再構築が求められている．

　ひるがえって日本はどうか．「21世紀の国土のグランドデザイン」と銘打った5全総（1998年閣議決定）は，国土政策の戦略目標を，一方では中小都市と農山村を一括した「多自然居住地域の創造」，他方では「大都市のリノベーション」（大都市空間の修復，更新，有効活用）の2つに大別する．また経済審議会1999年答申「経済社会のあるべき姿と経済新生の政策方針」は，大都市にたいしては経済グローバル化に対応しうる「国際競争力」の発揮，地方都市にたいしては「個性的・自立的発展の源泉となる突出機能」の発揮を求めるのである（大泉〔2000〕）．いずれも戦略の中心は大都市の活性化＝経済機能の再集積にあり，地方都市は競争による選別の対象とされている．これは1980年代レーガニズム民活＝規制緩和政策の論理を2000年代日本に適用するものと言うべきである．

　本書で論じられたように日本の住宅市場改革は差し迫った課題となっている．だが，これに取り組むべき地域の経済力は，長期不況のなかでますます削ぎ落とされているのが実状である．大都市もまたその例外ではない．し

がって，住民居住の安定を保障する街づくりを地域産業・雇用政策と一体のものとして構想し実現すること，そしてそれを国土政策と経済政策そのものの改革へと発展させていくことが求められている．それぞれの地域における企業者，勤労者・住民そして自治体の連携がこうした課題に応える力をつくりあげうるかどうかが問われているのである．日本の都市と住民居住の将来はこれによって大きく左右されると言えよう．

参考文献

Anderson, Martin [1964] *The Federal Bulldozer : A Critical Analysis of Urban Renewal 1942-1962*, MIT Press.
Ball, Michael [1994] "The 1980s property boom", *Environment and Planning A*, Vol. 26, No. 5.
Ball, M., Harloe, M. and Martens, M. [1988] *Housing and Social Change in Europe and the USA*, Routledge.
Barnekov, T.K., Boyle, R. and Rich, D. [1989] *Privatism and Urban Policy in Britain and the United States*, Oxford University Press.
Bentick, B.L. [1972] "Improving Allocation of Land between Speculators and Users : Taxation and Paper Land", *The Economic Record*, Vol. 48, No. 121.
Bureau of the Census [1975] *The 1972 Census of Construction Industries*.
────── [1999] *American Housing Survey for the United States in 1997*.
Checkoway, Barry [1986] "Large Builders, Federal Housing Programs and Postwar Suburbanization", Bratt, R.G., Hartman, C. and Meyerson, A. (eds.), *Critical Perspectives on Housing*, Temple University Press.
Department of Environment [1987] *Housing and Construction Statistics*, Scottish office Environment Department, Welsh office, Various issues, London HMSO.
────── [1980-96] *Housing Construction Statistics*, Great Britain HMSO.
Dixit, A.K. and Pyndick, R.S. [1994] *Investment Under Uncertainty*, Princeton University Press.
Doan, Mason C. [1997] *American Housing Production 1880-2000 : A Concise History*, University Press of America.
Downs, Anthony [1983] *Rental Housing in the 1980s*, The Brookings Institution.
Eichler, Ned [1982] *The Merchant Builders*, MIT Press.
Fannie Mae [1998] *Fannie Mae National Housing Survey*.
Feins, J.D. and Lane, T.S. [1981] *How Much for Housing ?*, Abt Books.
Freeman, Angus [1997] "A Cross National Study of Tenure Patterns : Housing Costs and Taxation and Subsidy patterns", *Scandinavian Housing Planning Research*, Vol. 14.
Freeman, A. and Adachi, M. [1998] "Housing Lease Law Deregulation in the 1988 UK Housing Act : Its Impact on the Structure of the Private Rental Sector",

unpublished paper presented at the seminar held at Cambridge University.
Gilderbloom, J.I. and Appelbaum, R.P. (1988) *Rethinking Rental Housing*, Temple University Press.
Grebler, Leo (1973) *Large Scale Housing and Real Estate Firms*, Praeger Publishers.
Hall, Peter (1992) *Urban and Regional Planning*, Third edition, Routledge.
Hallett, Graham (1993) "Introduction", "An international review", Hallett G. (ed.), *The New Housing Shortage*, Routledge.
Harloe, Michael (1995) *The People's Home ? Social Rented Housing in Europe & America*, Blackwell.
Harvey, David (1985) *The Urbanization of Capital*, Johns Hopkins University Press.
Harrington, Michael (1962) *The Other America : Poverty in the United States*, Macmillan Company.
Hays, R. Allen (1985) *Federal Government and Urban Housing : Ideology and Change in Public Policy*, State University of New York Press.
—— (1995) *Federal Government and Urban Housing : Ideology and Change in Public Policy*, Second edition, State University of New York Press.
Hills, John (1998) "Housing, tenure and international comparisons of income distribution", Kleinman, M., Matznetter, W. and Stephens, M. (eds.), *European Integration and Housing Policy*, Routledge.
Howenstine, E. Jay (1993) "The new housing shortage : The problem of housing affordability in the United States", Hallett, G. (ed.), *The New Housing Shortage*, Routledge.
Joint Center for Housing Studies of Harvard University (1996-99) *The State of the Nation's Housing 1996 ; 1997 ; 1998 ; 1999*.
Kemp, Peter (1988) "The ghost of Rachnman, in built to last?" Grant, C. (ed.), *Reflection of British Housing Policy*, Shelter.
Kemp, P., Whitehead, C. and Heijden, H. (1994) *Towards a viable private rented sector*, Papers from an LSE Housing Workshop, London School of Economics.
Kleinman, Mark (1998) "Western European Housing Policies, Convergence or collapse?", Kleinman, M., Matznetter, W. and Stephens, M. (eds.), *European Integration and Housing Policy*, Routledge.
Lowry, I.S. (1982) *Rental Housing in the 1970s : Searching for the Crisis*, The Department of Housing and Urban Development.
McGrone, G. (1995) *Housing policy in Britain and Europe*, Natural and Built Environment Series 5, UCL Press.
McKenzie, Evan (1994) *Privatopia : Homeowner Associations and the Rise of*

Residential Private Government, Yale University Press.

Maekawa, S. and Adachi, M. [1996] *The effect of site value tax on the optimal timing of land development*, 5th World Congress RSAI, Proceedings CS 5-5-14-3-1 - CS 5-14-3-7.

National Association of Home Builders, *Housing Economics*.

National Association of Home Builders, *Housing Market Statistics*.

Patel, K. and Adachi, M. [1998] *Optimal Timing of Development of a Site on Urban Agricultural area in Japan*, ARERE.

President's Committee on Urban Housing [1967] *A Decent Home*.

President's Commission on Housing [1982] *The Report of the President's Commission on Housing*.

Quigg, Laurence [1993] "Empirical Testing of Real Option Pricing Models", *The Journal of Finance*, Vol. XLVIII, No. 2.

Radford, Gail [1996] *Modern Housing for America : Policy Struggles in the New Deal Era*, University of Chicago Press.

Saunders, Peter [1990] *A Nation of Home Owners*, Unwin Hyman.

Savage, Howard A. [1998] *What We Have Learned About Properties, Owners, and Tenants from the 1995 Property Owners and Managers Survey*, Census Bureau.

──── [1999] *Who Can Afford to Buy a House in 1995 ?*, Census Bureau.

Shoup, D.C. [1970] *The Optimal Timing of Urban Land Development*, Papers of the Regional Science Association, Vol. 25.

Simmons, Patrick A. [1999] Housing Statistics of the United States, Second edition, Berman Press.

Sing, T. and Patel, K. [1998] *Empirical Analysis of Irreversibility in Property Investment in U.K. Market*, American Real Estate & Urban Economics Association (AREUEA) International Real Estate conference paper.

Stone, Michael E. [1993] *Shelter Poverty : New Ideas on Housing Affordability*, Temple University Press Philadelphia.

U.S. Department of Housing and Urban Development [1973] *Housing in the Seventies*.

──── [1980] *Statistical Yearbook of 1977*.

──── [1981] *Residential Displacement, An Update : Report to Congress*.

White, Lawrence J. [1991] *The S&L Debacle : Public Policy Lessons for Bank and Thrift Regulation*, Oxford University Press.

Whitehead, Christine [1985] "Private rented housing : its current role", *Journal of Social Policy*, Vol. 14.

──── [1986] *Private rented housing in the 1980s and 1990s*, Occasional paper

17, Cambridge University, Granta editions.
Winnick, Louis [1958] *Rental Housing Opportunities for Private Investment*, Mcgraw-Hill.
Wolkoff, Michael J. [1990] *Housing New York : Policy Challenges and Opportunities*, State University of New York Press.
Yamada, Y. [1999] "Affordability Crises in Housing in Britain and Japan", *Housing Studies*, Vol. 14, No. 1.
Yoshikawa, H. [1996] "Market land prices and theoretical land prices", *Weekly Journal of Toyo-Keizai*, Toyo Keizai Shinposha, April 1996.
Zax, J. and Skidmore, M. [1994] "Property Tax Rate Changes and Rate of Development", *Journal of Urban Economics*.

秋元英一〔1995〕『アメリカ経済の歴史 1492-1993』東京大学出版会.
足立基浩〔1998a〕「英国の借家投資決定モデルと借家法の経済効果についての一考察」和歌山大学『経済理論』No. 281.
――――〔1998b〕「定期借家構想の理論と実際」『住宅会議』No. 44.
――――〔2000〕「民間家賃の安定性と住宅セーフティーネット政策の展望」『和歌山大学研究年報』Vol. 14.
有賀貞・大下尚一・志邨晃佑・平野孝編〔1993〕『世界歴史大系 アメリカ史 (2)』山川出版社.
五十嵐敬喜・小川明雄〔1993〕『都市計画―利権の構図を超えて』岩波新書.
――――〔1994〕『議会―官僚支配を超えて』岩波新書.
池田恒男〔1989〕「土地問題と都市・開発法」大泉英次他編『戦後日本の土地問題』ミネルヴァ書房.
池田宏〔1922〕『都市経営論』都市研究会.
石井啓雄・河相一成〔1991〕『国土利用と農地問題』(食糧・農業問題全集 11-A) 農文協.
石井啓雄〔1998〕「株式会社の農地取得―その解禁の問題性」『経済』No. 39.
石川真澄〔1983〕「土建国家ニッポン」『世界』1983 年 8 月号.
石田頼房〔1987〕『日本近代都市計画の百年』自治体研究社.
――――〔1990〕『都市農業と土地利用計画』日本経済評論社.
――――〔1992〕『日本近代都市計画史研究』(新装版) 柏書房.
――――〔2000〕「21 世紀の都市農村計画のあり方を展望する」『経済』No. 59.
伊豆宏〔1999〕『変貌する住宅市場と住宅政策』東洋経済新報社.
井村進哉〔1988〕「アメリカの住宅金融市場と金融機構の再編」『証券研究』第 81 号.
――――〔1993〕「アメリカの貯蓄金融機関(スリフト)危機と銀行再編の構造」『証券研究』第 107 号.
岩田一政〔1997〕「持家・借家選択に与える税制・借家法の効果」岩田規久男他編

『住宅の経済学』日本経済新聞社.
岩田規久男〔1996〕「キャピタルゲイン取得期待は持ち家比率を高めるか」『都市住宅学』No. 14.
ウィルソン,ウィリアム〔1999〕『アメリカ大都市の貧困と差別』(川島正樹・竹本友子訳)明石書店.
上野真城子〔1993〕「アメリカの住宅事情と住宅政策」住宅問題研究会・(財)日本住宅総合センター編『住宅問題事典』東洋経済新報社.
荏開津典生・津端修一編〔1987〕『市民農園―クラインガルテンの提唱』家の光協会
エンゲルス『住宅問題』(国民文庫)大月書店.
─────『反デューリング論』(1), (2)(国民文庫)大月書店.
遠州尋美〔1996〕「都市産業の衰退と再生」早川和男他編『講座現代居住(3)』東京大学出版会.
大井達雄〔1998〕「アメリカのハウジング・アフォーダビリティー統計指標」『住宅問題研究』第 14 巻第 2 号.
大泉英次〔1998〕「金融再生プランと都市土地問題」『経済』No. 38.
─────〔2000〕「グローバル化のなかの日本資本主義と地域・農業」甲斐道太郎・見上崇洋編『新農基法と 21 世紀の農地・農村』法律文化社.
大阪市都市住宅史編集委員会編〔1989〕『まちに住まう―大阪都市住宅史』平凡社.
大阪市立大学経済研究所編〔1987〕『世界の大都市 4・ニューヨーク』東京大学出版会.
─────〔1990〕『世界の大都市 7・東京　大阪』東京大学出版会.
大阪府地方自治研究会編〔1959〕『大阪府政十二年の歩み』.
大阪府企業局編〔1970〕『堺・泉北臨海工業地帯の建設』大阪府.
─────〔1970〕『千里ニュータウンの建設』大阪府.
大阪府土木部〔1970〕『これからの都市計画―公聴会のおしらせ―』大阪府.
大阪府土木部総合計画課〔1994〕「新「都市計画法」の制定・区域区分と都市農業」大阪府農業会議編『都市農業の軌跡と展望』.
大谷幸夫編〔1988〕『都市にとって土地とは何か』筑摩書房.
大西敏夫〔2000〕『農地動態からみた農地の所有と利用構造の変容』筑波書房.
大野輝之=レイコ・ハベ・エバンス〔1992〕『都市開発を考える』岩波新書.
大場茂明〔1999〕「ドイツの住宅政策」小玉徹他『欧米の住宅政策』ミネルヴァ書房.
大本圭野〔1996〕「居住政策の現代史」早川和男他編『講座現代居住(1)』東京大学出版会.
奥出直人〔1992〕『アメリカンホームの文化史』住まいの図書館出版局.
梶浦恒男〔1982〕「地域開発のこれまでとこれから」南大阪研究会編『地域を創る』学芸出版社.
片桐謙〔1995〕『アメリカのモーゲージ金融』日本経済評論社.
片寄俊秀〔1981〕『実験都市―千里ニュータウンはいかにして造られたか』社会思想

社.
金子勝〔1999〕『セーフィティーネットの政治経済学』ちくま新書.
金本良嗣〔1997〕「住宅に対する補助制度」岩田規久男他編『住宅の経済学』日本経済新聞社.
加茂利男〔1988〕『都市の政治学』自治体研究社.
キャリーズ，D.L.〔1994〕『アメリカ土地利用法』（堀田牧太郎訳）法律文化社.
クレスピ，J.「都市の中の緑―ミラノ市民の森の創造―」都市研究懇話会編『都市の風景―日本とヨーロッパの緑農比較』三省堂.
小玉徹〔1996〕『欧州住宅政策と日本』ミネルヴァ書房.
小玉徹・大場茂明・檜谷美恵子・平山洋介〔1999〕『欧米の住宅政策』ミネルヴァ書房.
坂庭国晴〔2000〕「居住の権利守る住宅政策へ―住宅宅地審議会報告批判」『経済』No. 58.
サラモン，レスター〔1999〕『NPO最前線』（山内直人訳）岩波書店.
塩崎賢明・竹山清明〔1992〕『賃貸住宅政策論』都市文化社.
品田穣〔1974〕『都市の自然史』中央公論社.
島本富夫・田畑保〔1992〕『転換期における土地問題と農地政策』日本経済評論社.
住宅総合センター〔1995〕『不動産業に関する史的研究II』.
住宅経済政策研究会〔1998〕『新たな賃貸住宅の市場環境に向けて~定期借家権―英米の制度に学ぶ』住宅産業新聞社.
鈴木圭介編〔1972〕『アメリカ経済史（I）』東京大学出版会.
鈴木一〔1971-73〕「Operation Breakthrough」『建築生産』1971号5月号-1973年7月号.
鈴木浩〔1996〕「地域居住政策の胎動と展望」早川和男他編『講座現代居住（3）』東京大学出版会.
住田昌二〔1982〕『住宅供給計画論』勁草書房.
住田昌二編〔1996〕『現代の住まい論のフロンティア』ミネルヴァ書房.
瀬川信久〔1995〕『日本の借地』有斐閣.
関一〔1929〕「神經衰弱の豫防」『大大阪』第5巻第3号.
――――〔1936〕「都市の緑化」『都市政策の理論と実際』（関一遺稿集）.
全国農協中央会都市農業対策本部〔1989〕『米欧における都市農業実態調査報告書』全国農協中央会.
全日本農民組合大阪府連20年史刊行委員会編〔1978〕『全日農大阪府連20年史』.
祖田修〔1989〕『コメを考える』岩波新書.
大統領経済諮問委員会（CEA）年次報告〔1998〕『エコノミスト』臨時増刊1998年5月4日号.
――――（CEA）年次報告〔2000〕『エコノミスト』臨時増刊2000年5月29日号.
高橋誠〔1990〕『土地住宅問題と財政政策』日本評論社.

田代洋一〔1993〕『農地政策と地域』日本経済評論社.
橘木俊詔〔2000〕『セーフティ・ネットの経済学』日本経済新聞社.
玉置豊次郎〔1980〕『大阪建設史夜話』(財)大阪都市協会.
ディムスキ, G.＝アイゼンバーグ, D〔1997〕「アメリカ住宅金融における社会効率性と「金融革命」」渋谷博史他編『日米の福祉国家システム』日本経済評論社.
トィンビー, A.J.〔1975〕『爆発する都市』(長谷川松治訳) 社会思想社.
利谷信義〔1981〕「土地法制の動向と土地所有権―宅地なみ課税に関連して―」全国農協中央会編『宅地なみ課税をめぐる諸説』全国農協中央会.
都市研究懇話会〔1987〕『都市の風景――日本とヨーロッパの緑農比較』三省堂.
戸谷英世〔1998〕『アメリカの住宅生産』住まいの図書館出版局.
土地・住宅行政研究会編〔1982〕『土地対策と住宅対策』大蔵省印刷局.
豊福裕二〔2000〕「『偉大な社会』期アメリカの住宅政策―低所得者層向け住宅助成を中心に」京都大学『経済論叢』2000年8月号.
仲野(菊地) 組子〔2000〕「失業率低下のもとでの米国労働事情」『経済』No. 52.
名武なつ紀〔1999〕「戦前期における大阪都心の土地所有構造」『土地制度史学』第163号.
日本住宅会議編〔1991〕『住宅白書1992』ドメス出版.
―――〔2000〕『住宅白書2000』ドメス出版.
農村開発企画委員会『空間整備法』(Raumordnungsgesetz) 仮訳.
ハーヴェイ, デイヴィド〔1991〕『都市の資本論』(水岡不二雄他訳) 青木書店.
硲正夫〔1973〕『地価をこう見る』富民協会.
橋本卓爾〔1995〕『都市農業の理論と政策』法律文化社.
長谷川信〔1995〕「土地会社の経営動向―両大戦間期の大阪を中心に―」『不動産業に関する史的研究Ⅱ』(財)日本住宅総合センター.
長谷川徳之輔〔1988〕『東京の宅地形成史』住まいの図書館出版局.
八田達夫〔1996〕「借地借家法の定住型住宅供給抑制効果」『都市住宅学』No. 14.
早川和男〔1977〕『土地問題の政治経済学』東洋経済新報社,
―――〔1998〕『居住福祉』岩波新書.
林泰義〔1993〕「都市の成長管理政策」「ゾーニング」宮内康他編『現代建築』新曜社.
原田純孝他〔1995〕『フランスの民間賃貸住宅』(財)日本住宅総合センター.
原田純孝・広渡清吾・吉田克己・戒能通厚・渡辺俊一編〔1993〕『現代の都市法』東京大学出版会.
ハワード, E.〔1968〕『明日の田園都市』(長素連訳) 鹿島出版会 (原本は1902年刊行).
バーンコフ＝ボイル＝リッチ〔1992〕『都市開発と民活主義』(深海隆恒他訳) 学芸出版社.
馬場宏二〔1991〕「アメリカ資本主義の投機性」東京大学社会科学研究所編『現代日本社会 (2)』東京大学出版会.

ピアッツァ〔1987〕「フィレンツェ市の都市の緑および農地保全政策について」都市研究懇話会編『都市の風景―日本とヨーロッパの緑農比較』三省堂.
檜谷美恵子〔1999〕「フランスの住宅政策」小玉徹他『欧米の住宅政策』ミネルヴァ書房.
平山洋介〔1993〕『コミュニティ・ベースト・ハウジング―現代アメリカの近隣再生』ドメス出版.
―――〔1996〕「草の根からの都市再生」早川和男他編『講座現代居住（3）』東京大学出版会.
―――〔1999〕「アメリカの住宅政策」小玉徹他『欧米の住宅政策』ミネルヴァ書房.
広原盛明〔1987-88〕「欧米の住宅問題・住宅政策」『経済』No. 279, 284, 285.
兵庫県農業協同組合中央会〔1995〕『農村と都市のきずなを強めて―阪神・淡路大震災とJAの活動』.
福井秀夫〔1996〕「借地借家法問題の学術的分析方法」『都市住宅学』No. 14.
ポズデナ, ランドール〔1990〕『住宅と土地の経済学』（花井敏訳）晃洋書房.
ホワイト, ウイリアム・H.〔1971〕『都市のオープンスペース』（華山謙訳）鹿島出版会.
ボール＝ハーロー＝マーテンス〔1994〕『住宅経済の構造変動』（大泉英次訳）晃洋書房.
本間義人〔1987〕『住宅』日本経済評論社.
―――〔1996〕『土木国家の思想』日本経済評論社.
前川俊一〔1996〕『不動産経営論』清文社.
マルクス『資本論』（資本論翻訳委員会訳）新日本出版社.
三浦展〔1999〕『「家族」と「幸福」の戦後史―郊外の夢と現実』講談社現代新書.
三宅醇〔1985〕「住宅問題の日英比較」大阪市立大学経済研究所編『世界の大都市1 ロンドン』東京大学出版会.
宮本憲一〔1967〕『社会資本論』有斐閣.
―――〔1980〕『都市経済論』筑摩書房.
―――〔1999〕『都市政策の思想と現実』有斐閣.
森杲〔1976〕『アメリカ資本主義史論』ミネルヴァ書房.
森田修〔1997〕「定期借家権と交渉」『ジュリスト』第1124号.
森本信明〔1994a〕「借地借家法によるファミリー向け賃貸住宅の供給抑制効果」『都市住宅学』No. 7.
―――〔1994b〕『都市居住と賃貸住宅』学芸出版社.
―――〔1998〕『賃貸住宅政策と借地借家法』ドメス出版.
保田茂〔1996〕「都市計画としての農村・都市連携システム」神戸大学震災研究会編『阪神大震災研究（三）・神戸の復興を求めて』.
山地英雄〔1982〕『新しきふるさと―千里ニュータウンの20年』学芸出版社.

山田ちづ子・伊豆宏〔1999〕「アメリカの住宅政策」伊豆宏編『変貌する住宅市場と住宅政策』東洋経済新報社.
山田良治〔1996a〕『土地・持家コンプレックス』日本経済評論社.
─────〔1996b〕『増補 開発利益の経済学』日本経済評論社.
─────〔1998a〕「現代資本主義の構造変化と借家法改正論」『法律時報』第70巻第2号.
─────〔1998b〕「都市居住問題の日本的構造について」『立命館経済学』第47巻第5号.
─────〔1998c〕「現代資本主義分析と土地問題研究」『経済』No. 38.
─────〔2000〕「日本の住宅・居住問題の歴史的構造」『経済』No. 58.
横田一〔1999〕「あなたも追い出されるかもしれない」『週刊金曜日』1999年2月26日号.
リプセット，シーモア〔1999〕『アメリカ例外論』(上坂昇・金重紘訳) 明石書店.
渡辺俊一〔1985〕『比較都市計画序説』三省堂.
─────〔1993〕『「都市計画」の誕生』柏書房.
渡辺善次郎・菊地滉・那知上享編〔1989〕『「農」のあるまちづくり』学陽書房.

索　引

あ行

空家家賃統制解除法　227
新しい住宅不足　181
アフォーダビリティ　4, 177, 222, 232, 233, 241
アフォーダビリティ危機　209, 248
　　第1次――　49
　　第2次――　49
アフォーダビリティ問題　4, 10, 19, 175
アメニティ　16
アメリカ市民社会　150, 167
アメリカン・ドリーム　15, 182, 191
アルコア社　204
石川真澄　118
「偉大な社会」計画　195
1戸建住宅　191, 204, 209
移民　151
インカムゲイン　53, 240, 259
インナーシティ（問題）　157, 163
インフレーション　209, 227
「ウサギ小屋」　28, 35
永久農地　140
エンゲル　232
エンゲルス　10, 131
オープンスペース　134-5
応能の原則　129

か行

カーター政権　208
カイザー・インダストリーズ社　200
開発許可制度　16, 32
開発保留地　128
核家族　181, 250

角橋徹也　260
貸地貸家経営　105, 107
カジノ資本主義　19, 39, 53
過剰のなかの不足　42, 43
加速償却制度　205
金子勝　252
過密居住　178
間接助成　186
間接的消費手段　2
元本不可侵の原則　129
機関投資家　201
期限前償還　213
規制家賃　63, 65
規制緩和　60, 171, 212
キャピタルゲイン　53, 238, 239, 259
居住の不安定化　19, 44, 55
居住地の遠隔化　29, 35, 36
協同組合　254, 255, 256
協同組合住宅　210
狂乱地価　124
緊急借家保護法　227
緊急住宅金融法　203
緊急物価管理法　226
金融・サービス経済化　171
金融機関改革・再建・執行法　214
金融制度改革　212
空間整備法　133
空間分業　90, 103, 108
クリントン政権　215, 226
グローバル化　171
ゲーテッド・コミュニティ　182, 183
「計画なくして開発あり」　128
「計画なくして開発なし」　128, 133
経済再建租税法　238

経済審議会1999年答申　263
経済政策　188, 195
経済戦略会議答申　126, 249
傾斜生産方式　31
継続賃料主義　75
継続家賃　63, 67
ケネディ政権　195
健康な地域　134
建設不自由地・非建設地　128
建設法典　133
建築自由の原則　32, 33, 247
建築不自由の原則　8, 16-7, 133
広域型・分業型都市　113, 116, 118, 131
公営住宅　12, 31, 160-1, 163-4, 189-90, 193, 196
　　――の「残余化」　13, 49
　　――の売却　18, 49
公営住宅庁（PHA）　224
公営住宅法　30
郊外化　191-2
郊外開発　103
郊外住宅地　154
公共・民間パートナーシップ　175-6
公共財　7
公共事業庁（PWA）　189
公共性（意識）　8, 159, 262
工業地　98, 102
公正家賃　63, 66, 71, 75
公正市場家賃　223
公団住宅供給　31
耕地整理組合　106
耕地整理法　106
公平性　60
公民権運動　194
公民権法　195, 197
効率性　4, 59
高齢化・少子化　40, 112, 135
高齢世帯　250
国際協調型・内需依存型経済構造　121
国際金融・情報都市東京　121
国防住宅プログラム　189

戸数主義的住宅政策　27, 31, 115, 254
固定資産税　125, 129
コミュニティ　37
コミュニティ開発公社（CDC）　176, 214
コミュニティ開発総合補助金（CDBG）　207
コミュニティ・ベースト・ハウジング　226, 241
コンドミニアム　156, 210
コンベンショナル・モーゲージ　196

さ行

サーティフィケート　223
堺・泉北臨海コンビナート　113
サッチャー政権　71, 82, 185
サラモン, L.　255
産業革命　98, 148
3大都市圏特定市　129, 139
サンベルト　170
市街化区域　117, 128
市街化区域内農地（の2区分化）　125, 129, 140
市街化調整区域　117, 128
市街地　91-2, 95-6, 100, 106
市街地建築物法　30
資産所有者の公共性　159, 168
市場家賃　63, 67
市場原理主義　169
市民農園整備促進法　140
地上げ　4, 121, 125
時間クランチ　180
寺社地　92
社会住宅　13, 255
社会政策　188, 190, 195
借家　102
借家制度　86
借家人保護　58, 82, 84
借家法　47, 67, 103
借地　102
借地法　103
借地借家法　46, 50, 58, 69

集合住宅　204, 209
シュワーベ　232
重化学工業優先論　114
住工混在地域　102
住宅
　　——の規格化　164, 250
　　——の狭小化　36
　　——の公共性　6-7
　　——の工場生産化　204, 250
　　——の高層化　36
　　——の差別化と階層化　156
　　——の使用価値・財的特質　2
　　——のプレファブ化　164, 250
　　公共財としての——　7-8
　　私的財としての——　5
　　社会資本としての——　5-6
住宅金融の証券化　213
住宅金融公庫　27, 30
住宅金融政策　166
住宅建設業者　192-3, 203-4, 208
住宅建設5カ年計画　31, 32
住宅建設計画法　30
住宅建設目標　200, 208
住宅・コミュニティ開発法　206, 223
住宅産業　200, 203-4, 208
住宅市場の階層性と差別性　3, 4, 146, 168, 186, 192, 216, 246, 247
住宅市場の成熟化　173-4, 248
住宅市場のセグメンテーション　156
住宅市場の発展
　　——第Ⅰ期　9, 25
　　——第Ⅱ期　16-7, 18, 25
　　——第Ⅲ期　17-9, 25, 39
　　——民間投資主導型　13, 14, 16, 18
　　——社会資本投資主導型　13-4
住宅市場の不安定性　4-5, 146-7, 175, 186, 216, 218, 248-9
住宅取得に関する報告書　235
住宅消費の私的性格と社会的性格　7, 147, 261-2
住宅ストックのスクラップ化　41-2

住宅ストックの二極化　249
住宅政策　147, 186
住宅生産技術　204
住宅生産システム　207
住宅宅地審議会 2000 年答申　252-3, 254-5
住宅地　103, 105
住宅地市場と住宅市場の融合　33
住宅手当（Housing Benefit）　65-6, 80-1
住宅・都市開発省　172, 195, 223, 224, 231, 239, 240
住宅・都市開発法
　　——（1965 年）　195
　　——（1968 年）　200, 223
住宅ニーズ（需要）の多様化　181-2, 250
住宅バウチャープログラム　211-2
住宅費の過重負担　177-8
住宅ブーム　174-5, 191, 204-5
住宅法
　　——（1980 年）　71
　　——（1988 年）　72
住宅モーゲージ　188-9, 196, 201, 203, 213
住宅目標　190
住宅問題　6, 10
住宅ローン破産　46, 175
住宅ローン優遇税制　166
ジェントリフィケーション　156, 210
「所有から利用へ」　53
商業銀行　212-3, 215
商業地　98, 104
上限金利規制　196
職住分離　29, 90, 103
ジョンソン政権　195, 223
シングル・ペアレント世帯　181, 250
新自由主義　169, 185
新保守主義　169, 224, 225
信用逼迫　203
信用保険制度　188
信用保証制度　190
新連邦主義　207
人種隔離制　197
人種差別　151, 159, 181, 195, 250

索　引　　277

工申地券　95
スティグマ　163-4, 253
スノーベルト　170
スプロール　29, 35, 100
スラム　151, 168, 192-3, 200
スラム・クリアランス　163, 223
スリフトの経営破綻　214
セーフティネット　82, 83, 86, 252, 253
政・官・財複合体　119, 122
生産緑地（地区）　138, 140, 141
生産緑地法（の改正）　138, 141
製造業の空洞化　170
成長管理政策　175, 263
正当事由　47, 58
政府税制調査会　125
政府抵当金庫（GNMA）　201, 215
生命保険会社　212
整理信託公社（RTC）　214
税制改革法　238
世界中枢都市東京　121
関一　112, 132, 133
セクション8　206-9, 211-2, 223, 224, 231, 233, 240
セクション101　196, 206
セクション221(d)(3)　195
セクション235　202-3, 209
セクション236　202-3, 206
絶対的住宅不足　26
戦災復興土地区画整理事業　101
センサス局　235
戦時体制　189
船場　94, 102, 104
千里・泉北ニュータウン　114
全国アフォーダブル住宅法　176, 214, 226, 231, 233, 241
全国産業復興法　189
全国住宅調査　235
全国住宅法
　──（1934年）　160, 188
　──（1937年）　161, 189, 222
　──（1949年）　163, 190, 222
　──（1954年）　163
全国総合開発計画　121
　第2次──　121
　第4次──　121
　第5次──　122, 263
全米住宅建設業者協会（NAHB）　193, 206-7
全米都市問題委員会（ダグラス委員会）　197
全米不動産協会連合会（NAREB）　193
全米不動産業者協会（NAR）　207
ゾーニング　117, 128, 153, 154
　インセンティヴ──　176
　ダウン──　176
　囲い込み的──　17
　排除的──　154, 176
　包含的──　176
相続税（納税猶予制度）　125, 139, 140
総合土地対策要綱　125
存続保障制度　77

た行

ターンキー方式　196
退役軍人庁（VA）　165, 190
大量・高速輸送体系　116
大恐慌　187
大都市地域における住宅等の供給促進に関する特別措置法（大都市法）　141
大統領住宅委員会　211
大統領都市住宅委員会（カイザー委員会）　197, 200, 211
大土地所有（者）　97, 105, 107, 109
タウン・システム　148
タウンシップ　149
宅地なみ課税　121, 129
宅地なみ課税の減額措置　129
宅地なみ課税還元制度　129
宅地化農地　129, 137, 139, 141
宅地開発指導要綱の規制緩和　122
宅地供給至上主義的土地政策　123, 124, 126

宅地分割払い契約　157
竹山清明　260
建物の高さ制限・容積率制限の緩和　122
建物保護法　50
多軸型の国土軸の形成　122
単身者世帯　40, 55, 181, 250
地域再投資法　179
地価対策閣僚会議　124
地代　107, 108, 109
地代・家賃統制　12
秩序ある混在　137
地方基準賃料制度　81
地方住宅公社　189
中間層　166, 210
中産階級　17, 19, 166, 172
中小企業商工業・流通団地　117
中流化＝持家保有への吸収と排除　168, 246-7, 250
中流層　167
チェッコウェイ，B.　191
貯蓄貸付組合（S&L）　175, 188, 196-7
貯蓄金融機関（スリフト）　188, 213-5
貯蓄銀行　188
長期営農継続農地制度　129
町地　92
直接的消費手段　2
賃借権の強化　50
賃貸住宅　196, 204-5, 210, 212-3
賃貸住宅所有者ならびに経営者に対する実態調査　235
賃貸住宅経営　222, 235, 237, 241
賃貸不動産投資の特性　237
低・中所得者層向け賃貸住宅プログラム　195
低家賃公営住宅プログラム　189, 196
低密度利用地　120
定期借家制度　47, 58, 59, 61, 67, 70, 71, 84
抵当銀行協会（MBA）　206
ディムスキ，G.　218
デジタル・デバイド　180-1, 183
田園都市（論）　112, 132

伝統的共同体　37
トィンビー，A.　111
投機的建設業者　192
投機的土地保有　259
投票権法　197
特定補助金　207
都市と郊外の統合　263
都市と郊外の分離　154, 156
都市と農業・農地の共存　131, 134, 137
都市と農村の対立（の融合）　131, 132, 133
都市のスクラップ＆ビルド　121, 122
都市の外延的拡大　98, 106, 107, 116, 118
都市の地租改正　95-6
都市の内包的発展　105
都市ルネッサンス　122
都市化　11, 15, 103
都市機能の分業化　113
都市空間編成　89
都市型市民農園（カルチャーファーム）　137, 139
都市型社会　19, 39, 44
都市型農業振興地域制度　137, 138
都市形成　15, 90, 108
都市計画　153
都市計画事業　105, 106
都市計画法
　──（1919年）　30, 100, 103, 106, 108, 109
　──（1968年）　30, 117, 128
　──改定（2000年）　135
都市圏　90
都市構造　90, 108
都市再開発事業　163, 192
都市政策　109
都市専用領域　117, 128
都市的土地利用と農業的土地利用の共存　133, 137, 139
都市農地　126
都市農地の区分見直し　137, 139
都市暴動　197
都市問題　103, 151

都心部の業務空間化　105, 108
戸谷英世　165
土地
　——の過剰　258
　——の所有・利用構造　92, 94, 102, 104, 105
　——の所有独占　3-4, 35, 146, 258
　——の低度利用　4
　——の有効・高度利用　4, 34, 105, 125, 258
　——の利用独占　3, 35, 146, 259
　——の流動化　125
土地会社　106-7
土地基本法　125
土地区画整理事業　100, 106
土地区画整理組合　106
土地経営　102, 107, 108, 109
土地市場の階層性と差別性　3, 4
土地市場の不安定化　4-5
土地市場への住宅地市場の包摂　33-4
土地所有　89, 96, 102, 104, 155-6, 167
　——の大衆化　53, 109
　——の敵対性　48
　——の二重独占　3-4, 146
　市民的——　262
土地所有権　94, 107, 149, 155
土地所有独占の規制　258-9
土地税制の強化　125
土地税制小委員会　125
土地転がし　125
土地投機　4, 124
土地本位制　28, 120
土地問題　152-3
土地利用の安定化　262
土地利用の混在　29
土地利用規制　156, 259
土地利用調整　130
土地利用独占の規制　259
突破計画　204, 207
土建国家　28, 118, 119, 120, 121, 122, 123
土建国家型都市建設　118, 131

土木・建設投資　119, 122, 123

な行

ナショナル・ミニマム　252, 253, 257
ニクソン政権　202
日本型社会住宅制度　260
日本住宅公団法　30
ニューディール　160, 187
ニューヨーク市　183, 226
ネガティブ・エクイティ　45
年金基金　201, 212
農業のあるまちづくり　134, 136, 137
農住組合法　141
農村過剰人口　37
農地のスプロール化　138
農地の宅地化促進政策　123, 126, 131
農地の多面的機能　139
農地の乱開発　100
農地改革　30, 50, 89
農地転用許可基準　126
農地転用統制（の緩和）　32, 126, 127
農地法　30, 31, 46, 126
農民的土地所有　148

は行

ハーリントン, M.　194
ハーヴェイ, D.　157
ハウエンスティン, J.　177
早川和男　134
ハレット, G.　181
ハワード, E.　112, 132, 133
阪神・淡路大震災　112, 135
バウアー, C.　161
バウチャー　173, 223, 240
バブル　69
バブル経済　44
万博関連事業　116
パッケージ・サバーブ　164
パレート最適　59
非営利セクター　254
ヒスパニック　151

平山洋介　160, 256
貧困戦争　195, 255
貧困ライン　162, 182
ビルディング・ソサエティ　48, 87
不安定雇用　180
ファニー・メイ　235
フィルタリング　226, 238, 242
フォード政権　208
不稼働地　120
福祉国家　17, 167, 185
双子の赤字　170
不動産業者　193
不動産税制　238
船越康宣　260
フリーホールド　48
フロンティア　149, 155
武家地　92
プラザ合意　121
兵士社会復帰支援法　162
ベットタウン　116
ホームレス　46, 178, 213
包括補助金　207, 214
包括的住宅アフォーダビリティ戦略　226
保証賃貸借制度　71, 72
保障短期賃貸借制度　71
保全する農地　129, 140
ホワイト，H．　134
本間義人　119
ボイス・カスケード社　200, 204
ポリスパワー　155, 156, 168

ま行

マーチャント・ビルダー　192
マイノリティ　168
マスタープラン　153
街並みの貧困　29, 38
マッキニー・ホームレス支援法　214
マネー・クランチ　180
御堂筋建設事業　105
ミル，J.S.　48
民活型公共事業　121

民活政策　171
民間自力建設　27, 31, 115
モーゲージ・カンパニー　213, 215
モーゲージ担保証券　213, 215
モーゲージ第２次市場　189
モア，T．　112
『もう一つのアメリカ』　194
木賃住宅　27, 28
持家　145, 164, 167
持家一次取得層　174
持家市場　12, 154, 156
持家主義　31
持家政策　260-1
持家二次取得層　174
モラルハザード　206

や行

家賃監視制度　77, 85
家賃統制　71, 166, 226, 238
家賃補給プログラム　196
家賃補助　81, 166, 195, 206, 211-2, 223, 241, 260
矢作弘　183
用途地域指定　100
預金金融機関規制緩和・通貨管理法　212
預金金融機関法　212
預金保険制度　188

ら行

ラッファー曲線　173
リースホールド　48
リース方式　196
リアルオプション理論　69
利子補給　195
利子補給プログラム　200-1
リバレッジ効果　239
リミテッド・パートナーシップ　236, 242
利用権の強化　48, 50
流動性危機　196, 203
良質な賃貸住宅等の供給の促進に関する特別措置法　47, 58

リンケージ政策　175
臨時行政改革推進審議会　125
レーガニズム　169
レーガン政権　210-3, 224, 225
歴史的高金利　212
劣悪住宅　178
レッド・ライニング　192
連邦住宅貸付銀行（FHLB）　188, 203
連邦住宅貸付銀行理事会（FHLBB）　188
連邦住宅金融抵当金庫（FHLMC）　203, 215
連邦住宅庁（FHA）　160, 188, 191
連邦住宅・家賃法　227
連邦貯蓄貸付保険公社（FSLIC）　188
連邦抵当金庫（FNMA）　189, 201, 203, 215
連邦補助事業の中断措置　206
労働者住宅会議（LHC）　160
ロムニー，G.　204

わ行

渡辺俊一　154
ワンルーム・マンション　249

＊

AFL-CIO　206
BES 政策　87
FHA 信用保険　158, 165
FHA・VA 保証　190, 191, 196
GE 社　204
HOME プログラム　214
HOPE プログラム　214
JAPIC（日本プロジェクト産業協議会）　121
M&A　203
NPO　176, 254-7
US ジプサム社　200

ABSTRACT

Housing Problems and Housing Policy is a collection of essays aimed at grasping a better understanding of the context and implications of the current housing policy in Japan. It covers a broad range of housing-related issues including a theoretical review of the economics of housing markets, the deregulation policy on housing lease, the policies of urban agricultural land use, and the development in urban land use in Japan. The critical and integrative approach to related issue is made with reference to the US historical and current policies related to the housing market and private rented sector.

From a topical perspective, the contents of this book can be summarized as follows:

The introduction and examination of the nature and characteristics of the land and housing markets on the basis of the Double Monopoly concept is made from a theoretical perspective by Yamada. A historical account of the evolution of the housing policy changes and land urbanization in the Japanese cities is made by Yamada and Natake, respectively. From a regulatory perspective, Hashimoto discusses the planning reform of urban agricultural areas in Japan. While a vast area in land economics is covered, the challenges posed by land reform and comparative international regulation continue to grow. An international perspective on the housing lease sector is provided by Adachi of the UK experience in land market deregulation. The main avenue for comparative research discusses interesting issues in the US housing market. The general traits of housing issues are considered from both historical and contemporary perspectives by Oizumi and Toyotuku, respectively, while the particular aspect of the structure of the US private rented sector is discussed by Oi. Lastly, the consideration on some agendas for the reform of Japanese housing policies is presented by Oizumi.

In an endeavors to present a balanced and coherent approach, the general aim of the individual contributions is to assist the readers in constructing a better view of efficiency of housing policies and market forces.

Editors:

Yoshiharu Yamada, Takuji Hashimoto and *Eiji Oizumi* are Professors, *Motohiro Adachi* is Associate Professor at the Faculty of Economics, Wakayama University, Japan.

執筆者紹介 (執筆順)

山田良治（序章・第1章）
1951年生まれ．和歌山大学経済学部教授．経済学博士・農学博士．土地経済学・住宅政策専攻．京都大学大学院農学研究科博士課程中退．
主著：『戦後日本の地価形成』ミネルヴァ書房，1991年．『開発利益の経済学』（増補版）日本経済評論社，1996年．『土地・持家コンプレックス』日本経済評論社，1996年．

足立基浩（第2章）
1968年生まれ．和歌山大学経済学部助教授．土地経済学・土地税制専攻．ケンブリッジ大学土地経済学部大学院博士課程修了．
主論文：「定期借家権構想の理論と実際」『住宅会議』第44号，1998年．'A Study of the Rent Deregulation on the Supply of the Private Rented Housing (1988 Housing Act in the U.K)'『日本土地環境学会誌』第4号，1997年．

名武なつ紀（第3章）
1970年生まれ．京都大学大学院経済学研究科博士後期課程．日本経済史専攻．
主論文：「戦前期における大阪都心の土地所有構造」『土地制度史学』第163号，1999年．

橋本卓爾（第4章）
1943年生まれ．和歌山大学経済学部教授．農学博士．農業経済学・地域経済学専攻．大阪市立大学大学院経済学研究科博士課程修了．
主著：『都市農業の理論と政策』法律文化社，1995年．『国際時代の地域農業の新局面』（共著）農林統計協会，1996年．『流通再編と卸売市場』（共著）筑波書房，1997年．

大泉英次（第5章・終章）
1948年生まれ．和歌山大学経済学部教授．経済学博士．経済政策・都市経済専攻．北海道大学大学院経済学研究科博士課程単位取得．
主著：『戦後日本の土地問題』（共編）ミネルヴァ書房，1989年．『土地と金融の経済学』日本経済評論社，1991年．『住宅経済の構造変動』（訳）晃洋書房，1994年．

豊福裕二（第6章）
1971年生まれ．京都大学大学院経済学研究科博士後期課程．土地経済学・住宅経済専攻．
主論文：「『偉大な社会』期アメリカの住宅政策―低所得者層向け住宅助成を中心に―」『経済論叢』2000年8月号．

大井達雄（第7章）
1971年生まれ．立命館大学大学院経営学研究科博士後期課程修了．経営学博士．経営学・統計学専攻．
主論文：「アメリカ企業経営における不動産マネジメント」『立命館経営学』第36巻第6号，1998年．「アメリカのハウジングアフォーダビリティー統計指標」『住宅問題研究』第14巻第2号，1998年．

住宅問題と市場・政策

2000年10月15日　第1刷発行

定価(本体 3400 円+税)

編　者	足　立　基　浩 大　泉　英　次 橋　本　卓　爾 山　田　良　治
発行者	栗　原　哲　也
発行所	株式会社　日本経済評論社

〒101-0051　東京都千代田区神田神保町 3-2
　　　　電話 03-3230-1661　FAX 03-3265-2993
　　　　　　　　　　　振替 00130-3-157198

装丁＊渡辺美知子　　　シナノ印刷・山本製本

落丁本・乱丁本はお取替えいたします　　Printed in Japan
© M. Adachi, E. Oizumi, T. Hashimoto
and Y. Yamada 2000
ISBN4-8188-1309-5

R〈日本複写権センター委託出版物〉
本書の全部または一部を無断で複写複製（コピー）することは，著作権法上での例外を除き，禁じられています．本書からの複写を希望される場合は，日本複写権センター（03-3401-2382）にご連絡ください．